珠海社科学者文库
本书由珠海市社会科学界联合会资助出版

中国古代丧葬文化研究

ZHONGGUO GUDAI SANGZANG WENHUA YANJIU

顾春军◎著

中山大學出版社
SUN YAT-SEN UNIVERSITY PRESS
·广州·

图书在版编目（CIP）数据

中国古代丧葬文化研究/顾春军著．—广州：中山大学出版社，2023．3
ISBN 978－7－306－07769－1

Ⅰ．①中…　Ⅱ．①顾…　Ⅲ．①葬俗—文化研究—中国—古代
Ⅳ．①K892．22

中国国家版本馆 CIP 数据核字（2023）第 050267 号

出 版 人：王天琪
策划编辑：曾育林
责任编辑：苏深梅
封面设计：林绵华
责任校对：王延红
责任技编：靳晓虹
出版发行：中山大学出版社
电　　话：编辑部 020－84110771，84110283，84113349，84110779
　　　　　发行部 020－84111998，84111981，84111160
地　　址：广州市新港西路 135 号
邮　　编：510275　　　　　传　真：020－84036565
网　　址：http：//www.zsup.com.cn　E-mail：zdcbs@mail.sysu.edu.cn
印 刷 者：广州方迪数字印刷有限公司
规　　格：787mm×1092mm　1/16　15 印张　280 千字
版次印次：2023 年 3 月第 1 版　2023 年 3 月第 1 次印刷
定　　价：66.00 元

图1　考古出土的阴阳瓦

图2　宣化辽墓

图 3　宣化辽墓的守门人画像

图4　宣化辽墓墙壁上的“彼岸世界”

图5　宣化出土的明朝《周景麟及成氏合葬墓志铭》拓片

序

《中国古代丧葬文化研究》是顾春军同学在博士学位论文的基础上修改、增补而完成的一部著作。作为他的博士研究生导师，我很高兴看到这部著作出版，乐意应邀为他写个序。

来南京攻读博士学位之前，春军已是一名高校教师，此前他还曾在企业和政府机构从事过文秘工作。他思想活跃，兴趣广泛，对当今的社会问题也很关注，业余时间喜欢写作，在国内许多报刊上发表过文章。他硕士研究生阶段学的是中国古代诗学，但他的学术兴趣显然不限于此。他之所以选择来南京师范大学文学院攻读博士学位，可能是因为当时文学院设立了一个新的研究方向——中国文学与文化，这个名目似乎给人以更多想象与发挥的空间，更能吸引像春军这样兴趣比较广泛的学者。

古代文学先秦段学位论文选题是比较困难且令人头痛的。一是前人在这个领域学术积累极其丰厚，基本上没有什么“处女地”可供后人开拓，要想有所创新与突破非常不易。二是古今文学的概念有别，先秦两汉所谓文学范围宽广，凡六艺之文、史乘所记、诸子家说，皆文学；但如果以这种宽泛意义上的文学范围来选题，往往会遭到一些以当今文学概念为标准的同行们的异议，认为其研究对象不是文学或不够文学。我经常对学生们说，自己发现问题，设计论文题目，这本身也是步入学术殿堂的必经之路，是一种必要的学术训练；同时鼓励他们下苦功夫，在充分阅读研究文献的基础上自己动脑筋想题目。对于他们提出的论文选题，不论经史子集，也不管文史哲经，只要大致是以先秦两汉的文献为基础进行的学术研究，我基本上都予以认可，并在开题报告会上尽力为选题的合法性进行辩护。我对他们的基本要求，除了恪守学术伦理与规范外，还特别强调如下两点：一要持之有故，要注重以文献资料为依据，不能空口白说；二要言之成理，要思路清晰，符合逻辑，并且说出个道理。

到了毕业论文选题阶段，春军提出以“先秦丧葬之礼研究”为题。他提出的选题，我本以为是属于传统经学里的礼学研究。这个领域前人虽有不少成果，但在当今学界还相对冷门，虽然难度较大，却也是可以研究的。古代丧葬之礼与丧服之制，“三礼”（《仪礼》《周礼》《礼记》）及其他先秦两汉文献中有不少记载，与古代宗法社会的人伦关系、思想观念关系密切，可以说是理解古代宗法制社会关系的一把钥匙，因此很值得研究。不过春军的论文初稿还是大大超出了我原来的想象。这不仅不是一般意义上的文学、文化研究，而且已经超出了传统经学文本的研究范畴。全书对古代丧葬文化中的冥婚、纸钱、挽歌、墓志、发冢等问题进行专题研究，探讨其源流和演变，剖析其文化背景，所用资料不限于经典文献，还旁及考古发现和民俗调查，实际上是文化史、民俗学或文化人类学的研究路数。

春军写作和研究能力较强，这大约和他经常给报社写新闻评论有关系。他能从一些习见材料中得出一些新见解。比如，学术界普遍认为冥婚盛行于宋代，他依据材料则认为不然，并用有力的证据证明火葬盛行、人地矛盾突出等其他社会因素影响了冥婚；还把冥婚与殉葬联系起来，揭示二者的关系，并围绕儒家的礼俗进行了全面的探讨，这种例子还有很多。他的博士学位论文结构也有别于一般学位论文的写作方式。他采取各个章节独立成篇、单独探讨一个问题的方式来写作，论文的每个小章节，都是一篇相对独立的专题学术论文，这需要做大量的辛勤探索。他的这种写作模式也得到了博士学位论文答辩老师们的普遍认可。

经他同意，我将论文中有关冥婚的章节略加修改并翻译成英文，向国外刊物投稿，最终发表在英文杂志 *Journal for the Study of Religions and Ideologies*（《宗教与意识形态研究》，AHCI 收录刊物）上。这家远在罗马尼亚的杂志社还将这篇论文评选为2014年度优秀论文，春军还被邀请以视频的方式参加了该杂志的颁奖大会。看来该论文在国外产生了一定的影响，因为后来有国外的通讯社找春军进行采访，还有某德国出版社向他约稿。

春军博士研究生毕业后，又对这篇博士学位论文做了进一步的补充与完善，现在终于以著作的形式呈现给广大读者。这部著作中的各部分均曾以单篇论文的形式在国内外重要的专业期刊上发表，有的论文还在一些专业学会举办的研讨会上获奖，这足以说明学界对其成果的广泛认可。我想补充的是，除了专业人士，对传统文化和民风习俗感兴趣的一般读者读了这本书也会很有收获。

徐克谦

2020年9月于南京

目　录

绪论

一、选题缘起和总体构想

中国号称“礼仪之邦”，历代统治者无不标榜“以礼治国”，这就形成了叙亲疏、重伦理、轻法治的文化传统，社会治理以伦理为本位，一部中国政治史，也可看作是一部礼制史。研究中国传统文化，就应当从礼乐文化入手。

礼萌芽于商周时期的巫鬼文化，故《说文解字》对“礼”的解释是“所以事神致福也”①。周公制礼作乐，之后儒家兴起，“礼”的内容不断被扩充，“吉、凶、军、嘉、宾”成为礼学的核心内容。礼仪成为调节社会关系的重要制度，其内容基本上涵括了形而下的社会生活及形而上的神鬼信仰，也就是调节了三种关系：“人与神的关系，人与鬼的关系，人与人的关系”②。

作为凶礼的丧葬之礼，在传统社会占据着重要的地位。首先，丧葬礼俗是沟通上层文化与下层文化的一个重要渠道：“俗文化往往受到正统文化的影响与制约，其对正统文化的背离一般也局限在正统文化所许可的范围之内；而正统文化的演变也往往受到俗文化的潜移默化与冲击，甚至某些正统文化直接来源于俗文化。”③ 研究丧葬礼仪的源流变迁，就能探求中华文化的发展脉络。其次，生死观是所有文化关注、探讨的哲学话题。在中国传统文化中，无论是正统文化，还是民间俗文化，都把

---

① 〔汉〕许慎撰、〔清〕段玉裁注、许惟贤整理：《说文解字注》，凤凰出版社2007年版，第3页。

② 阴法鲁、许树安、刘玉才主编：《中国古代文化史》（插图本）（上），北京大学出版社2008年版，第111页。

③ 丁凌华：《五服制度与传统法律》，商务印书馆2013年版，第1页。

丧礼视为重要的人生礼仪。研究、探讨丧葬礼仪，就成为在哲学层面探讨传统文化中的生死观的必由之路。

在对待死亡的态度上，作为传统文化核心的儒释道，虽然提法不一样，但就其基本思想来看，基本持豁达的生死观。老庄哲学以为，方生方死，方死方生，“庄子妻死，惠子吊之，庄子则方箕踞鼓盆而歌”①。佛教认为生命要经历三世轮回，故有因果报应之说，以为生命的意义在于修持。儒家重视生命，“身体发肤，受之父母，不敢毁伤，孝之始也”②，但认为有比生命更为重要的正义，“生，亦我所欲也。义，亦我所欲也。二者不可得兼，舍生而取义者也”③。面对死亡，儒家的态度是达观的：

孔子蚤作，负手曳杖，消摇于门，歌曰：“泰山其颓乎！梁木其坏乎！哲人其萎乎！”既歌而入，当户而坐。子贡闻之，曰：“泰山其颓，则吾将安仰？梁木其坏，哲人其萎，则吾将安放？夫子殆将病也。”④

孔子甚至认为：“老而不死，是为贼。”⑤不畏惧死亡，并不意味着不重视生命。儒家重视生命，但更多一层“维护世道人心”的功利性，“慎终追远，民德归厚矣”⑥。孔安国注解曰：“慎终者，丧尽其哀。追远者，祭尽其敬。”⑦也就是说，尊重生命就要重视丧葬礼仪，这也一以贯之地渗透着儒家的功利主义：对丧葬之礼的重视，目的是实现“仁爱”的价值观。

---

① 杨柳桥：《庄子译诂》，上海古籍出版社1991年版，第337页。

② 汪受宽：《孝经译注》，上海古籍出版社2004年版，第2页。

③〔清〕焦循撰、沈文倬点校：《孟子正义》卷二十三，中华书局1987年版，第783页。

④〔清〕孙希旦撰，沈啸寰、王星贤点校：《礼记集解》卷八《檀弓上》，中华书局1989年版，第195页。

⑤ 程树德撰，程俊英、蒋见元点校：《论语集释》卷三十《宪问下》，中华书局1990年版，第1043页。

⑥ 程树德撰，程俊英、蒋见元点校：《论语集释》卷二《学而下》，中华书局1990年版，第37页。

⑦ 程树德撰，程俊英、蒋见元点校：《论语集释》卷二《学而下》，中华书局1990年版，第38页。

不孝者，生于不仁。不仁者，生于丧祭之无礼也。明丧祭之礼，所以教仁爱也。能教仁爱，则服丧思慕，祭祀不解，人子馈养之道。丧祭之礼明，则民孝矣，故虽有不孝之狱，而无陷刑之民。①

重视生命，就必然重视丧葬之礼，儒家的元典尤其强调这点："夫礼始于冠，本于昏，重于丧、祭，尊于朝、聘，和于乡、射。此礼之大体也。"②"以凶礼哀邦国之忧，以丧礼哀死亡，以荒礼哀凶札，以吊礼哀祸灾，以禬礼哀围败，以恤礼哀寇乱。"③ 在儒家丧葬文化思想的影响下，一套博大精深的丧葬礼仪形成了。研究丧葬文化，一方面，可以了解儒家文化的孕育与变迁，揭示这种礼俗背后所蕴含的思想观念；另一方面，可以将礼仪研究与汉民族思想史研究结合起来，为解决社会问题提供历史鉴戒。

丧葬之礼，既秉承传统，又不断发展。很多古礼的形式依旧存在，但本意已难以厘清，两千多年前的经师们就感喟："礼之所尊，尊其义也。失其义，陈其数，祝、史之事也。故其数可陈也，其义难知也。"④也就是说，一方面，礼俗一旦形成，就会内化为人的意识，顽固地留存在社会生活中；另一方面，中国是农业社会，传统文化安土重迁，也就是汉儒所言的"故其数可陈也"。

本书由六个专题构成：冥婚、驳"魂人"说、纸钱、挽歌、墓志、发冢。这些礼俗均为"其数可陈"者，在历史文献中都有大量记载，而且这些礼俗依旧鲜活地存在于当下社会生活中。在古典文学研究中，一般以为，任何一种文学现象都起源于民间。但是，任何一种文学现象，一旦被上层社会"雅化"，往往就会和底层民众"分道扬镳"。这个观点，套用在礼俗研究上也是如此：礼俗的起源往往是质朴的，一旦被统治阶层列为礼典，就往往和普罗大众渐行渐远。本课题研究所依据的历史文

---

① 杨朝明、宋立林主编：《孔子家语通解》卷七《五刑解》，齐鲁书社 2009 年版，第 346 页。

② 〔清〕孙希旦撰，沈啸寰、王星贤点校：《礼记集解》卷五十八《昏义》，中华书局 1989 年版，第 1418 页。

③ 〔汉〕郑玄注、〔唐〕贾公彦疏：《周礼注疏》卷十九，上海古籍出版社 2010 年版，第 663－665 页。

④ 〔清〕孙希旦撰，沈啸寰、王星贤点校：《礼记集解》卷二十六《郊特牲》，中华书局 1989 年版，第 706 页。

献，基本出自文人士大夫之手，因为社会生活条件不同，“以刑不上大夫，而大夫亦不失其罪者，教使然也。所谓礼不下庶人者，以庶人遽其事而不能充礼，故不责之以备礼也”①，所以这些研究成果更多地反映了封建时期上层社会的礼制以及社会价值观念。

还要看到，风俗有地域差异，所谓“三里不同风，五里不同俗”，故有“入竟而问禁，入国而问俗，入门而问讳”② 之说。本书有时会忽视地域差异，这一方面是因为受到历史文献的限制，另一方面是受制于论文的篇幅以及研究者个人的能力与精力。

二、材料选择及研究方法

本书题目是《中国古代丧葬文化研究》，研究范围由先秦直到清朝，笔者称之为“通史”式研究。溯其源头，考其流变，就可以更清楚地了解某种丧葬礼俗。做文史研究，辨析材料是起点，只有以可靠的文献材料做基础，才能得出合乎史实的结论。此外，本书对现有的一些研究成果也多有详细的考辨，力求找到一种比较接近事实的结论。“辨章学术，考镜源流”，是本研究努力的方向。

本书涉及的文献材料，主要来源有五种。第一种是十三经中关于丧礼的原始材料，尤其是《周礼》《仪礼》《礼记》中关于丧礼的记载：“礼经所记丧礼，本来是士以上的贵族的制度，但汉代以后成为制定丧礼制度的基本依据。”③ 清儒研治礼学者甚多，他们对“三礼”的笺注、对“三礼”的点评，都为本课题提供了研究材料和路径。第二种是以二十四史为代表的正史。上述材料都经过历代学者的考辨，基本都有较好的整理版本，是研究的基本文献来源。

第三种是史料笔记和学术笔记。正史多宏大叙事，对民俗史料，往往付之阙如，而史料笔记可以补充这方面的不足。魏晋南北朝之前的史料笔记，内容荒诞不经者居多，作者往往喜伪托前朝名人，对这些材料，

① 杨朝明、宋立林主编：《孔子家语通解》卷七《五刑解》，齐鲁书社 2009 年版，第 351 页。

② 〔清〕孙希旦撰，沈啸寰、王星贤点校：《礼记集解》卷四《曲礼上》，中华书局 1989 年版，第 91 页。竟，同境。

③ 阴法鲁、许树安、刘玉才主编：《中国古代文化史》（插图本）（上），北京大学出版社 2008 年版，第 176 页。

要仔细考辨并谨慎使用。就史料的真实性来看，唐代之后的史料笔记，真实性和可靠性最强。文人学术笔记对历史文献中记载的丧俗进行过认真梳理，这为当下的研究提供了很好的线索，可以起到类书的作用。但在研究中亦需要加以辨析，不能盲从盲信，因为即使大学者也会有盲点，比如清代史学家赵翼就将“今已葬之魂，人但求貌类者”误读为“今已葬之，魂人但求貌类者”。误解史料，就必然得出错误的结论。

第四种就是当代的考古发现。考古发掘能为文史研究提供新材料，这些新材料往往可以弥补史料记载的不足，突破既有的观点与结论。笔者在本书写作过程中，尤其关注最新的考古发现。

第五种就是当代学者的研究成果。笔者秉持“审问之，慎思之，明辨之”的信念，不因作者的学术地位、所发刊物级别而盲从盲信，“不唯上，不唯书，只唯实”，对普通学者也会认同并引用其成果，对学术大家也会提出质疑。

就学位论文的结构来看，以“滚雪球”结构为多：围绕主题，由学术综述做起，“步步为营”，层层推进，章节之间，承上启下。本书则“因题制宜”，每章独立成篇，各章之间在内容上是平行关系，联系并不紧密，每章叙述的都是新问题，但各章都围绕一个中心——“丧葬礼俗研究”展开，故可称之为“箭垛式”结构。这样结构的文章，需要更多的文献材料，需要更多的知识储备，因此也更能拓宽研究者的视野。

本研究涉及文学、史学、民俗学、考古学、金石学、音乐学、文化人类学等多学科，所采用的研究方法如下：

（1）采用二重证据法。将历代典籍等传世文献与考古发现的文物资料相汇合、彼此印证。本研究以传世文献为主，以考古材料作为必要的补充。

（2）运用文本考证与文本解读相结合的研究方法。本研究力求在扎实的文献基础上，对历代典籍做到融会贯通并做出解读。

（3）以文献研究方法为主，兼采文学、史学、金石学、考古学、宗教学、社会学、民俗学等学科的研究方法。

三、 研究内容及章节构成

（一）冥婚研究

清代学者赵翼在《陔余丛考》一书中对历代冥婚史料做了一番清理

工作；以惠士奇为代表的清儒，在各自的礼学研究专著中，对冥婚做了评点式的研究；民国时期的民俗学家黄石，精通英文，能用西方人类学的理论研究中国民俗，其撰写的《冥婚》一文，如今看来也有很高的学术价值。新中国成立以来，关于冥婚研究的论文，在笔者看来，一是数量少，二是质量低，少有突破性的成果，研究基础比较薄弱，总体研究存在如下问题。

（1）把一些张扬灵异的鬼故事纳入冥婚研究中。如《列异传·谈生》、牛僧孺的《玄怪录·曹惠》，这类故事大多张扬灵异，是“借他人酒杯，浇自己块垒”的游戏笔墨，可以视作冥婚民俗对故事创作的影响，但若将其纳入冥婚研究，是大可商榷的。

（2）对正史材料的误读，导致研究成果出现偏差。就是大学者如赵翼者，也不能避免，比如他相信北魏有扮演死人的“魂人者”，并将其作为冥婚的证据：

> 《魏书·高允传》：“古者祭必立尸，使亡者有凭耳。今已葬之，魂人但求貌类者，事之如父母，燕好如夫妻，损败风化，莫此为甚。”然则北魏时又有所谓魂人者。[①]

上述这段材料，赵翼的句读为：“今已葬之，魂人但求貌类者”，此句读有误，正确的句读是：“今已葬之魂，人但求貌类者。”（现中华书局版《北史·高允传》《魏书·高允传》均做此种句读，见本书第三章）北魏的风俗，择有貌类似已死亲人者，将其作为“尸”供奉起来，这实在与冥婚没有关系，此种现象在史书中记载颇多：“孔子既没，弟子思慕，有若状似孔子，弟子相与共立为师，师之如夫子时也。”[②] 这种民俗现象，按照西方的民俗学理论，当为交感巫术的一种。

（3）将本为夫妇的合葬列为冥婚。实际上，冥婚当指没有完婚之男女，出于各种原因死去，其家人为其举办婚礼，然后合葬。婚姻之内夫妇的合葬，就不能视作冥婚了。比如，有研究者将《孔雀东南飞》的故

---

① 〔清〕赵翼：《陔余丛考》卷三十一《冥婚》，中华书局 1963 年版，第 650 页。（其中标点为笔者所加）

② 〔汉〕司马迁：《史记》卷六十七《仲尼弟子列传》，中华书局 2013 年版，第 2678 页。

事作为冥婚研究的文本，这无疑扩大了冥婚的研究对象。

（4）对前人成果盲从盲信。比如，冥婚在宋代基本上处于消歇状态，但研究者凭借一鳞半爪的笔记材料，就以为冥婚大盛于宋代，系一叶障目。对于文献资料保留不易的先秦，我们可以以孤证作为证据；对于史料比较丰富的宋代，就应该秉持“孤证单行，难以置信”的观点了。又如前文提及赵翼“魂人”一说，误导了不少后来的研究者，有学者盲从盲信，得出了这样的研究结果：“北魏时，又有所谓‘魂人者’，亦冥婚之类，并见赵氏的考据。”① 一些研究者不加辨别，所引用的材料出于正确的版本，却受前代研究者影响，还是以为“北魏时出现所谓‘魂人者’”②。

本章的创新之处在于，提出了冥婚这种民俗的起源，考证了冥婚名称出现的时间，并驳斥了“冥婚盛行于宋代”的观点，对冥婚在后代的演变以及对社会生活的影响，都有一些新的看法。

（二）“魂人”礼俗研究

“魂人”一说，来源于赵翼在《陔余丛考·冥婚》中对《魏书》的错误句读，受此失误影响，相关研究者多没有对传世文献进行认真辨析就加以引用，所以渐渐产生了“魂人”一说。为避免给民俗史研究带来混乱，本章廓清史实，避免以讹传讹，出现更多的失误。内容大致如下：①赵翼的句读错误是“魂人”之说出现的源头；②《魏书》《北史》的点校者没有盲从赵翼的观点；③“尸祭”之礼证明“魂人”并不存在；④当代研究者不加辨析的错误例证；⑤对高允《谏文成帝不厘改风俗》的探讨；⑥文献阅读、逻辑思辨、人类文化学视野下的民俗史研究。

（三）纸钱研究

唐代封演的《封氏闻见记》以为纸钱源于汉代的瘗钱，道世的《法苑珠林》、高承的《事物纪原》、戴埴的《鼠璞》、陈元靓的《事林广记》、赵翼的《陔余丛考》均坚持此说。华海燕的硕士学位论文《中国古代冥币研

---

① 黄石：《冥婚》，载高洪兴编《黄石民俗学论集》，上海文艺出版社1999年版，第153页。

② 杨朝霞：《冥婚形式及原因探析》，载《西北农林科技大学学报（社会科学版）》2006年第2期，第112页。

究》提出“汉代的瘗钱并不是冥币之始，”[①] 可惜没有展开论证。现有的学术成果多罗列史料，少见创新的意见和观点。笔者认为，对此问题的研究应注意做到以下几点。

（1）尊重先贤成果。学术研究是站在前行者的肩膀之上的，所以一定要参考、借助已有的研究成果。比如，有学者说“本文根据众多史料，以及地下考古发掘的实物，梳理出一条较为清晰的纸钱源流脉络”[②]。忽视前人的成果，并非实事求是的态度。

（2）拓宽研究视野。在对纸钱的研究中，除了重视史料，更要注重考古发掘，也就是陈寅恪所说的“取地下之实物与纸上之遗文互相释证”[③]。一些研究成果只利用史料，而忽视了考古发现。

（3）避免时空的淆乱。如一些学者在谈“冥币的使用”问题时，就把不同时代的民俗现象纠集在一起：同一时代，不同地域，“三里不同风”也；同一地域，不同时代，民俗也不同，“世事代有变迁”也。如果不综合考虑，就会出现关公战秦琼的笑话。

（4）不能将问题简单化。比如，一些研究者在论文中断然将纸钱的产生归结于佛教的影响。其实纸钱产生的背后，有着比较复杂的宗教信仰之作用——比如，不是佛教影响了纸钱的使用，而是佛教在纸钱的使用上做出了妥协。

（5）要有会通的观念。如有研究者认为：“封演说，唐代纸钱都是焚化，也不完全正确。吐鲁番就依然采用传统的瘗埋的方式。”[④] 其实，无须出土墓葬证明，唐诗中就有关于寒食节悬挂纸钱的诗歌可做例证。

本章最大的创新之处，就是提出纸钱受到拜火教的影响，批判了纸钱受到佛教推动的说法，并考证出纸钱出现于南北朝时期，纸钱和儒家礼教的冲突，以及和真实货币的关系。

（四）挽歌研究

关于汉魏六朝的挽歌研究，学术界已有不少重要成果：“范文澜《文

① 华海燕：《中国古代冥币研究》，四川大学硕士学位论文，2007 年，第 4 页。

② 夏金华：《纸钱源流考》，载《史林》2013 年第 1 期，第 69 页。

③ 陈寅恪：《王静安先生遗书序》，载陈寅恪《陈寅恪集：金明馆丛稿二编》，生活·读书·新知三联书店 2001 年版，第 247 页。

④ 余欣：《冥币新考：以新疆吐鲁番考古资料为中心》，载《世界宗教研究》2012 年第 1 期，第 180 页。

心雕龙注》中《乐府》篇注第三十六条已导夫先路，此后，最值得注意的是日本学者一海知义的《〈文选〉挽歌诗考》（载1960年4月日本《中国文学报》第十二册）与冈村贞雄《乐府挽歌考》（载1967年6月日本《中国中世文学研究》第6号），范注与此二文大体奠定了中国古代挽歌研究的基础。”①

现在来看，范文澜的研究主要将有关挽歌的史料做了梳理，日本学者一海知义的《〈文选〉挽歌诗考》已在中国翻译并刊出，但对挽歌诗的结构之论，也有不少臆测的成分。吴承学的《汉魏六朝挽歌考论》（载《文学评论》2002年第3期）重视文献梳理，同时也将人情与礼制结合得较好，材料翔实，论证严密，是目前为止最见功底的一篇力作。

关于挽歌的起源，学术界争论很多，基于《左传》和《庄子》一些“残垣断壁”式的记载，学者们展开了激烈的讨论，比较重要的论文有齐天举的《挽歌考》（载《文史》第29辑，中华书局1988年版）、丘述尧的《〈挽歌考〉辨（上）》《〈挽歌考〉辨（下）》（载《文史》第43、第44辑，中华书局1997、1998年版），但这种争论还没有结果。吴承学对分歧进行折中处理：“所谓挽歌始于先秦是指作为送葬歌曲的挽歌；所谓挽歌始于汉代，则是指作为正式送葬礼仪的挽歌。两者并没有矛盾，它们的主要功能是相同的，只是前者比较原始而随意，后者为官方所确认和规定，有比较正规的礼仪形态和音乐形式。”② 之所以会出现这种争议，固然与史料记载不足有关，更与魏晋以来部分学者对史料疏证的误导有关，今天的学者又过于迷信这些学者的附会之说，所以才让这些争论持续下去。其实，从社会学、史学的角度考辨，挽歌的出现不会早于东汉（西汉有丧乐出现），这也是笔者力主的观点。吴承学论文的可贵之处在于，从音乐发生学的角度讨论挽歌：“哭声既通于音乐，哭诉的内容也便可演化成挽歌之辞。”③ 笔者则再从儒家礼乐文化制度出发，探讨挽歌如何突破儒家礼制，并成为民间主流的丧乐和丧戏。《后汉书·五行一》注

① 吴承学：《汉魏六朝挽歌考论》，载《文学评论》2002年第3期，第68页。（引文有改动）

② 吴承学：《汉魏六朝挽歌考论》，载《文学评论》2002年第3期，第60页。

③ 吴承学：《汉魏六朝挽歌考论》，载《文学评论》2002年第3期，第60页。

中有关于“宾婚嘉会”演唱挽歌的记载,[①] 包括吴承学在内的很多学者认为，这些反映了汉魏六朝文人的审美心态，而笔者则以为，这种做派是小众化的，将其视为一个时代整体的士人心态，不免有些夸大。

关于挽歌研究的论文很多，如傅刚的《试论〈文选〉所收陆机〈挽歌〉三首》（载《文学遗产》1996 年第 1 期）、王宜瑗的《六朝文人挽歌诗的演变和定型》（载《文学遗产》2000 年第 5 期）；将挽歌作为选题的硕士、博士学位论文也不少，如杜瑞平的硕士学位论文《魏晋南北朝挽歌研究》（河北师范大学，2004 年）、宋亚莉的硕士学位论文《汉魏六朝挽歌研究》（青岛大学，2009 年）、徐国荣的博士学位论文《中古文士生命观及其文学表述》（南京大学，1998 年）。现在看来，在挽歌研究方面突破性的成果还不多，挽歌研究课题要想有新突破，一在于新文献的出土，二在于新研究方法的提出。依照笔者之见，从文化人类学、社会学、音乐学的角度来研究挽歌，可视为新的突破点。

（五）墓志研究

墓志研究起源于北宋的金石学研究。收集墓志碑文材料，成为历代文人的雅好。欧阳修、曾巩、赵明诚等文人士大夫，大量辑录金石铭刻材料，其中就有墓志拓片。到了清代，王昶辑录的《金石萃编》是金石著作中录文较为全面的一部力作，一共有一百六十卷。这些金石材料中，有相当一部分为墓志。近年来，汉魏南北朝的出土墓志，赵超辑录为《汉魏南北朝墓志汇编》（天津古籍出版社 2008 年版）。唐代出土墓志，周绍良、赵超辑录为《唐代墓志汇编》（全二册）（上海古籍出版社 1992 年版）、《唐代墓志汇编续集》（上海古籍出版社 2001 年版）。这些资料汇编的出版，为墓志研究奠定了坚实的资料基础。历代传世文人文集中，都收有不少墓志，这些都是文史研究的重要材料。

唐宋以来，文人史料笔记偶有讨论墓志文体。元代潘昂霄所撰写的《金石例》，就是一部全面探讨墓志文体的书。到了清代，类似的著作更多：“清代作为金石义例学的成熟时期，不仅出现了黄宗羲、梁玉绳、章学诚等学术大家之义例著作和义例文章，更有像卢见曾、朱记荣这样的学者、刻书家将这些有影响的著作汇辑成编，从而形成了一定规模的金

① 〔南朝·宋〕范晔撰、〔唐〕李贤等注：《后汉书》，中华书局 1965 年版，第 3273 页。

石义例丛书，朱记荣所辑《金石全例》便是其中涵盖较广、影响较大的一种。”[①] 上述金石义例之书，基本上就是关于墓志写作的“教科书”。

宋代学者收集墓志碑文，一方面是为了鉴赏，另一方面是为了进行史学研究。赵明诚在《金石录》序言中说：“余之致力于斯，可谓勤且久矣，非特区区为玩好之具而已也。盖窃尝以谓《诗》、《书》以后，君臣行事之迹，悉载于史，虽是非褒贬出于秉笔者私意，或失其实，然至其善恶大节有不可诬，而又传之既久，理当依据。若夫岁月、地理、官爵、世次，以金石刻考之，其抵牾十常三四。盖史牒出于后人之手，不能无失，而刻词当时所立，可信不疑。”[②] 宋代学者有着清醒的史学意识——用铭刻材料补充历史记载之不足。

近年来，关于墓志研究的论文很多，其中探讨较多的就是墓志起源问题。赵超、熊基权、程章灿、朱智武、孟国栋等学者多有讨论，但目前尚未有一个公认的结论。以墓志作为博士学位论文选题的不少。孟国栋的《新出石刻与唐文创作研究》“以新出石刻为载体，同时参证传世文献，将唐文尤其是碑志文的独特创作过程作为一个完整的系统进行了总体的考察和研究……揭示了唐文创作中的诸多特殊的文学现象，再现了唐代应用性文体的原生状态”[③]。《唐代墓志义例研究》探讨了唐代墓志的撰写结构，[④] 研究方法则是对传统义例之学的延续。也有不少学者以出土墓志为基本材料，用社会学的方法探索研究新领域，如《唐代高丽百济移民研究：以西安洛阳出土墓志为中心》较为全面地探讨了“高丽、百济与唐朝关系及移民”“高丽、百济移民遗迹分布”等历史问题，[⑤] 这是利用墓志探讨中外关系的一个范例。《唐代女性的生前与卒后——围绕墓志资料展开的若干探讨》，从唐代女性的婚龄、再娶习俗之下继室与前室子之间的关系、唐代女性的寡居、唐代女性的寿命、唐代女性的丧葬等五个方面，为我们展示了

---

① 〔清〕朱记荣辑：《金石全例（外一种）》，北京图书馆出版社2008年版，“出版说明”第1－2页。

② 〔宋〕赵明诚著，刘晓东、崔燕南点校：《金石录》，齐鲁书社2009年版，“序”第1页。

③ 孟国栋：《新出石刻与唐文创作研究》，浙江大学博士学位论文，2012年，“中文摘要”第1页。

④ 杨向奎：《唐代墓志义例研究》，岳麓书社2013年版。

⑤ 拜根兴：《唐代高丽百济移民研究：以西安洛阳出土墓志为中心》，中国社会科学出版社2012年版。

唐代妇女的社会生活。[1] 拓展思路，开辟新的学术路径，以墓志作为史料，就能开辟出更多的学术增长点。

在本章中，首先，笔者从墓志本体研究出发，探讨了墓志的起源，努力寻找一种比较公允的说法。其次，从社会学的角度探索，认为佛教早期造像对墓志发展产生了影响。再次，讨论了墓志文体流变，辨析了墓志与告地书、镇墓文、买地券的联系及区别，提出墓志出自行状，故应当客观评估其文史价值。

（六）发冢研究

发冢与丧葬史相伴。先秦典籍如《庄子》《吕氏春秋》等书多有记载。儒家重视厚葬，这就成为发冢存在的原因。一部中国丧葬史，厚葬是主流。为了维护儒家礼制，历代王朝都对发冢予以严厉处罚，但出于对财富的渴望，又对其禁而不止。尤其是战乱带来的社会动荡，导致政府失去对社会的管制，再加上军阀的肆意妄为，发冢变得更为常见。关于发冢，正史和野史笔记均有不少记载，历代留存下来的律令、关于发冢严厉的处罚，也是证明。

近年来，随着休闲文化的兴起，坊间以《盗墓笔记》为代表的盗墓类书刊多有出版，由此衍生出以发冢为题材的漫画和影视剧，这就为大众普及了历史上的发冢事件。但笔者认为，这些书籍、影视作品都有“作意好奇”的地方，对史料的处理不免有夸大之处。

关于发冢的学术研究，有下列成果。周苏平在《中国古代丧葬习俗》一书（陕西人民出版社1990年版）中，有一个章节专门讨论发冢问题；殷啸虎、姚子明写有《盗墓史》一书（上海文艺出版社1997年版）。上述著作基本就是对文献资料的阐释。王子今的《中国盗墓史》（九州出版社2007年版），是一部成果比较突出的学术著作，一方面材料比较齐全，另一方面对问题的归纳整理也更为细致。此书出版后，作者对一些观点又做了修正，如对曹操是否设立疑冢的问题，推翻了固有的说法。[2] 曹永年的论文《说“潜埋虚葬”》（载《文史》第31辑，中华书局1988年版），从

---

① 万军杰：《唐代女性的生前与卒后——围绕墓志资料展开的若干探讨》，天津古籍出版社2010年版。

② 王子今：《曹操“七十二疑冢”辨疑》，载《文博》2010年第1期，第11－15页。

个案角度进行探讨，影响比较大。

就现有的学术成果来看，法学专业的研究者对发冢问题的研究成果比较多，如刘冰雪的博士学位论文《清代丧葬法律与习俗——以〈大清律例〉的规定为主要依据》（中国政法大学，2009年）、魏顺光的博士学位论文《清代中期坟产争讼问题研究——基于巴县档案为中心的考察》（西南政法大学，2011年）。类似的论文还有不少，在此不一一罗列。这些论文都涉及发冢问题，但均从法律角度探讨，从民俗学、社会学等角度探讨的论文较少。

本章节基于儒家主流意识形态，从民俗学、社会学、法学等角度观照发冢问题，认为发冢的原因有三种——求取财物、侮辱尸体、破坏风水；重新解读了被误读的镇墓文，提出这是为避免发冢所作的咒语；从礼制和法制两个角度探讨了历代的发冢问题。

第一章　冥婚流变考论

冥婚就是俗称的死人成婚。冥婚实是一种奇特的礼俗，其过程绾合了婚礼和葬礼，即包含婚娶和合葬，所以在相关的研究论著中，或将其归为婚礼，或将其归为葬礼，众说纷纭。陈鹏将其定义为："冥婚，谓生前非夫妇，死后移棺合葬，行婚嫁之礼也。此俗起源甚古，其情形有二，曰迁葬，曰嫁殇"。[①] 这个定义折中歧义，是一个比较贴切的说法。

第一节　冥婚起源于殉葬

《周礼·地官司徒·媒氏》曰："禁迁葬者与嫁殇者。"郑玄注："迁葬，谓生时非夫妇，死既葬，迁之使相从也。殇，十九以下未嫁而死者。生不以礼相接，死而合之，是亦乱人伦者也。"郑司农云："嫁殇者，谓嫁死人也。今时娶会是也。"贾疏云："迁葬谓成人鳏寡，生时非夫妇，死乃嫁之。"[②] 孙诒让正义："此谓生时本无昏议，男女两殇，因嫁而合葬之。"[③]

孙诒让的判断是正确的。从葬式上看，冥婚属于合葬，所以其起源不会早于夫妻合葬仪式产生之前。按照《礼记》的说法，夫妻合葬起源于周代："季武子成寝，杜氏之葬在西阶之下，请合葬焉，许之。入宫而

---

① 陈鹏：《中国婚姻史稿》，中华书局2005年版，第155页。

② 〔清〕孙诒让撰，王文锦、陈玉霞点校：《周礼正义》卷二十六，中华书局1987年版，第1050页。

③ 〔清〕孙诒让撰，王文锦、陈玉霞点校：《周礼正义》卷二十六，中华书局1987年版，第1051页。

不敢哭。武子曰：‘合葬，非古也，自周公以来，未之有改也。吾许其大而不许其细。何居?’”[①]孔子的父母就是合葬的，“孔子少孤，不知其墓，殡于五父之衢。人之见之者，皆以为葬也。其慎也，盖殡也。问于陬曼父之母，然后得合葬于防”[②]。此为周人合葬之另一证明也。孔子曰：“卫人之祔也离之，鲁人之祔也合之，善夫!”[③]从这段材料来看，即使在孔子生活的时代，卫国在葬式上还是采取单人葬，而孔子则认为鲁国的合葬更符合礼仪。《诗经·大车》曰：“穀则异室，死则同穴。”[④]由此可见，合葬在春秋时期已渐成风俗。

冥婚最早见于《周礼》的记载。“《周礼》出现在公元前二世纪中叶，这是传统观点，《汉书》卷三十、卷五十三，《隋书》卷三十二和部分保存在贾公彦的《周礼废兴》中的马融的概述都不同程度地表达了这一看法。”“顾颉刚和郭沫若同样认定《周礼》是战国晚期的真文献，他们甚至就其作者的具体身份和籍贯作了推测。”[⑤]当代研究者以为“此书出于西汉景武帝间无疑”[⑥]。

冥婚的出现，当在合葬产生之后，也就是说不会早于西周，但会早于《周礼》的记载，综合上述对《周礼》一书的考证，笔者认为冥婚出

---

①〔清〕孙希旦撰，沈啸寰、王星贤点校：《礼记集解》卷七《檀弓上》，中华书局1989年版，第166页。

②〔清〕孙希旦撰，沈啸寰、王星贤点校：《礼记集解》卷七《檀弓上》，中华书局1989年版，第170－171页。

③〔清〕孙希旦撰，沈啸寰、王星贤点校：《礼记集解》卷十一《檀弓下》，中华书局1989年版，第308页。

④〔宋〕朱熹集传、〔清〕方玉润评、朱杰人导读：《诗经》，上海古籍出版社2009年版，第79页。

⑤［英］鲁惟一主编、李学勤等译：《中国古代典籍导读》，辽宁教育出版社1997年版，第26－27、29页。(引文在保留原意的基础上有删改)

⑥ 彭林：《〈周礼〉主体思想与成书年代研究》，中国人民大学出版社2009年版，第186页。

现的时间当为春秋末期。[①]

"人生始化曰魄，既生魄，阳曰魂。"[②]"大凡生于天地之间者皆曰命，其万物死皆曰折，人死曰鬼，此五代之所不变也。"[③]"众生必死，死必归土，此之谓鬼。骨肉毙于下，阴为野土。"[④]在古人看来，鬼是人从阳间到阴间之后的另一种存在状态；为了缅怀亡灵，故"丧礼者，以生者饰死者也，大象其生，以送其死也。故如死如生，如亡如存，终始一也"[⑤]。

奉死如生，就必然选择厚葬，"故事生不忠厚、不敬文谓之野，送死不忠厚、不敬文谓之瘠。君子贱野而羞瘠，故天子棺椁十重，诸侯五重，大夫三重，士再重，然后皆有衣衾多少厚薄之数，皆有翣菨文章之等以敬饰之，使生死终始若一，一足以为人愿，是先王之道，忠臣孝子之极也"[⑥]。对王公贵族来说，厚葬的极端就是以人殉葬，"闵死独葬，魂孤无副，丘墓闭藏，谷物乏匮，故作偶人，以侍尸柩；多藏食物，以歆精魂。积浸流至，或破家尽业，以充死棺；杀人以殉葬，以快生意"[⑦]。

---

① 对一组甲骨文的解读，使不少学者以为冥婚出现在商代。宋镇豪认为：武丁之妃妇好，在其死后又可充当成唐、大甲、祖乙、小乙等先王的"冥妇"。这与长辈对后辈子媳滥施淫威有别。冥婚观念实基于家族本位的婚制现实，娶于异族，广嗣优生，以利于家族的繁衍。（宋镇豪：《商代婚姻的运作礼规》，载《历史研究》1994年第6期，第54页）赵诚认为：冥婚是否始于商代，现因材料不足尚不能论定。但从现有材料来看，最早记载冥婚现象的是商代甲骨文确是事实。（赵诚：《甲骨文与商代文化》，辽宁人民出版社2000年版，第148页）姚孝遂认为：既然"佳唐娶妇好"指的是妇好死后以之配于"唐"作为"冥妇"，则妇好为武丁之妃或其子妇的说法就难以成立了。（姚孝遂：《吉林大学所藏甲骨选释》，载《吉林大学社会科学学报》1963年第4期，第81页）笔者认为，甲骨文所记载的材料反映了商人迷信鬼神的观念，与后来的冥婚是不一样的。

② 杨伯峻编著：《春秋左传注》，中华书局2009年版，第1292页。

③ 〔清〕孙希旦撰，沈啸寰、王星贤点校：《礼记集解》卷四十五《祭法》，中华书局1989年版，第1197页。

④ 〔清〕孙希旦撰，沈啸寰、王星贤点校：《礼记集解》卷四十六《祭义》，中华书局1989年版，第1219页。

⑤ 〔清〕王先谦撰，沈啸寰、王星贤点校：《荀子集解》卷十三《礼论》，中华书局1988年版，第366页。

⑥ 〔清〕王先谦撰，沈啸寰、王星贤点校：《荀子集解》卷十三《礼论》，中华书局1988年版，第359－360页。

⑦ 〔东汉〕王充著、陈蒲清点校：《论衡》卷二十三《薄葬》，岳麓书社1991年版，第356页。

杀殉起源甚早，尤盛行于商代，考古发现：“商代人殉人祭有确数的共三千六百八十四人，若再加上几个复原和不能确定的一些数字，那就将近四千人了。”① 直到春秋战国时期，虽然殉葬人数在减少，但也屡有发生：“二十年，武公卒，葬雍平阳。初以人从死，从死者六十六人。”“三十九年，缪公卒，葬雍。从死者百七十七人，秦之良臣子舆氏三人名曰奄息、仲行、针虎，亦在从死之中。”②“天子杀殉，众者数百，寡者数十。将军大夫杀殉，众者数十，寡者数人。”③ 以人殉葬，有违人道，儒家主张厚葬，但反对人殉人祭：“仲尼曰：‘始作俑者，其无后乎!’为其象人而用之也。”④

殉葬这种非人道的做法，必然使统治者受到社会舆论的压力，然灵魂不灭之观念不消失，对阴间的“关怀”就会一如既往，冥婚就变成了殉葬的“最佳”替代品。

清儒专精礼学研究，他们意识到这个问题，故认为：“成人鳏寡，生非夫妇，死而合葬者，其类有二。一则生前为名分所限，不得称为夫妇，而死后以合葬逞其私者。如《国策》《汉书》所载，秦之宣太后欲魏丑夫殉葬，汉之馆陶主与董偃会葬是也。”⑤

当人性苏醒，生命受到尊重，殉葬必然使统治者越来越受到社会舆论的压力，因此需要寻找替代人殉的方式。主要有两种方式：一是用陶俑木偶替代生人，二是以冥婚来慰藉那些没有婚嫁的人。由此可以推断，冥婚出现时间不早于春秋时期，而应当在春秋晚期。

“禁迁葬者与嫁殇者”，是先秦关于冥婚的唯一证据。大约在历经秦火之后，经过历史长河的淘洗，当时遗留下来的史料基本只是“冰山一角”，《周礼》亦是如此：“须知这些礼的史料，仅是因为牵涉到重大的历史事件而遗留下来。与周礼之全貌相比，这些流传下来的史料不过是沧海一粟。”⑥

---

① 胡厚宣、胡振宇：《殷商史》，上海人民出版社2003年版，第164页。

② 〔汉〕司马迁：《史记》卷五《秦本纪》，中华书局1959年版，第183、194页。

③ 吴毓江撰、孙启治点校：《墨子校注》卷六《节葬下》，中华书局1993年版，第264页。

④ 〔清〕焦循撰、沈文倬点校：《孟子正义》卷二，中华书局1987年版，第63页。

⑤ 〔清〕刘毓菘：《通义堂文集》卷三，民国七年（1918），刘承幹求恕斋刻本。

⑥ 俞江：《道统与法统在中国历史中的体现》，载《文化纵横》2011年第4期，第88页。

第二节　冥婚名称的流变

出现“冥婚”这个称谓是很晚的事情了。按照《周礼》的记载，冥婚最初被称为“迁葬”和“嫁殇”，据名可以思其义。第一次见于正史记载的冥婚发生在三国时期的魏国：

邓哀王冲字仓舒……年十三，建安十三年疾病，太祖亲为请命。及亡，哀甚。文帝宽喻太祖，太祖曰：“此我之不幸，而汝曹之幸也。”言则流涕，为聘甄氏亡女与合葬，赠骑都尉印绶，命宛侯据子琮奉冲后。①

有研究者认为这是“后世冥婚之始”②，而笔者并不这么认为。一方面，冥婚起源甚早，前已论证；另一方面，就现有史料来看，尚有《相府小史夏堪碑》，该碑文记载了汉代夏堪夭殁之后，与谢氏冥婚之事，碑文云“娉会谢氏，并灵合柩”③。这应当早于曹操为曹冲主持的冥婚。出土文物也证明了这一点。1974 年 3 月，洛阳市李屯东汉墓出土的一陶瓶上载文曰：

元嘉二年十二月丁未朔十四日甲申，黄帝与河南缑氏□□中华里许苏阿□□刑宪女合会，神药义镇□冢宅，□□七神定冢阴阳，死人无□，生人无过。苏瘖之后，生人阿铜宪女适过，为设（?）五石人参解□□□安井（栽）瓶，神明利家　　许苏氏家生人富利，从合日始。如律令！④

---

① 〔晋〕陈寿撰、〔南朝·宋〕裴松之注、陈乃乾校点：《三国志》卷二十《邓哀王冲传》，中华书局 1959 年版，第 580 页。

② 陈东原：《中国妇女生活史》，商务印书馆 1998 年版，第 159 页。

③ 〔宋〕洪适：《隶释》卷十二，上海书店 1935 年影印版。

④ 洛阳市文物工作队：《洛阳李屯东汉元嘉二年墓发掘简报》，载《考古与文物》1997 年第 2 期，第 3－4 页。（个别文字有改动）

元嘉二年，也就是公元152年，这远早于曹操为儿子曹冲举办冥婚的时间。

《三国志》尚有如下记载：

太和六年，明帝爱女淑薨，追封谥淑为平原懿公主，为之立庙。取后亡从孙黄与合葬，追封黄列侯，以夫人郭氏从弟德为之后，承甄氏姓，封德为平原侯，袭公主爵。①

可见，在陈寿的《三国志》中，既无"迁葬"和"嫁殇"，也没有冥婚这个说法，而是将其称作"合葬"。无疑，合葬是从葬仪上而言的，而墓碑志则称其为"合会"和"娉会"。再考之《通典》，有如下记载：

"禁迁葬者与嫁殇者。"郑玄曰："迁葬谓生时非夫妇，死既葬，迁之使相从也。殇，十九以下未嫁而死者。生不以礼相接，死而合之，是亦乱人伦者也。"郑众云："嫁殇者谓嫁死人，今时娶会是也。"则俗谓之冥婚也。②

郑众说，"嫁殇者"在当时称作"娶会"。郑众是东汉经学家，据《后汉书·郑众传》记载，郑众在汉明帝时为给事中，章帝时为大司农，卒年为建初八年（83）。③"今时娶会是也"，可见冥婚在东汉时被称为"娶会"，而墓碑志所记载的"合会"和"娉会"，与"娶会"当为一义。杜佑生活在中唐时期，他在唐代宗大历初（约766）开始撰写《通典》，至唐德宗贞元十七年（801）上表进书。在这个时期，"娶会"就被称为"冥婚"了。

关于冥婚名称的变迁，还可以考察如下材料：

---

①〔晋〕陈寿撰、〔南朝·宋〕裴松之注、陈乃乾校点：《三国志》卷五《后妃传》，中华书局1959年版，第163页。

②〔唐〕杜佑撰、王文锦等点校：《通典》卷一百三《禁迁葬议》，中华书局1988年版，第2700页。

③〔南朝·宋〕范晔撰、〔唐〕李贤等注：《后汉书》卷三十六《郑众传》，中华书局1965年版，第1224－1226页。

> 正国子平城，早卒。孝文时，始平公主薨于宫，追赠平城驸马都尉，与公主冥婚。①

> 子平城，早卒。高祖时，始平公主薨于宫，追赠平城驸马都尉，与公主合葬。②

上述为同一史料见于不同史书的记载，其文辞大同小异，要注意的是：前者是冥婚，后者是合葬。《魏书》的撰写者是魏收，他于北齐天保二年（551）开始动笔，三年后书成。在他的笔下，冥婚被称为“合葬”。《北史》由唐代的李延寿撰写，成书于唐高宗显庆四年（659）。李延寿将“合葬”改为“冥婚”，这是冥婚这一称谓源于唐朝的另一个证据。

关于冥婚名称之由来，还可考察如下出土墓志：

> 君以年幼未壮，随父之官。属南方卑湿，为兹遘疾。其父命令还北，而君誓不违离。砭药虽加，膏肓靡效。以大唐贞观廿年五月廿八日卒于官舍，时年廿一……竟未婚媾。粤以廿一年岁次戊申五月辛巳五日乙酉，返葬于洪固原之大茔，礼也。仍以故太子仆崔思默亡女侩葬。③

> 君年四岁而丧父，母乃抚养幼孤……不幸而死。以显庆五年正月廿二日卒于清化里第，年十七，未有伉俪焉。即以聘卫氏女为暝婚，卫夫人也。……以其年二月二日合祔于北芒之原。④

根据以上墓志铭可以得出这样的结论：由汉代的“会葬”“娶会”到唐代“冥婚”的称谓，时间跨度是唐太宗贞观末年（646）到高宗显庆年间（660）。

再从字义上考证，《说文解字》对“冥”字的释义为：“冥，幽也。

---

① 〔唐〕李延寿：《北史》卷二十《穆崇传》，中华书局1974年版，第744页。

② 〔北齐〕魏收：《魏书》卷二十七《穆崇传》，中华书局1974年版，第673页。

③ 周绍良、赵超主编：《唐代墓志汇编续集》贞观〇五一《大唐象州使君第六息故韦君之墓志铭》，上海古籍出版社2001年版，第39页。

④ 周绍良主编：《唐代墓志汇编》显庆一二四《大唐故贾君墓志铭并序》，上海古籍出版社1992年版，第307－308页。

从日、从六，冖声。日数十。十六日而月始亏，幽也。”[①] 许慎为东汉的学者，也就是说，东汉时，“冥”只有幽暗之意。而“冥婚”之“冥”，就是阴间之意了。阴间的观念，是在东汉道教兴起之后，加之随后佛教的传入，才逐步形成；其再被民间接受，成为一种普遍的观念，尚需要时间。从字义上考察，“冥婚”这个称谓也只能产生于东汉之后，也就是说，在“冥”字被赋予阴间之义后，才有“冥婚”的说法。

清儒说：“嫁殇，汉曰娶会，唐曰冥婚。”[②] 这个判断是极有见地的。通过上述考论，可以得出这样的结论：冥婚逐步被广泛接受，当在唐太宗贞观末年到高宗显庆年间。

第三节　冥婚与儒家礼仪的冲突

《周礼·地官司徒·媒氏》曰：“禁迁葬者与嫁殇者。”冥婚之所以被禁止，郑玄的意见是“生不以礼相接，死而合之，是亦乱人伦者也”。就冥婚的程序来看，婚礼是整个仪式的第一步。儒家重视婚仪，认为：“昏礼者，将合二姓之好，上以事宗庙，而下以继后世也。故君子重之。”[③] 所以，婚礼有一个比较烦琐的程序：“是以昏礼纳采、问名、纳吉、纳征、请期，皆主人筵几于庙，而拜迎于门外，入揖让而升，听命于庙，所以敬慎、重正昏礼也。”[④] 礼的本质在于维护秩序，婚礼的重要性在于“继往开来”。作为人生的重要礼仪，婚礼就要重视程序：“聘则为妻，奔则为妾。”[⑤] “礼义陵迟，男女淫奔”[⑥] 往往是末世的征兆。郑玄所谓的

---

① 柴剑虹、李肇翔主编：《说文解字》，九州出版社2001年版，第389页。

② 〔清〕惠士奇：《礼说》卷四，载〔清〕阮元辑《皇清经解》卷二百一十四，广东学海堂刻本，第240页。

③ 〔清〕孙希旦撰，沈啸寰、王星贤点校：《礼记集解》卷五十八《昏义》，中华书局1989年版，第1416页。

④ 〔清〕孙希旦撰，沈啸寰、王星贤点校：《礼记集解》卷五十八《昏义》，中华书局1989年版，第1416页。

⑤ 〔清〕孙希旦撰，沈啸寰、王星贤点校：《礼记集解》卷二十八《内则》，中华书局1989年版，第773页。

⑥ 〔明〕吕柟：《泾野先生毛诗说序》，中华书局1985年版，第18页。

“生不以礼相接”，就是指冥婚不符合儒家婚礼的程序，这是冥婚遭到反对的一个原因所在。此外，冥婚不能给双方带来子息，所以就不能实现“上以事宗庙，而下以继后世”的作用。笔者认为这是一些冥婚的举办者给事主认领后嗣的原因所在：一方面是对亡灵的慰藉，另一方面是对礼仪缺失的弥补。

再从冥婚起源来看，前已论证，冥婚源于殉葬。儒家对殉葬是极为厌恶的：“孔子谓‘为明器者知丧道矣，备物而不可用也’。哀哉！死者而用生者之器也，不殆于用殉乎哉！‘其曰明器，神明之也。’涂车、刍灵，自古有之，明器之道也。孔子谓‘为刍灵者善’，谓为‘俑者不仁’，不殆于用人乎哉！”① 孔子认为，纸扎的草人之外，以木偶来陪葬都是不仁的，因为这太接近以人殉葬了。荀子是坚持厚葬的，但对殉葬也持强烈的反对意见：“刻死而附生谓之墨，刻生而附死谓之惑，杀生而送死谓之贼。”②

由此看来，冥婚与殉葬呈“类比关系”，所以会受到儒家的批判。所以，后来秉持儒家正统观念者，对冥婚也难免有轻慢之语。

原女早亡，时太祖爱子仓舒亦没，太祖欲求合葬，原辞曰：“合葬，非礼也。原之所以自容于明公，公之所以待原者，以能守训典而不易也。若听明公之命，则是凡庸也，明公焉以为哉？”太祖乃止，徙署丞相徵事。③

帝爱女淑卒，帝痛之甚，追谥平原懿公主，立庙洛阳，葬于南陵。取甄后从孙黄与之合葬，追封黄为列侯，为之置后，袭爵。帝欲自临送葬，又欲幸许。司空陈群谏曰：“八岁下殇，礼所不备，况未期月，而以成人礼送之，加为制服，举朝素衣，朝夕哭临，自古以来，未有此比。

① 〔清〕孙希旦撰，沈啸寰、王星贤点校：《礼记集解》卷十《檀弓下》，中华书局1989年版，第264－265页。

② 〔清〕王先谦撰，沈啸寰、王星贤点校：《荀子集解》卷十三《礼论》，中华书局1988年版，第371－372页。

③ 〔晋〕陈寿撰、〔南朝·宋〕裴松之注、陈乃乾校点：《三国志》卷十一《邴原传》，中华书局1959年版，第351页。

而乃复自往视陵，亲临祖载！愿陛下抑割无益有损之事，此万国之至望也。”①

邴原和陈群都是当时有声望的士大夫，他们当着曹操和魏明帝的面反对冥婚，理由是“非礼也”；而曹操及其孙明帝没有表现出恼怒，一方面表明他们的宽容，另一方面也说明邴原和陈群代表的是合乎古礼的主流意见。

《三国志·武文世王公传》记载，“武皇帝二十五男”。除邓哀王仓舒之外，因早殇无子的尚有七位：“丰愍王昂字子脩。弱冠举孝廉。随太祖南征，为张绣所害。无子。”“济阳怀王玹，建安十六年封西乡侯。早薨，无子。”“范阳闵王矩，早薨，无子。”“临邑殇公子上，早薨。”“刚殇公子勤，早薨。太和五年追封谥。无后。”“谷城殇公子乘，早薨。太和五年追封谥。无后。”“灵殇公子京，早薨。太和五年追封谥。无后。”②

这七位公子死后均获得封谥，一些年长的还过继给了宗室子弟；但据记载，曹操只为仓舒举办了冥婚，而这种葬俗没有普及到其他公子身上，一方面说明了曹操对曹冲的爱怜，另一方面也说明冥婚并不是当时社会所认可的一种礼仪。直到唐五代，冥婚仍然是被非议的一种葬俗。

初，郑余庆尝采唐士庶吉凶书疏之式，杂以当时家人之礼，为《书仪》两卷。明宗见其有起复、冥昏之制，叹曰：“儒者所以隆孝悌而敦风俗，且无金革之事，起复可乎？婚，吉礼也，用于死者可乎？”乃诏岳选文学通古今之士，共删定之。岳与太常博士段颙、田敏等增损其书，而其事出鄙俚，皆当时家人女子传习所见，往往转失其本，然犹时有礼之遗制。③

后唐明宗皇帝系沙陀部人、李克用养子，受到汉文化的熏陶，认为

①〔宋〕司马光编著、〔元〕胡三省音注：《资治通鉴》卷七十二《魏纪四》，中华书局1956年版，第2275页。

②〔晋〕陈寿撰、〔南朝·宋〕裴松之注、陈乃乾校点：《三国志》卷二十《武文世王公传》，中华书局1959年版，第579、584、585、586、588页。

③〔宋〕欧阳修撰、〔宋〕徐无党注：《新五代史》卷五十五《刘岳传》，中华书局1974年版，第632页。

冥婚不合古礼，故让手下的文人学士删改郑余庆所修订的《书仪》。就这段史料，有学者撰文说：

刘岳等人研究一番后认为，冥婚“出鄙俚，皆当时家人女子传习所见……公卿之家颇遵用之，至其久也，又益讹谬可笑矣”。否定了冥婚的合理性与合法性。其实，郑余庆虽清俭读经，却并非纯儒。①

笔者认为，首先，论者误读了《新五代史·刘岳传》，“而其事出鄙俚，皆当时家人女子传习所见”，是《新五代史》作者欧阳修对刘岳等人的批判，以为他们学识不够，所编写的《书仪》鄙陋不堪，而并非“刘岳等人研究一番后认为”云云；然后在此基础上批评郑余庆“并非纯儒”，就有点“求全之毁”了。比如，周一良和赵和平认为：“郑余庆四朝居将相之任，出自讲究门风礼法的荥阳郑氏，熟悉典章礼法制度，由他领衔修撰《吉凶书仪》是合乎情理，又十分合适的。”② 直到宋代，冥婚仍然与主流意见相悖，欧阳修在《刘岳传》中评论说：

呜呼，甚矣，人之好为礼也！在上者不以礼示之，使人不见其本，而传其习俗之失者，尚拳拳而行之。五代干戈之乱，不暇于礼久矣！明宗武君，出于夷狄，而不通文字，乃能有意使民知礼。而岳等皆当时儒者，卒无所发明，但因其书增损而已。然其后世士庶吉凶，皆取岳书以为法，而十又转失其三四也，可胜叹哉！③

① 黄景春：《论我国冥婚的历史、现状及根源——兼与姚平教授商榷唐代冥婚问题》，载《民间文化论坛》2005 年第 5 期，第 99 页。

② 周一良、赵和平：《唐五代书仪研究》，中国社会科学出版社 1995 年版，第 148 页。

③ 〔宋〕欧阳修撰、〔宋〕徐无党注：《新五代史》卷五十五《刘岳传》，中华书局 1974 年版，第 633 页。

第四节 冥婚在唐代渐成流俗

唐代是冥婚见诸史料记载较多的时代，主要表现在三方面。

其一，史料中关于冥婚的记载增多。姚平对唐代墓志及见于正史的冥婚做了统计，见于史料的冥婚共有11起，“十一位冥婚新娘的家庭背景与新郎的家庭背景大致相符，两人出自平民，八人出自贵族，一人是皇室亲属”①。皇室举办的冥婚也多于其他朝代。

重润风神俊朗，早以孝友知名，既死非其罪，大为当时所悼惜。中宗即位，追赠皇太子，谥曰懿德，陪葬乾陵。仍为聘国子监丞裴粹亡女为冥婚，与之合葬。②

韦庶人又为亡弟赠汝南王洵与至忠亡女为冥婚合葬，及韦氏败，至忠发墓，持其女柩归，人以此讥之。③

敬用追谥曰承天皇帝，与兴信公主第十四女张氏冥婚，谥曰恭顺皇后。④

王讳洞……春秋一十有六……制以王年未及室，灵榇方孤，求淑魄于高门，代姻无忝；结芳神于厚夜，同穴知安。乃冥婚太子家令清河崔道猷亡第四女为妃而会葬焉，盖古之遗礼也。⑤

其二，受到冥婚这种民俗的影响，文学创作中大量出现与冥婚相关

① ［美］姚平：《论唐代的冥婚及其形成的原因》，载《学术月刊》2003年第7期，第69页。

② ［后晋］刘昫等：《旧唐书》卷八十六《懿德太子重润传》，中华书局1975年版，第2835页。

③ ［后晋］刘昫等：《旧唐书》卷九十二《萧至忠传》，中华书局1975年版，第2970页。

④ ［后晋］刘昫等：《旧唐书》卷一百一十六《承天皇帝倓传》，中华书局1975年版，第3386页。

⑤ 周绍良主编：《唐代墓志汇编》景龙〇一一《大唐赠并州大都督淮阳王韦君墓志铭》，上海古籍出版社1992年版，第1083－1084页。

的故事。《太平广记》卷三百三十三《季攸》《长洲陆氏女》、卷三百三十四《王乙》、卷三百七十一《曹惠》、卷三百八十《魏靖》，都是唐人所记的与冥婚相关的故事。

其三，冥婚成为流俗，基本被世俗接受。比如郑余庆的《书仪》，就将冥婚列入其中。敦煌发现的民间书仪也可以证实冥婚在民间的流行与接受情况。

男女双方家长互通婚书，然后迁葬，各祭其殇子。

男方祭文的内容为：

父告子曰："告汝甲乙，汝既早逝，大义未通。独寝幽泉，每移风月。但生者好偶，死亦嫌单。又悟某氏有女，复同霜叶。为汝礼聘，以会幽灵。择卜良辰，礼就合吉。设祭灵右，众肴备具。汝宜降神，就席尚飨。"

女方祭文的内容为：

女家祭女依男法："告汝甲乙，尔既早逝，未有良仇（俦）。只寝泉宫，载离男女。未经聘纳，祸钟德门，奄同辞世。二姓和合好，以结冥婚。择卜良时，就今合棺。"①

"白骨同棺"，象征男女婚媾，最后双方共行墓祭，此为起圹文：

讫在墓祭……今既二姓合好，礼媾冥婚。白骨同棺，魂魄共合，神识相配，何异生存。吉在人（壬）辰，速离高圹。内外悲怆，弥切匆怀，设祭墓文，汝宜尚飨。②

此外，应当注意冥婚名称的变化：由嫁殇、合葬、会娶直到唐代的冥婚。从词义上看，逐渐祛除悲剧色彩，而增加喜庆氛围，将其由凶礼转化为嘉礼，这更符合民众的心理需求，从而迎合了世俗的心理诉求。

综合学者的研究成果，一般以为，冥婚的产生主要有如下几个原因：

---

① 岳庆平：《婚姻志》，上海人民出版社2010年版，第158页。

② 岳庆平：《婚姻志》，上海人民出版社2010年版，第158页。

①相信鬼魂实有，以为冥婚可以慰藉未婚娶而早殇的亲人；②借冥婚炫耀其地位，以结交权贵；③佛教思想的影响；④冥婚可以让死去的亲人入祖坟，承接后嗣。

唐代见诸史料的冥婚增多，更有如下两个原因：

其一，隋唐以来，礼仪制度废弛，几乎成为一纸空文。

> 旧籍于礼仪特重，记述甚繁，由今日观之，其制度大抵仅为纸上之空文，或其影响所届，止限于少数特殊阶级，似可不必讨论，此意昔贤亦有论及者矣。如《新唐书》一一《礼乐志》云：由三代而上，治出于一，而礼乐达于天下，由三代而下，治出于二，而礼乐为虚名。及三代已亡，遭秦变古，后之有天下者，自天子百官、名号位序、国家制度、宫车服器，一切用秦。至于三代礼乐具其名物，而藏于有司，时出而用之郊庙朝廷……自搢绅大夫从事其间者皆莫能晓习，而天下之人至于老死未尝见也。[①]

其二，唐皇室有胡人血统，所以不甚重视礼仪。

刘盼遂的《李唐为蕃姓考》及王桐龄的《杨隋李唐先世系统考》，均认为李氏为拓跋族之后裔，而陈寅恪在《李唐氏族之推测后记》一文中则主张：

> 李唐先世本为汉族，或为赵郡李氏徙居柏仁之“破落户”，或为邻邑广阿庶姓李氏之“假冒牌”，既非华盛之宗门，故渐染胡俗，名不雅驯。[②]

唐皇室有少数民族的血统，故而自上而下的社会风气均比较开放。《朱子语类》曰：“唐源流出于夷狄，故闺门失礼之事，不以为异。”[③] 骆

---

① 陈寅恪：《隋唐制度渊源略论稿》，中华书局1963年版，第4页。

② 陈寅恪：《陈寅恪集：金明馆丛稿二编》，生活·读书·新知三联书店2001年版，第344页。

③〔宋〕黎靖德编、王星贤点校：《朱子语类》卷一百三十六《历代三》，中华书局1986年版，第3245页。

宾王在《为徐敬业讨武曌檄》中有“陷吾君于聚麀”[①]之语。故皇室内部对待冥婚往往较为宽容。

然而，传统礼乐文化思想并没有泯灭，其如地火，忽明忽暗地在燃烧。即使在较为开放的唐朝，我们还可以听到另一种声音，比如白居易的一篇判词：

生而异族，死岂同归。且非合祔之仪，爰抵嫁殇之禁。景夭婚是恤，窀穸斯乖。以处子之蕣华，迁他人之蒿里。曾靡卜于鸣凤，各异室家；胡为相以青乌，欲同宅兆。徒念幼年无偶，岂宜大夜有行？况生死宁殊，男女贵别：纵近倾筐之岁，且未从人；虽有游岱之魂，焉能事鬼？既违国禁，是乱人伦。请征媒氏之文，无抑邻人之告。[②]

景家为幼年死去的女儿举办冥婚，被邻居告发，有两种可能：一是邻居未必反对冥婚，但这可以作为借公义来泄私愤的借口；二是邻居确实坚守着《周礼》。判文是“嫁殇”，由此可见，《周礼》中关于禁止迁葬和嫁殇的规定，在礼法上还是衡量人们行为的尺度。

由些也可看出，在唐朝尚有一种坚持正统礼仪的社会舆论，以为冥婚不合人伦，不过以判文观之，“请征媒氏之文，无抑邻人之告”，在白居易看来，这不是一件什么大事情，唐朝士大夫对冥婚的态度由此可见一斑。

第五节　火葬对冥婚的影响

宋代是中国文化发展的高峰。陈寅恪先生曾经断言：

吾国近年之学术，如考古历史文艺及思想史等，以世局激荡及外缘

---

① 〔唐〕骆宾王：《为徐敬业讨武曌檄》，载〔清〕吴楚材、吴调侯编《古文观止》，浙江古籍出版社2010年版，第189页。

② 〔唐〕白居易著、顾学颉校点：《白居易集》卷六十六《得景嫁殇邻人告违禁景不伏》，中华书局1979年版，第1395页。

薰习之故，咸有显著之变迁。将来所止之境，今固未敢断论。惟可一言蔽之曰，宋代学术之复兴，或新宋学之建立是已。华夏民族之文化，历数千载之演进，造极于赵宋之世。后渐衰微，终必复振。①

造纸术和印刷术的发明，使宋代史学得以兴盛。文人士大夫更喜欢撰写野史笔记，表现在两方面：一是数量多。据不完全统计，大体完整地保存到现在，或有部分内容保存到现在的这类书籍有四百至五百种之多。加上已经失传的，还不知道有多少。宋代笔记作者和书籍的数量已经大大超过了魏晋南北朝隋唐等朝代的总和。② 二是纪实性加强。明人所编《五朝小说大观·宋人百家至节略》的序言中论及宋人笔记："唯宋则出士大夫手，非公余纂录，即林下闲谭。所述皆生平父兄师友相与谈说，或履历见闻、疑误考证；故一语一笑，想见先辈风流。其事可补正史之亡，裨掌故之阙。"③ 但是，宋人笔记中关于冥婚的记录只有如下两条。

康与之《昨梦录》记载：

北俗：男女年当嫁娶，未婚而死者，两家命媒互求之，谓之"鬼媒人"。通家状细帖，各以父母命祷而卜之。得卜，即制冥衣，男冠带、女裙帔等毕备。媒者就男墓，备酒果，祭以合婚。设二座相并，各立小幡长尺余者于座后。其未奠也，二幡凝然直垂不动。奠毕，祝请男女相就，若合卺焉。其相喜者，则二幡微动，以致相合。若一不喜者，幡不为动且合也。又有虑男女年幼，或未娴教训，男即取先生已死者，书其姓名、生时以荐之，使受教；女即作冥器，充保母使婢云属。既已成婚，则或梦新妇谒翁姑，婿谒外舅也。不如是，则男女或作祟，见秽恶之迹，谓之"男祥女祥"鬼。两家亦薄以币帛酬鬼媒。鬼媒每岁察乡里男女之死者而议，资以养生焉。④

---

① 陈寅恪：《陈寅恪集：金明馆丛稿二编》，生活·读书·新知三联书店2001年版，第277页。

② 钟振振：《说宋代笔记（上）》，载《文史知识》2010年第6期，第146页。

③ 《五朝小说大观·宋人百家至节略·序》，上海扫叶山房1926年石印本。（其中标点为笔者所加）

④ 〔明〕陆楫等辑：《古今说海·说略部》，巴蜀书社1988年版，第464页。（引文有改动）

宋人周去非在笔记中记载：

钦廉，子未娶而死，则束茅为妇于郊，备鼓乐迎归，而以合葬，谓之迎茅娘。昔魏武爱子苍舒卒，聘甄氏亡女合葬。明帝爱女淑卒，娶甄氏亡孙合葬。钦之迎茅娘，夷风也，曹氏父子直为冥婚，岂足尚哉！①

研究者往往将上述材料作为冥婚盛行于宋代的证据，但这单薄的记载是没有说服力的。如前所言，宋朝是封建王朝经济文化发展的高峰，史学尤其发达，特别是野史笔记小说更多，喜好搜奇猎怪的士大夫们，其笔下为何基本没有涉及冥婚？因此，并没有充分的证据证明冥婚于宋代盛行。无论是康与之的记载还是周去非的笔记，都有个共同点：冥婚的发生地均为比较落后的地区。地理位置偏远，就为旧俗的保存创造了条件，这也可以看作历史的遗留。

冥婚在宋代式微，一个很重要的原因就是丧葬制度的变革：儒家的丧葬观受到了外来佛教的干扰，加之受到人口增加带来的人地矛盾、商品经济发达的影响，民间生活方式愈加多样化，尤其表现在丧葬仪式上，火化尸骸成为一种较为普遍的葬式。

宋代是中国历史上火葬最为盛行的时期。在这一时期，社会生产力的发展、商品经济的繁荣和佛教的世俗化，给宋人的社会生活带来了重大变化，尤其是对人们的社会意识和风俗习惯产生了巨大的影响。这种变化和影响反映在丧葬上，便是传统的儒家丧葬观的动摇和火葬风气的盛行。②

火化的盛行必然会动摇主流意识形态，对此，统治者不能熟视无睹，宋太祖建隆三年（962），朝廷下诏书：

三月丁亥，诏曰：“王者设棺椁之品，建封树之制，所以厚人伦而一

---

① 〔宋〕周去非著、杨武泉校注：《岭外代答校注》卷十《迎茅娘》，中华书局1999年版，第432页。

② 徐吉军：《中国丧葬史》，武汉大学出版社2012年版，第407页。

风化也。近代以来，遵用夷法，率多火葬，甚愆典礼。自今宜禁之。”[①]

绍兴二十七年，监登闻鼓院范同言：“今民俗有所谓火化者，生则奉养之具唯恐不至，死则燔爇而弃捐之，何独厚于生而薄于死乎？甚者焚而置之水中，识者见之动心。国朝著令，贫无葬地者，许以系官之地安葬。河东地狭人众，虽至亲之丧，悉皆焚弃。韩琦镇并州，以官钱市田数顷，给民安葬，至今为美谈。然则承流宣化，使民不畔于礼法，正守臣之职也。方今火葬之惨，日益炽甚，事关风化，理宜禁止。仍饬守臣措置荒闲之地，使贫民得以收葬，少裨风化之美。”[②]

关于火葬，无论是正史还是文人笔记都有不少记载，但由于宋代政治上的宽容，官府根本无力扭转这一趋势，甚至有些皇室成员也使用了火葬：

皇侄孙士奔，嘉祐五年五月十九日生。明年，以宗室长子既赐名，遂除太子内率府副率。后二年，今天子即位，迁右监门率府率。其年九月二十三日以疾卒，甫四岁，火而寓骨于都城之西大慈佛祠。[③]

对骨灰的处理，徐吉军将其总结为三种方式：一是焚尸后，将骨灰放入木盒或陶罐，然后埋入墓中；二是尸体火化后，将骨灰存放于寺院或漏泽园中，也有的存放于家中，逢节祭奠；三是焚尸后将骨灰弃于野外或水中。[④] 葬式的改变，尤其是骨灰保存方式的改变，使得冥婚的实现已经不大可能，这就是冥婚在宋代式微的原因所在。

到了元代，蒙古族的葬式大异于汉族，明朝的文人笔记记载：

元朝官里，用梡木二片，凿空其中，类人形大小合为棺，置遗体其

---

① 〔宋〕王称撰，孙言诚、崔国光点校：《东都事略》卷二《本纪二》，齐鲁书社2000年版，第8页。

② 〔元〕脱脱等：《宋史》卷一百二十五《士庶人丧礼》，中华书局1977年版，第2918－2919页。

③〔宋〕王珪：《华阳集》卷三十九《宗室右监门率府率墓记》，商务印书馆1935年版，第550页。(其中标点为笔者所加)

④ 徐吉军：《中国丧葬史》，武汉大学出版社2012年版，第409－412页。

中；加髹漆毕，则以黄金为圈，三圈乃定，送至其直北园寝之地深埋之。则用万马蹴平，俟草青方解严，则已漫同平坡，无复考志遗迹。①

葬后灭迹，不留踪迹，一方面使后来者难以盗墓，另一方面就没有可能举办二次葬的冥婚。类似的记载见于《元史·祭祀志》，甚至当时来华的外国使节的笔记如《柏朗嘉宾蒙古行纪》中亦有记载。

马可波罗也记载了元代火葬盛行的情况：

从新州马头发足，南向骑行八日，沿途所经诸地，在在皆见有环墙之城村甚众，皆大而富丽，工商茂盛，人死焚其尸，臣属大汗，使用纸币。②

元政府对火葬持一种宽容的态度，如《元典章》记载：

近准北京等路行中书省咨："北京路申：'同知高朝列牒：伏见北京路百姓，父母身死，往往置于柴薪之上，以火焚之。照得古者圣人治丧，具棺椁而厚葬之。今本路凡人有丧，以火焚之，实灭人伦，有乖丧礼。'本省看详：今后除从军边远，或为羁旅，从便焚烧外，据久居土著之家，若准本路所申相应。"准此。送礼部议得："四方之民，风俗不一，若便一体禁约，似有未尽。参详：比及通行定夺以来，除从军应役并远方客旅诸色目人许从本俗，不须禁约外，据土著汉人，拟合禁止。如遇丧事，称家有无，置备棺椁，依理埋葬，以厚风俗。"③

这段材料说明：一方面火化依旧盛行，另一方面官府对火化持宽松的管理态度。由此看来，一如宋代，冥婚在元代依然式微。

论者经常以下述材料作为元代冥婚盛行的证据：

---

① 〔明〕叶子奇：《草木子》卷三下，中华书局1959年版，第60页。（其中标点为笔者所加）

② ［法］沙海昂注、冯承钧译：《马可波罗行纪》，中华书局2004年版，第521页。

③ 陈高华、张帆、刘晓等点校：《元典章》卷三十《禁约焚尸》，中华书局、天津古籍出版社2011年版，第1062页。

> 彼等尚有另一风习，设有女未嫁而死，而他人亦有子未娶而死者，两家父母大行婚仪，举行冥婚。婚约立后焚之，谓其子女在彼世获知其已婚配。已而两家父母互称姻戚，与子女在生时婚姻者无别。彼此互赠礼物，写于纸上焚之。谓死者在彼世获有诸物。①

在该条目下有注解曰：

> 此风盖出于鞑靼，而非出于中国。据 Pétis de la Croix 所引波斯某著作家之说，此风乃由成吉思汗所提倡，用以密结其臣民之友谊者。见一二〇五年颁布之法令第十九条。今日（十七世纪末年）鞑靼人尚适用之。②

如果认可《马可波罗行纪》中所记载的真实性，那么就可以认为：冥婚作为一种历史悠久的民风，完全消失是比较困难的（但如果没有“火种”，冥婚在明清时卷土重来是不可能的事情），尤其在一些偏远地区，这一民俗必然被保留着，随着蒙古人入主中原，游牧文化与农耕文化相互影响，这种现象也是可能存在的，但这种影响是局部的，也是有限的。

第六节　冥婚在明清时期的“复活”

《大明律·礼律·丧葬》规定：“凡有丧之家，必须依礼安葬。若惑于风水及托故停柩在家，经年暴露不葬者，杖八十。其从尊长遗言，将尸烧化及弃置水中者，杖一百。卑幼并减二等。”③《大清律例·刑律》对毁弃尸体规定得更为详细，“若残毁他人死尸，及弃尸水中者，各杖一百、流三千里。若毁弃缌麻以上尊长死尸者，斩。弃而不失及髡发，若

---

① ［法］沙海昂注、冯承钧译：《马可波罗行纪》，中华书局2004年版，第248页。

② ［法］沙海昂注、冯承钧译：《马可波罗行纪》，中华书局2004年版，第254页。

③ 怀效锋点校：《大明律》卷十二《丧葬》，法律出版社1999年版，第96页。

伤者，各减一等”①。在高压政策下，一度盛行的火葬在明清时期终为土葬所代替。

此外，“明清时期中国的民间丧仪，与儒家注重伦理等级的丧葬礼仪相比，则具有人鬼相杂的特征。它一方面充满着人情味，另一方面又带有浓厚的封建迷信色彩”②。所以作为冥婚起源的殉葬又“死灰复燃”。

> 初，太祖崩，宫人多从死者。建文、永乐时，相继优恤。若张凤、李衡、赵福、张璧、汪宾诸家，皆自锦衣卫所试百户、散骑带刀舍人进千百户，带俸世袭，人谓之“太祖朝天女户”。历成祖，仁、宣二宗亦皆用殉。景帝以郕王薨，犹用其制，盖当时王府皆然。至英宗遗诏，始罢之。③

> 有燉，正统四年薨，无子。帝赐书有爝曰：“周王在日，尝奏身后务从俭约，以省民力。妃夫人以下不必从死。年少有父母者遣归。”既而妃巩氏、夫人施氏、欧氏、陈氏、张氏、韩氏、李氏皆殉死，诏谥妃贞烈，六夫人贞顺。④

再考之如《万历野获编》《朝鲜李朝世宗实录》等笔记，就可以明确：在明英宗之前，殉葬在明朝皇族中是一个普遍的现象。清朝初期，满族继续保持殉葬这种陋俗。清太宗皇太极虽然曾经禁止强迫殉葬，但是对自愿殉葬的行为仍旧给予表彰：“定丧祭例，妻殉夫者听，仍予旌表；逼妾殉者，妻坐死。”⑤ 方拱乾在《宁古塔志》中记载：“男子死，必有一妾殉。当殉者即于生前定之，不容辞，不容僭也。当殉不哭，艳妆而坐于炕上，主妇率其下拜而享之。及时，以弓弦扣环而殒。倘不肯

---

① 田涛、郑秦点校：《大清律例》卷二十五《发冢》，法律出版社1999年版，第408页。

② 徐吉军：《中国丧葬史》，武汉大学出版社2012年版，第464页。

③ 〔清〕张廷玉等：《明史》卷一百十三《后妃一》，中华书局1974年版，第3515－3516页。

④ 〔清〕张廷玉等：《明史》卷一百十六《周定王橚传》，中华书局1974年版，第3566－3567页。

⑤ 赵尔巽等：《清史稿》卷二《太宗本纪一》，中华书局1976年版，第44页。

殉，则群起而扼之死矣。”①

明代项贞女的故事经常被研究者用作冥婚存在的例证，但其实为自杀殉夫之实例，与统治者的杀殉比较，不过前者是自愿，后者是强迫罢了，这从侧面再次证明了冥婚和殉葬的纠葛：

项贞女，秀水人。国子生道亨女，字吴江周应祁。精女工，解琴瑟，通《列女传》，事祖母及母极孝。年十九，闻周病瘵，即持斋、燃香灯礼佛，默有所祝，侍女辈窃听，微闻以身代语。一日，谓乳媪曰：“未嫁而夫亡，当奈何?”曰：“未成妇，改字无害。”女正容曰：“昔贤以一剑许人，犹不忍负，况身乎?”及讣闻，父母秘其事，然传吴江人来，女已喻。祖母属其母入视，女留母坐，色甚温，母释然去。夜伺诸婢熟睡，独起以素丝约发，衣内外悉易以缟，而纫其下裳。检衣物当劳诸婢者，名标之，列诸床上。大书于几曰：“上告父母，儿不得奉一日欢，今为周郎死矣。”遂自缢。两家父母从其志，竟合葬焉。②

明末清初书法家、史学家，与朱彝尊、严绳孙并称“江南三布衣”的姜宸英，在他的文集中记载了其目睹的一次冥婚：

无锡黄君子某聘钱氏女，未婚，男女皆没，两家父母谋而合葬焉……两家父兄皆守道君子，宜安所出。或谓礼缘人情，情生于人之所不自已。今两家各哀其所生，至不惜越礼而为之，其友又思助其哀而作为歌诗以相慰勉，见睦姻之意，皆本于其所不自已者也。《传》曰：“礼失求之野噫。”其野也，其诸亡于礼者之礼与?③

姜氏反对冥婚的理由与一千多年前邴原所说几乎不谋而合：“合葬，非礼也。原之所以自容于明公，公之所以待原者，以能守训典而不易也。

---

① 吴曾祺编：《旧小说》已集《宁古塔志》，商务印书馆1924年版，第277页。（其中标点为笔者所加）

② 〔清〕张廷玉等：《明史》卷三百二《列女传》，中华书局1974年版，第7729页。

③ 〔清〕姜宸英：《湛园集》卷七《钱黄两家合葬说》，载《四库全书·集部》，第28－29页。（其中标点为笔者所加）

若听明公之命，则是凡庸也，明公焉以为哉？”① 姜宸英是邴原的千古知音。

要注意的是，冥婚这种风俗长久存在于以山西为代表的北方，史料对此多有记载，直到明清仍是如此。

山西石州风俗，凡男子未娶而死，其父母俟乡人有女死，必求以配之。议婚定礼纳币，率如生者，葬日亦复宴会亲戚。女死，父母欲为赘婿，礼亦如之。②

俗有所谓冥婚者，凡男女未婚嫁而夭者，为之择配。且此男不必已聘此女，此女不必已字此男，固皆死后相配者耳。男家具饼食，女家备奁具。娶日，纸扎男女各一，置之彩舆，由男家迎归，行结婚礼。此事富家多行之，盖男家贪女家之奁赠也。此风以山右为盛，凡男女纳采后，若有夭殇，则行冥婚之礼。女死，归于婿茔。男死而女改字者，别觅殇女结为婚姻，諏吉合葬，冥衣、楮镪，备极经营，若婚嫁然。且有因争冥婚而兴讼者。③

孟县李某夜行，为群鬼所嬲，惧甚。见前途有灯光，趋赴之，则小屋三间，中有一女，谓之曰：“君如畏鬼，可止宿此门外，即无伤矣。男女有别，不敢请入室也。”李从之，遂卧于地。女又谓之曰：“至晓，君当行，诘朝有事，幸毋相扰。”及天明，视之，在一小冢侧，无屋也。俄有数人来发冢，舁其棺去。问之，曰：“棺中乃某氏处女，未嫁而死。今其父母用嫁殇之法，与某氏子为冥婚，故迁其棺与合葬也。”④

华亭顾秉藻幼而慧，父母皆奇爱之。咸丰辛酉，粤寇扰江苏，与诸昆弟奉其母避于沪，得疾而卒。临终，牵母衣，请以仲兄子礼枢为嗣，

① 〔晋〕陈寿撰、〔南朝·宋〕裴松之注、陈乃乾校点：《三国志》卷十一《邴原传》，中华书局1959年版，第351页。

② 〔明〕陆容撰、佚之点校：《菽园杂记》卷五，中华书局1985年版，第62页。

③ 徐珂：《清稗类钞·婚姻类·山西冥婚》，中华书局2010年版，第1996页。

④ 徐珂：《清稗类钞·婚姻类·小处女冥中结婚》，中华书局2010年版，第2073页。

母泣而许之。无何，母亦卒。及乱定，还里，诸昆弟将如母命，而以秉藻未娶，不得有嗣。适金山钱氏有女，未许嫁而死，与秉藻年相若也。遂媒合之，仿迎娶之礼，迎其柩归，合葬于秉藻之墓。[①]

从以上材料可以看出，冥婚在明清两代有“死灰复燃”之势，一般存在于以山西为代表的北方，随着北风南渐，冥婚现象在南方也偶有发生。清代梁绍壬在《两般秋雨盦随笔》中说：“今俗男女已聘未婚而死者，女或抱主成亲，男或迎柩归葬，此虽俗情，亦有礼意。”[②] 考梁绍壬为道光辛巳举人，后官至内阁中书。作为士大夫高官，梁氏的观点基本可以代表明清以来官方的观点。冥婚“复燃”于明清两代，在社会意识形态方面是有其根基的。

第七节　在凶礼和嘉礼之间徘徊的冥婚

周礼内容广博，就一般分类来说，可以将其归为五种。《周礼·小宗伯》曰：“掌五礼之禁令与其用等。”郑司农云：“五礼，吉、凶、宾、军、嘉。”[③]《周礼·大宗伯》中记载五礼的具体施行：“以吉礼事邦国之鬼神示”“以凶礼哀邦国之忧”“以宾礼亲邦国”“以军礼同邦国”“以嘉礼亲万民”。[④] 五礼基本上涵盖了社会与人生的方方面面，从而成为维系社会运转的基本伦理制度。

《史记·礼书》说：“礼由人起。人生有欲，欲而不得则不能无忿，忿而无度量则争，争则乱。先王恶其乱，故制礼义以养人之欲，给人之求，使欲不穷于物，物不屈于欲，二者相待而长，是礼之所起也。故礼

① 徐珂：《清稗类钞·婚姻类·顾秉藻冥婚》，中华书局2010年版，第2092页。

② 〔清〕梁绍壬撰、庄葳点校：《两般秋雨盦随笔》卷八《冥婚》，上海古籍出版社1982年版，第420页。

③ 〔清〕孙诒让撰，王文锦、陈玉霞点校：《周礼正义》卷三十六，中华书局1987年版，第1434页。

④ 〔清〕孙诒让撰，王文锦、陈玉霞点校：《周礼正义》卷三十三、卷三十四，中华书局1987年版，第1297、1345、1348、1357、1359页。

者养也。"[①] 所以任何礼仪都要符合人性、人情："缘人情而制礼，依人性而作仪。"[②] 礼仪的功用在于调节三种关系："人与神的关系，人与鬼的关系，人与人的关系。"[③]

冥婚包括两个过程：先婚娶，后丧葬。从所调整关系的角度看，冥婚是一种较为复杂的礼仪，一方面要调整活人与死者的关系，即人与鬼的关系；另一方面要调整两个家庭之间的关系，也就是人与人的关系。从前者来看，当为凶礼之一的丧礼；从后者来观，就应是嘉礼之一的婚礼。也就是说，从不同角度看问题，会得出不同的结论。

从对冥婚最早的记载来看，冥婚是媒氏的职责。《说文解字》对"媒"的解释为"谋也。谋合二姓者也"。段玉裁注："《周礼·媒氏》注曰：'媒之言谋也，谋合异类使和成者。'"[④] 媒就是负责婚姻事项的官员。据《周礼·地官司徒·媒氏》，媒氏的职责包括如下几项：

> 掌万民之判。凡男女，自成名以上，皆书年月日名焉。令男三十而娶，女二十而嫁。凡娶判妻入子者，皆书之。中春之月，令会男女，于是时也，奔者不禁。若无故而不用令者，罚之。司男女之无夫家者而会之。凡嫁子娶妻，入币纯帛，无过五两。禁迁葬者与嫁殇者。凡男女之阴讼，听之于胜国之社；其附于刑者，归之于士。[⑤]

从媒氏的职责来看，前两者为嫁娶之事，第三是管理迁葬与嫁殇，第四是夫妻争讼，因此，从职责划分的角度看，《周礼》把嫁殇列为嘉礼。

作为研究对象，冥婚时而被归为嘉礼，时而被归为凶礼。比如清代赵翼的《陔余丛考》、惠士奇的《礼说》、江永的《周礼疑义举要》，均将其列为嘉礼，《清稗类钞》将冥婚归为婚姻类，也将其视为嘉礼。唐代

---

① 〔汉〕司马迁：《史记》卷二十三《礼书》，中华书局1959年版，第1161页。
② 〔汉〕司马迁：《史记》卷二十三《礼书》，中华书局1959年版，第1157页。
③ 阴法鲁、许树安、刘玉才主编：《中国古代文化史》（插图本）（上），北京大学出版社2008年版，第111页。
④ 〔汉〕许慎撰，〔清〕段玉裁注、许惟贤整理：《说文解字注》，凤凰出版社2007年版，第1066页。
⑤ 〔清〕孙诒让撰，王文锦、陈玉霞点校：《周礼正义》卷二十六，中华书局1987年版，第1033－1051页。

杜佑在《通典·禁迁葬议》中将冥婚列为凶礼，清代的徐乾学在他编写的《读礼通考》中也将冥婚列为凶礼。在近代的研究论著中，研究婚俗的学者将其列为嘉礼，研究葬俗的研究者将其列为凶礼，也就是说，面对同样的材料，从不同的角度去解读，就会得出不同的结论。这也反映了冥婚作为民俗的复杂性。

第八节　冥婚对文学创作的影响

"魂气归于天，形魄归于地。"① 儒家认为，人的灵魂与体魄是可以分离的，人死后魂灵并不会泯灭。所以，人刚刚离世，亲人就要为其招魂："及其死也，升屋而号，告曰：'皋某复！'"② 冥婚这种民俗的理论根源就在于，人们相信人死之后，魂灵在另一个世界过着同生前一样的生活。

冥婚无疑为文学创作提供了想象的空间。梁山伯和祝英台的故事就是这样一个典范。据学者考证，这个故事大约发生于魏晋时期，像任何民间故事一样，最早的文本是朴实且极为简单的，其后经历了"滚雪球"式的发展，到了唐代，这个故事已经初具规模。

> 英台，上虞祝氏女，伪为男装游学，与会稽梁山伯者，同肄业。山伯，字处仁。祝先归二年，山伯访之，方知其为女子，怅然如有所失。告其父母求聘，而祝已字马氏子矣。山伯后为鄞令，病死，葬鄮城西。祝适马氏，舟过墓所，风涛不能进。问知有山伯墓，祝登号恸，地忽自裂陷，祝氏遂并埋焉。晋丞相谢安奏表其墓曰"义妇冢"。③

在这个故事中，梁山伯和祝英台是没有婚配的青年男女，梁山伯死

① 〔清〕孙希旦撰，沈啸寰、王星贤点校：《礼记集解》卷二十六《郊特牲》，中华书局1989年版，第714页。

② 〔清〕孙希旦撰，沈啸寰、王星贤点校：《礼记集解》卷二十一《礼运》，中华书局1989年版，第587页。

③ 〔清〕翟灏：《通俗编》卷三十七《故事》，商务印书馆1958年版，第833页。（其中标点为笔者所加）

后，上天为他们安排了冥婚。这样的故事发源于魏晋南北朝并不稀奇，鲁迅指出："中国本信巫，秦汉以来，神仙之说盛行，汉末又大畅巫风，而鬼道愈炽；会小乘佛教亦入中土，渐见流传。凡此，皆张皇鬼神，称道灵异，故自晋迄隋，特多鬼神志怪之书。"①

魏晋的干宝在《搜神记》中就记录了很多类似冥婚的故事。《韩凭夫妇》就是这样的一个故事：战国时期宋国大夫韩凭，其妻子被当政者康王霸占，二人反抗的结果是双双殒命，夫妇不能异穴而葬，"宿昔之间，便有大梓木生于二冢之端，旬日而大盈抱，屈体以相就，根交于下，枝错于上。又有鸳鸯雌雄各一，恒栖树上，晨夜不去，交颈悲鸣，音声感人。宋人哀之，遂号其木曰'相思树'。相思之名，起于此也"②。

另一个是吴王小女的故事："吴王夫差小女，名紫珪。童子韩重有道术，紫珪悦之，许与韩重为婚。韩重乃学于齐、鲁之间，临去，属其父求婚。王怒，不与女，紫珪结气亡，葬于阊门之外。重三年归，闻其死哀恸，至紫珪墓所哭祭之。紫珪忽魂出冢傍，见重流涕。"③ 故事的结尾是小玉给予韩重资助，韩重也得到了吴王的认可，这是有人气的"鬼故事"。

这些类型化的故事虽然粗糙，却启迪了后来的作家们，使他们把故事的发生地搬到象征死亡的墓地，在这里将死人和活人联系起来的就是婚媾。梁祝故事的结局是化为蝴蝶，笔者认为这暗合了中国人的原始宗教意识：中国封建传统文化认为死亡只是躯体与灵魂的分离，魂灵通过投胎得到复生而蛹化为蝴蝶的过程就很好地绾合了死亡与再生的话题。

如果说梁山伯与祝英台的故事多有浪漫色彩，那么，谈生的冥婚故事就显得非常荒诞：人鬼不但能同居一室，还能生育后代。鬼借助于生人的阳气，竟然可以复生。

谈生者，年四十，无妇。常感激读书。忽夜半有女子，可年十五六，姿颜服饰，天下无双，来就生为夫妇。乃言："我与人不同，勿以火照我

① 鲁迅：《中国小说史略》，人民文学出版社 1952 年版，第 47 页。

② 〔晋〕干宝撰、李剑国辑校：《新辑搜神记》卷二十五《韩凭夫妇》，中华书局 2007 年版，第 415－416 页。

③ 〔晋〕干宝撰、李剑国辑校：《新辑搜神记》卷二十三《紫珪》，中华书局 2007 年版，第 390 页。

也。三年之后，方可照。”为夫妻，生一儿，已二岁；不能忍，夜伺其寝后，盗照视之。其腰已上生肉如人，腰下但有枯骨。妇觉，遂言曰：“君负我，我垂生矣，何不能忍一岁而竟相照也？”生辞谢。涕泣不可复止，云：“与君虽大义永离，然顾念我儿。若贫不能自偕活者，暂随我去，方遗君物。”①

冥婚对文学创作的影响是深远的，而由此所创作的故事又影响了冥婚这一风俗在现实生活中的流变。

① ［宋］李昉等：《太平广记》卷三百十六《谈生》，中华书局1961年版，第2501页。（其中标点为笔者所加）

第二章 驳北魏“魂人”说兼谈相关问题

《民俗研究》于2017年第1期刊发了段锐超、段元秀二位先生的文章《“魂人”礼俗与北魏文化认同》（以下简称“段文”）。笔者认为，作者误读了文献，把不存在的“魂人”扩散引申，并提出了北魏“魂人”礼俗。笔者不揣浅陋，对该文进行辨正，以求教于方家。

第一节 赵翼的句读错误是“魂人”之说出现的源头

一、赵翼《魏书·高允传》的错误句读

我们知道，中国古籍的基本刊刻方式是从右往左竖排，句子之间没有标点，所以《三字经》说：“凡训蒙，须讲究。详训诂，明句读。”①如果不懂句读，就容易读错，进而误解文本的本义。学习研读古籍，要有基本的训诂学基础。韩愈在《师说》一文中强调过：“句读之不知，惑之不解，或师焉，或不焉，小学而大遗，吾未见其明也。”② 一些大学者也难免会犯句读方面的错误，如清代史学家赵翼就错误地将《魏书·高允传》断句如下：

《魏书·高允传》：“古者祭必立尸，使亡者有凭耳。今已葬之，魂人

① 刘彦编：《三字经》，新蕾出版社2008年版，第108页。
② 〔唐〕韩愈：《师说》，载韩愈著、严昌校点《韩愈集》，岳麓书社2000年版，第158页。

但求貌类者，事之如父母，燕好如夫妻，损败风化，莫此为甚。”然则北魏时又有所谓魂人者。①

赵翼将“今已葬之魂，人但求貌类者”错断为“今已葬之，魂人但求貌类者”，在此基础上，就得出了错误的结论：“然则北魏时又有所谓魂人者。”近几年，学者们整理《陔余丛考》，均发现了赵翼句读上的失误，如河北人民出版社2007年版的《陔余丛考》的点校者将其断为：“今已葬之魂，人但求貌类者。”并以脚注加按语的方式指出：“按‘今已葬之魂’句应断，不应断在‘人’下而生‘魂人’一词。”② 该版本的整理、校对者虽然发现了赵翼的错误，但没有进一步展开论述。上海古籍出版社2011年版的《陔余丛考》则未做说明而径改：“今已葬之魂，人但求貌类者。”③ 可见，对现在的古籍版本整理者及研究者来说，赵翼该句读的错误是明显的，无须进一步申论。

赵翼所引用的这段话出自高允给北魏孝文帝的谏议书《谏文成帝不厘改风俗》。高允，字伯恭，渤海郡蓨县（今河北景县）人，北魏著名文学家，曾拜中书令，封咸阳郡公，加号镇东将军。这篇谏议书反映了北魏王朝的礼俗改革思想，后被《北史·高允传》和《魏书·高允传》收录。在以上两本史书中，该文均没有名称，但在后来流传的《高允文集》中，这篇文章一般题为《谏文成帝不厘改风俗》。

二、赵翼的错误句读受到《北史识小录》的影响

《陔余丛考》共四十三卷，刻版于乾隆五十五年（1790），赵翼在书前自序曰：“余自黔西乞养归，问视之暇，仍理故业。日夕惟手一编，有所得辄札记别纸，积久遂得四十余卷。以其为循陔时所辑，故名曰《陔

① 〔清〕赵翼：《陔余丛考》卷三十一《冥婚》，中华书局1963年版，第650页。（其中标点为笔者所加）

② 〔清〕赵翼著，栾保群、吕宗力校点：《陔余丛考》卷三十一《冥婚》，河北人民出版社2007年版，第611页。

③ 〔清〕赵翼撰、曹光甫校点：《陔余丛考》卷三十一《冥婚》，上海古籍出版社2011年版，第591页。

余丛考》。"[①] 按照《赵翼年谱新编》记载，赵翼"自黔西乞养归"为乾隆三十七年（1772），完成并刊刻《陔余丛考》（湛贻堂刊本）是乾隆五十五年（1790）[②]，也就是说，《陔余丛考》这部书撰写于1772年至1790年之间。

《陔余丛考》荟萃群言，借鉴了前人的成果，所以对此书的评价争议很大。当时学者李慈铭在《越缦堂读书记》一书中称《陔余丛考》非赵翼所作[③]，嘉庆年间的周中孚则认为其"大都取前人之说，改头换面"[④]。当代学者陈祖武在《赵翼与〈陔余丛考〉》一文中虽力主赵翼自撰说，但也认为："《陔余丛考》取法宋末学者王应麟的《困学纪闻》，尤其是受清初大儒顾炎武的《日知录》影响甚深。就编纂形式而言，三书多有类似之处，皆植根于博览群籍的深厚基础。荟萃众说，比较归纳，融前人之得为已有，实为一共同特征。"[⑤]

笔者大胆推断，《陔余丛考》参考了前辈学者沈名荪所撰的类书《北史识小录》。关于钱塘人沈名荪，《清史列传》记载曰：

沈名荪，字涧芳，浙江钱塘人。康熙二十九年举人。名荪起孤生，绩学能文，以家贫亲老，奔走四方，藉馆谷为养。年逾四十，始举京兆试，五上春官，岁丙戌，榜前梦罗昭谏见过，只是不复试。谒选，得湖南攸县知县，复以年老见斥，殁于京师。少从王士祯游，与查慎行、朱昆田友善，工诗。尝与昆田仿两汉博闻之例，摘取南北史字句之鲜华、事迹之新异者，为《南史识小录》八卷、《北史识小录》八卷。[⑥]

因《北史识小录》并未刊刻，所以赵翼未必见过该书。但是《北史

① 〔清〕赵翼：《陔余丛考小引》，载赵翼《陔余丛考》，中华书局1963年版，第5页。（其中标点为笔者所加）

② 陈清云：《赵翼年谱新编》，上海古籍出版社2016年版，第224、368页。

③ 〔清〕李慈铭著、由云龙辑、上海书店出版社重编：《越缦堂读书记》，上海书店出版社2000年版，第610页。

④ 司马朝军：《续修四库全书杂家类提要》，商务印书馆2013年版，第232页。

⑤ 陈祖武：《赵翼与〈陔余丛考〉》，载〔清〕赵翼著，栾保群、吕宗力校点《陔余丛考》，河北人民出版社1990年版，"序言"第8页。

⑥ 王钟翰点校：《清史列传》卷七十一，中华书局1987年版，第5820页。（个别标点有改动）

识小录》被收入《四库全书》后，情况就大为不同了。《四库全书》修成之后，从乾隆四十七年（1782）七月到乾隆五十二年（1787）又抄了三部，分别珍藏于江南文宗阁、文汇阁和文澜阁，这就是所谓的“南三阁”。“南三阁”向士人开放，其中藏书甚至可以借阅。

由于对《魏书·高允传》的误读，沈名荪在《北史识小录》中专门列出“魂人”词条。《北史识小录》作为类书，是编撰杂史、杂传的重要参考资料，博览群书、有志于著述的赵翼应该会重视江南所藏的《四库全书》，故《陔余丛考》十分可能参考了《北史识小录》。细细辨析，赵翼在“冥婚”词条尾部录入“魂人”之说，“魂人”说与“冥婚”的文字在结构上是不衔接的，笔者姑妄推断：在“冥婚”词条编撰完成之后，赵翼从《北史识小录》中发现了所谓的“魂人”说法，他未对《魏书·高允传》的句读进行细致辨析，就将其比附于词条之后。综上所述，往更深层次追究，“魂人”问题产生的根源在于沈名荪对《魏书·高允传》的误读。

第二节　《魏书》《北史》的点校者没有盲从赵翼的观点

1974年，中华书局出版了排印本《魏书》和《北史》，两书的整理者没有盲信赵翼的结论，对“今已葬之魂人直求貌类者事之如父母”（笔者注：赵翼将“直”误作“但”）这句话，做了准确的断句：

古者祭必立尸，序其昭穆，使亡者有凭，致食飨之礼。今已葬之魂，人直求貌类者，事之如父母，燕好如夫妻，损败风化，渎乱情礼，莫此之甚。上未禁之，下不改绝，此四异也。①

古者，祭必立尸，序其昭穆，使亡者有冯，致食飨之礼。今已葬之魂，人直求貌类者，事之如父母，宴好如夫妻，损败风化，黩乱情礼，

① 〔北齐〕魏收：《魏书》卷四十八《高允传》，中华书局1974年版，第1075页。

莫此之甚。上未禁之，下不改绝，此四异也。[①]

特别需要指出的是，新中国成立后二十四史的点校者都是一时之选，《北史》由陈仲安先生点校，《魏书》由唐长孺先生点校。陈仲安和唐长孺均为魏晋南北朝史学研究大家，关于“今已葬之魂人直求貌类者事之如父母”如何断句，他们的意见是一致的。收录于《北史》和《魏书》的高允谏议书，也见于高允的文集，后来的整理者均将其断为“今已葬之魂，人直求貌类者”[②]。鉴于赵翼在史学史上的地位及影响力，赵翼的错误很可能会误导一些研究者，但学术从来都不是一言堂，总有一些学者会有不同的见解，如陈仲安和唐长孺先生对此句的句读就有自己的理解。

第三节　“尸祭”之礼证明“魂人”并不存在

秦汉之前，古人在祭祀死者时，代表死者受祭之人称作“尸”。对普通人来说，充当尸的一般是死者的孙子，所以直到今天，一些地方还有“抱孙不抱子”的说法。这种礼俗最早见于《礼记》：

《礼》曰：“君子抱孙不抱子。”此言孙可以为王父尸，子不可以为父尸。为君尸者，大夫士见之则下之，君知所以为尸者则自下之。尸必式，乘必以几。[③]

尸的作用就是代表死者接受祭奠者的朝拜。关于尸在丧礼中的产生程序，《仪礼》中有记载：“前期三日之朝，筮尸，如求日之仪。命筮曰：

---

① 〔唐〕李延寿：《北史》卷三十一《高允传》，中华书局1974年版，第1123页。

② 〔明〕张溥编、〔清〕吴汝纶选：《汉魏六朝百三家集选》，吉林人民出版社1998年版，第685页；严可均校辑：《全上古三代秦汉三国六朝文·全后魏文》，中华书局1958年版，第3653页。

③ 〔清〕孙希旦撰，沈啸寰、王星贤点校：《礼记集解》卷三《曲礼上》，中华书局1989年版，第72－73页。

‘孝孙某，诹此某事，适其皇祖某子，筮某之某为尸。尚飨！’”①

此种现象在史书中记载颇多。孔子死了之后，其弟子把貌似孔子的有若视为老师：“孔子既没，弟子思慕，有若状似孔子，弟子相与共立为师，师之如夫子时也。”②

按照唐代学者杜佑的观点，以尸充当祭祀对象的礼俗亡于秦汉：“自周以前，天地、宗庙、社稷一切祭享，凡皆立尸。秦汉以降，中华则无矣。”③ 顾炎武则认为，尸礼在战国时期就被废弃了：“古之于丧也有重，于祔也有主以依神，于祭也有尸以象神，而无所谓像也。《左传》言‘尝于太公之庙，麻婴为尸’，《孟子》亦曰‘弟为尸’，而春秋以后，不闻有尸之事，宋玉《招魂》始有‘像设君室’之文。尸礼废而像事兴，盖在战国之时矣。”④

唐代学者在《魏书·高允传》的句读上意见是一致的。（特别需要指出的是，杜佑距《北史》的编写者唐代史学家李延寿为时不远，无疑能深切地理会李延寿《北史》的句读）杜佑的《通典》就不认为有所谓的“魂人”，而认为其“状貌类者”是古代祭祀中的尸：

> 高允献书云：“祭尸久废。今风俗则取其状貌类者以为尸，祭之宴好，敬之如夫妻，事之如父母，败损风化，黩乱情礼。”⑤

儒家重视丧礼，高允批判鲜卑族的丧礼混淆了秦汉之前的古礼：在葬礼后以外貌似死者之人为尸，“敬之如夫妻，事之如父母”，会混淆儒家的人伦关系，这在尊崇儒家礼俗的学者看来，无疑是“乱伦”；再从深层次分析，唐代皇室杂有鲜卑族血统，甚至浸染了鲜卑族的“陋俗”，如

① 〔汉〕郑玄注、〔唐〕贾公彦疏、王辉整理：《仪礼注疏》卷四十四，上海古籍出版社 2008 年版，第 1347 页。

② 〔汉〕司马迁：《史记》卷六十七《仲尼弟子列传》，中华书局 2013 年版，第 2678 页。

③ 〔唐〕杜佑撰、王文锦等点校：《通典》卷四十八《立尸义》，中华书局 1988 年版，第 1355 页。

④ 〔清〕顾炎武著，黄汝成集释，栾保群、吕宗力校点：《日知录集释（全校本）》卷十四，上海古籍出版社 2006 年版，第 849 页。

⑤ 〔唐〕杜佑撰、王文锦等点校：《通典》卷四十八《立尸义》，中华书局 1988 年版，第 1355 页。

朱熹在《朱子语类》中说“唐源流出于夷狄，故闺门失礼之事，不以为异”①，唐代的礼俗中始终有胡化的一面。

鲜卑族是李唐王朝的先祖，故唐代的风俗与北魏有类似之处。“一切真历史都是当代史”②，不论是李延寿还是杜佑，作为史学家，他们都希望统治者“以史为鉴”，所以，他们的史观中均蕴含着恢复儒家礼制的思想与希冀。

第四节 当代研究者不加辨析的错误例证

一、《汉语大词典》“魂人”词条的谬误

将“魂”与“人”放在一起，多见于古诗词中，一般都要在“魂”字前加动词与之组成词组，如“隔窗防有断魂人”“香成终有返魂人”“放转追魂夺魂人”等。除此之外，当“魂”字与“人”字在一起的时候，一定要把它们断开，没有“魂人”这样的词。

道家典籍《居室安处论》曰：“故明多则伤魄，暗多则伤魂，人之魂阳而魄阴。苟伤明暗，则疾病生焉。”③ 东汉高诱注《淮南子·说山训》曰：“魄，人阴神也。魂，人阳神也。”④“此物之精气，化之游魂，人鬼相感，数使之然也。”⑤“思妾令方士致魂，人知汉武之于李夫人，而不知宋武之于殷淑仪。”⑥ 上述传世文献，都没有将“魂”字与“人”字结合

① ［宋］黎靖德编、王星贤点校：《朱子语类》卷一百三十六《历代三》，中华书局1986年版，第3245页。

② ［意］贝奈戴托·克罗齐著、［英］道格拉斯·安斯利英译、傅任敢译：《历史学的理论和实际》，商务印书馆1982年版，第2页。

③ 张志斌主编：《中医养生大成》第1部，福建科学技术出版社2012年版，第1771页。

④ 张双棣：《淮南子校释》卷十六，北京大学出版社2013年版，第1661页。

⑤ ［晋］陈寿撰、［南朝·宋］裴松之注、陈乃乾校点：《三国志》卷二十九《管辂传》，中华书局1959年版，第822页。

⑥ ［明］张岱著、刘耀林校注：《夜航船·考古部》，浙江古籍出版社2012年版，第151－152页。

在一起。

如果按照段文的逻辑，还可以将“魄，人阴神也。魂，人阳神也”断为“魄人，阴神也。魂人，阳神也”。如此则“魂人”礼俗产生于东汉，且是汉人的传统礼俗——则大谬矣。段文的另一个论据，就是罗竹风主编的《汉语大词典》收录了“魂人”词条：

【魂人】貌与死者相似因以象征死者神灵的人。《魏书·高允传》：“古者祭必立尸，序其昭穆，使亡者有凭，致食飨之礼。今已葬之，魂人直求貌类者，事之如父母，燕好如夫妻，损败风化，渎乱情礼，莫此之甚。”①

按照《汉语大词典》的编纂体例，引用古书尽可能采用新中国成立后出版的、用繁体字印刷的新版本。但该词典书成众手，释义和书证方面存在问题，“引证时不以通行本作蓝本，是不足取的，所得书证也当然就不可靠。因此，编纂汉语语文辞典，引证时一定应以通行本为依据，这本属老问题，在此赘言，似有必要”②。

现在看来，《汉语大词典》出现“魂人”一词，没有依据《魏书》的通行本是可以确定的，而其他版本均没有把“魂”“人”放到一起。这个词条只有孤例支撑，违背了词典的基本编辑原则。

《汉语大词典》的编写者特别重视赵翼《陔余丛考》这部书，据笔者的不完全检索，明引达到18处，比如：

【吴会】清赵翼《陔余丛考·吴会》：“西汉时会稽郡治本在吴县，时俗以郡县连称，故云吴会。”③

【王八】清赵翼《陔余丛考·杂种畜生王八》：“俗骂人曰杂种，曰畜生，曰王八……王八，明人小说又谓忘八，谓忘其礼、义、廉、耻、孝、弟、忠、信八字也。”④

---

① 罗竹风主编：《汉语大词典》第12卷，汉语大词典出版社2001年版，第458页。

② 温显贵：《〈汉语大词典〉释义和书证方面存在的问题》，载《湖北大学学报（哲学社会科学版）》1997年第3期，第80页。

③ 罗竹风主编：《汉语大词典》第3卷，汉语大词典出版社1989年版，第192页。

④ 罗竹风主编：《汉语大词典》第4卷，汉语大词典出版社1989年版，第453页。

【阿丈】清赵翼《陔余丛考·丈人》："庄绰《鸡肋编》，引柳子厚称妻父杨詹为丈人，以为后世呼妻父为丈人之始。然《南史》齐东昏呼潘妃父宝庆为阿丈……是六朝及唐已有是称。"①

【少牢】清赵翼《陔余丛考·太牢少牢》："《国语》'乡举少牢'注：'少牢，羊、豕也。'则羊与豕俱称少牢矣。其不兼用二牲而专用一羊或一豕者，则曰特羊、特豕。可知太牢不专言牛、少牢不专言羊也。"②

"魂人"词条的产生，就是因为编辑者从赵翼的《陔余丛考》中摘取《魏书·高允传》的材料：《汉语大词典》中有些词条由于误用了较后的书证，所以，该词条的释义产生了郢书燕说，甚至南辕北辙的错误。③目力所及，除《汉语大词典》之外，尚没有其他词典将"魂人"列为词条。当今世界上规模最大、收录汉字单字最多、释义最全的《汉语大字典》，就没有收录"魂人"这个词条。"孤证单行，难以置信"，对于研究中使用孤证的情况，语言学家王力先生曾论证说：

跟归纳相反，就是所谓孤证，只有一个例子来证明，完全没有归纳，它跟科学方法是违背的。前些日子看一些字典的稿子，这里就很有一些孤证的问题。"信"字，它讲做"媒人"，举的例子是《孔雀东南飞》的"自可断来信"。这个地方讲成"媒人"也可以讲得通，问题在于是一个孤证。古书中"信"都不做"媒人"讲，而讲到"媒人"的时候，也没有用"信"字的，为什么单单这一个地方做"媒人"讲？这就是孤证，孤证是不科学的。④

"（《汉语大词典》）被立目的词语，在实际语言中并不存在；它之所以被看成词语，是由于编者没有看懂有关文献。这种因编者误解有关文

① 罗竹风主编：《汉语大词典》第11卷，汉语大词典出版社1993年版，第924页。

② 罗竹风主编：《汉语大词典》第2卷，汉语大词典出版社1988年版，第1650页。

③ 莫砺锋：《关于〈汉语大词典〉"书证迟后"问题的管见》，载《福州大学学报（哲学社会科学版）》2001年第3期，第80页。

④ 王力：《国文常识讲话》，北京大学出版社2009年版，第170页。

献而产生的词目，是虚假的词目……这种条目没有存在的价值。”[①] 笔者认为，“魂人”就是由于错误的句读而产生的，例证本来就有很大的问题，加上是孤证，所以这个词条有极大的可能是错误的。

二、墓志并不能证明“魂人”的存在

段文试图用两方墓志为“魂人”的存在提供例证。一方是北周时期的《裴智英墓志》，该墓志云：“公名荣兴，河南洛阳人也，昭成皇帝之后。五世祖□泥，左丞相、中山王。高祖礼半，内都达官、中山王。曾祖羽豆眷，黄龙镇大将、晋阳侯。祖库勾，内行河干、神元皇帝魂人。”[②] 该墓志中有“魂人”一说，所以段文惊叹说：“幸有一方新出土的北周墓志，其中明确出现‘魂人’一词，从而可力证点校本标点之误。吉光片羽，何其珍贵！”[③]

《裴智英墓志》无原石墓志为证，只有藏于北京大学图书馆的拓片[④]和西南大学的拓片[⑤]为佐证。王连龙整理出版的《新见北朝墓志集释》一书标记为“陕西西安出土”，但在该书后记中，辑录者承认墓志来源均为自己所藏拓片。之前，无论是赵万里编的《汉魏南北朝墓志集释》，还是赵超整理的《汉魏南北朝墓志汇编》，均剔除了《裴智英墓志》。赵超在“前言”中交代了未将其收录的理由：

> 汉魏南北朝墓志，历来是金石学研究中的重点，也是书法界和收藏家们眼中的瑰宝，身价极高，一些珍品甚至被国外收藏者重金购去。石价既高，拓本价格亦随之上升。碑贾仿刻伪造之风遂起。现在所知，凡重要的北朝墓志，大多有翻刻本。更为恶劣的是：碑贾私下仿造、伪造

① 崔泰勋：《〈汉语大词典〉专题研究》，复旦大学博士学位论文，2008年，第17页。

② 王连龙：《新见北朝墓志集释·裴智英墓志》，中国书籍出版社2013年版，第183页。

③ 段锐超、段元秀：《“魂人”礼俗与北魏文化认同》，载《民俗研究》2017年第1期，第72页。

④ 北京大学图书馆金石组，胡海帆、汤燕、陶诚编：《北京大学图书馆藏历代墓志拓片目录》，上海古籍出版社2013年版，第1221页。

⑤ 杨宁：《近五年（2008—2012）新见汉魏六朝石刻搜集与整理》，西南大学硕士学位论文，2014年，第156页。

汉魏南北朝墓志。致使真伪混淆，是非难辨，给使用这一时期的墓志材料造成了困难。新出《北京图书馆藏历代石刻拓本》一书中，就将多件伪刻误认为真迹混杂其中，可见辨伪一事至今仍不可忽视。①

2016年，北京大学叶炜教授与他人合作，先后出版了《新出魏晋南北朝墓志疏证》（中华书局2016年版）和《墨香阁藏北朝墓志》（上海古籍出版社2016年版），这两本书均没有收录《裴智英墓志》。这再次证明《裴智英墓志》真伪难辨。

段文还提供了另一个案例，那就是《奚真墓志》：

君讳真，字景琳，河阴中练里人也。其先盖肇傒轩辕，作蕃幽都，分柯皇魏，世庇琼荫，绵弈部民，代匡王政。可谓芬桂千龄，松茂百世者矣。高祖大人乌筹，量渊凝雅，若岳镇瞩，国祚经始，百务怠般，帏谋幄议，每蒙列预，故外抚黎庶，内赞枢衡。又尝为昭成皇帝尸，位尊公傅，式拟王仪，蒙赐鸡人之官，肃旅之卫。②

从《奚真墓志》得知：奚真“又尝为昭成皇帝尸”。前已述及，秦汉之前儒家有“立尸礼”，《春秋公羊传·宣公八年》何休注：“祭必有尸者，节神也。礼，天子以卿为尸，诸侯以大夫为尸，卿大夫以下，以孙为尸。”③ 也就是说，儒家丧礼中，“天子以卿为尸”，奚真作为皇帝宠幸的大臣，在昭成皇帝去世后，充当祭祀礼中的尸，正符合“天子以卿为尸”这种儒家礼制。这不是鲜卑族自创的礼俗。为了彻底实现汉化，鲜卑族在昭成皇帝拓跋什翼犍时代，在丧葬礼仪上就接受了儒家礼制中的“立尸礼”。

退一步讲，如果《裴智英墓志》没有作伪，那么，墓志中的荣兴则是拓跋皇室后裔，可以想见，其家族世代为北魏卿大夫，按照儒家礼制，卿大夫为皇帝尸，那是理所当然的，然而，段文却认为：“拓跋库勾盖因

---

① 赵超：《汉魏南北朝墓志汇编》，天津古籍出版社2008年版，“前言”第8－9页。

② 赵超：《汉魏南北朝墓志汇编》，天津古籍出版社2008年版，第142页。

③ 〔汉〕何休：《春秋公羊解诂》卷十五，中华书局1998年版，第110页。

貌类神元皇帝，因此被选出充当神元皇帝的‘魂人’。”① 段文从哪里知道拓跋库勾貌似神元皇帝？其实，我们倒是可以从这里得出结论：北魏的汉化改革，虽然开始于孝文帝拓跋宏时期，但在更早的时候，鲜卑族就尝试着接受儒家的礼制文化了。

三、“已葬之魂”在语义上并无问题

段文认为：“从句意和语法结构上分析，原标点难以成立。因为‘已葬之魂’必然使人理解为埋葬的对象是‘魂’，而魂是人的精神意识，是不能成为安葬的对象的。‘已葬之魂’于理不通。”②

关于魂魄与肉体的论述，最早见于《左传·昭公七年》：“人生始化曰魄，既生魄，阳曰魂。”③ 古人认为魂魄虽然是一种精神性的东西，但能够离开人体而独立存在，所以民俗中就有“招魂”“叫魂”之说，民间也有“失魂落魄”的说法。古人认为：人活着的时候，魂魄附着于肉体；人死之后，魂就四处游荡，而魄则随肉体回到墓中。④ 在民俗故事里，魂魄可以聚集在一起，往来于人间与墓中。《左传·昭公七年》记载：春秋时，郑大夫伯有把持郑国国政，不久和贵族驷带产生内讧，结果伯有被杀。他死后魂灵化为“厉鬼”，给人托梦说要杀死驷带，结果驷带果然死去。⑤ 在六朝志怪小说及唐传奇中，也有很多关于墓葬中的鬼魂回到人间蛊惑生人的故事。在古人看来，鬼魂是可以游荡的，至于以魂为精神意识，那是后来的引申义。“已葬之魂”的“魂”，在这里代指尸骸。

“古者祭必立尸，序其昭穆，使亡者有凭，致食飨之礼。今已葬之魂，人直求貌类者事之如父母，燕好如夫妻，损败风化，渎乱情礼，莫此之甚。”⑥“今已葬之魂”为何不用“尸”字而用“魂”字呢？从写作角度分析：第一，如果把“魂”改为“尸”，就会与第一个“尸”字重

---

① 段锐超、段元秀：《“魂人”礼俗与北魏文化认同》，载《民俗研究》2017年第1期，第72页。

② 段锐超、段元秀：《“魂人”礼俗与北魏文化认同》，载《民俗研究》2017年第1期，第72页。

③ 杨伯峻编著：《春秋左传注》，中华书局2009年版，第1292页。

④ 余英时：《东汉生死观》，台北联经出版事业股份有限公司2008年版，第169－193页。

⑤ 杨伯峻编著：《春秋左传注》，中华书局2009年版，第1291页。

⑥〔北齐〕魏收：《魏书》卷四十八《高允传》，中华书局1974年版，第1075页。

复，避免用字重复是古汉语的重要特点；第二，重复用“尸”字容易产生歧义，导致“祭祀替代者”的“尸”与尸体之“尸”两个不同义项的混淆；第三，“魂”字使整个句子读起来朗朗上口。

如果按照段文的意见，那么就会出现“今已葬之，魂人直求貌类者”，意思是“丧葬之后，魂人会去寻找一个长得类似死者的人”，这不但与本义相悖，而且文意不通。反过来，如果断句为“今已葬之魂，人直求貌类者”，意思就是“把死者埋葬之后，家人就会去寻找一个外表类似死者的人（为尸）”，这样明显更符合本意且文通句顺。

四、“六经注我”并不能坐实“魂人”的存在

考辨史学疑问，有力的例证无疑是非常重要的。对文献的解读要尽量客观公正，不能将已意强加于古人身上，出现“六经注我”的情况。

段文声称，“明人也认为‘魂人’礼俗是夷俗”，所引用的例证是明代陈绛的《金罍子》（明万历三十四年陈昱刻本）卷二（笔者按：应该是卷二十二）。[①] 《金罍子》刻本没有句读，是作者自己断句从而有了“魂人”一说。

段文举出的另一个例证是明代学者张萱的《疑耀》（明万历三十六年刻本）卷一“巫觋惑人”条，然而《疑耀》一书漏掉“今已葬之魂人直求貌类者”中的“之”字，使文意发生了改变。[②] 段文因之以为其暗含“魂人”之说，而将其例证。

其实，从上下句文意出发，对“今已葬之魂人直求貌类者事之如父母”一句，上述两书都应该将“魂”与“人”断开。比如，明清之际的另一个思想家傅山的著作就把这句话断为：“今已葬之魂，人直求貌类者事之如父母。”[③]

---

① 段锐超、段元秀：《“魂人”礼俗与北魏文化认同》，载《民俗研究》2017 年第 1 期，第 77－78 页。

② 段锐超、段元秀：《“魂人”礼俗与北魏文化认同》，载《民俗研究》2017 年第 1 期，第 78 页。

③ 〔清〕傅山著，刘贯文、张海瀛、尹协理主编：《傅山全书》第 3 册，山西人民出版社 1991 年版，第 1914 页。

第五节　对高允《谏文成帝不厘改风俗》的探讨

北魏孝文帝仰慕汉文化，希冀通过改革将鲜卑族汉化："迁都之后，于革易旧俗，亦可谓雷厉风行。大和十八年，十二月，革衣服之制。明年，六月，诏不得以北俗之语，言于朝廷。若有违者，免所居官。又明年，正月，诏改姓元氏。又为其六弟各聘汉人之女，前所纳者，可为妾媵，事见《咸阳王禧传》。"① 面对强有力的反对者，孝文帝将都城由平城迁到洛阳，并大量起用高允这样的儒家士人，② 希望通过儒家士人制约那些鲜卑贵族，并实现移风易俗。

然风俗浸淫日久，非旦夕可以改变。高允在谏议书中曰："前朝之世，屡发明诏，禁诸婚娶不得作乐，及葬送之日歌谣、鼓舞、杀牲、烧葬，一切禁断。虽条旨久颁，而俗不革变。将由居上者未能悛改，为下者习以成俗，教化陵迟，一至于斯。"③ 结合"前朝之世，屡发明诏"和前面所提到的两方墓志，可知鲜卑族的先王为了实现汉化，在皇家的丧葬礼俗中恢复了儒家的"立尸礼"。

儒家认为一种风俗的改移必须有赖于君子的表率，如《毛诗序》曰："上以风化下，下以风刺上，主文而谲谏，言之者无罪，闻之者足以戒，故曰风。"④《论语》则曰："君子之德风，小人之德草，草上之风，必偃。"⑤ 改革风俗也需要礼乐文化的浸染，如《荀子·乐论》曰："乐者，圣人之所乐也，而可以善民心，其感人深，其移风易俗，故先王导之以

---

① 吕思勉：《两晋南北朝史》，上海古籍出版社2009年版，第460页。

② 〔宋〕司马光编著、〔元〕胡三省音注：《资治通鉴》卷一百二十二《宋纪四》，中华书局1956年版，第3834页。

③ 〔北齐〕魏收：《魏书》卷四十八《高允传》，中华书局1974年版，第1074页。

④ 〔汉〕毛公传、〔汉〕郑玄笺、〔唐〕孔颖达等正义：《毛诗正义》，上海古籍出版社1990年版，第18页。(其中标点为笔者所加)

⑤ 程树德撰，程俊英、蒋见元点校：《论语集释》卷二十五《颜渊下》，中华书局1990年版，第866页。

礼乐而民和睦。”[①] 作为儒家士人，高允不仅在谏议书中建议取缔“事之如父母，燕好如夫妻”的丧祭仪式，更建议从“禁诸婚娶不得作乐”等用乐制度入手改革风俗。

据《魏书·高允传》记载，成帝对高允言听计从：“允言如此非一，高宗从容听之。或有触迕，帝所不忍闻者，命左右扶出。事有不便，允辄求见，高宗知允意，逆屏左右以待之。礼敬甚重，晨入暮出，或积日居中，朝臣莫知所论。”[②] 没有孝文帝的宽容，高允就不敢上这个谏议书；没有孝文帝的支持，高允的谏议书就难以被正史记载。孝文帝和高允演了一出“双簧戏”。

凭借上述材料，段文得出了北魏王朝上下盛行“魂人”礼俗的结论：“细味高允所言，这里应已指向皇室并没有做出表率，其‘魂人’旧制因袭不改，而且文成帝朝对民间的‘魂人’旧习也没有像前朝一样强行禁止。”[③] 按照如此逻辑，每个正常的丧葬礼俗中都必然有“魂人”，那么无论是传世文献还是出土墓志，都应有大量文献以资证明，但从段文所述来看，并非如此，段文进一步论证说：

文成帝并未就高允的建议表态，更没有采纳施行。另一个颇具说服力的事例是，烧葬之俗也在前朝明令禁止之列，但文成帝葬礼上仍然沿用了拓跋鲜卑的“烧葬”故事：“国有大丧，三日之后，御服器物一以烧焚”，当时文成帝皇后冯氏甚至“悲叫自投火中”。前朝诏书旨意并未得到遵行，居上者仍然“未能悛改”，可见旧习俗的顽固性。[④]

依照段文的逻辑，“魂人”旧俗在高允谏议后一切依旧，那么为何“烧葬”这样的陋俗能被史书记录下来，而更有敬意的“魂人”礼俗却没有被记录呢？

---

① 〔清〕王先谦撰，沈啸寰、王星贤点校：《荀子集解》卷十四《乐论》，中华书局1988年版，第381页。

② 〔北齐〕魏收：《魏书》卷四十八《高允传》，中华书局1974年版，第1075页。

③ 段锐超、段元秀：《“魂人”礼俗与北魏文化认同》，载《民俗研究》2017年第1期，第77页。

④ 段锐超、段元秀：《“魂人”礼俗与北魏文化认同》，载《民俗研究》2017年第1期，第77页。

在总结杜佑《通典》材料的基础上，宋元之间的学者马端临在《文献通考》一书中认为：

（有祭立尸焉）三代以前，中华人祭必立尸，自秦汉则废。案后魏文成帝拓跋濬时，高允献书云：“祭尸久废，今风俗父母亡殁，取其状貌类者以为尸而祭焉，宴好如夫妻，事之如父母，败损风化，黩乱情礼。”又周、隋《蛮夷传》，巴、梁间风俗，每春秋祭祀，乡里有美鬒面人，迭迎为尸以祭之。今郴、道州人，每祭祀，迎同姓丈夫妇人伴神以享，亦为尸之遗法。①

也就是说，秦汉之前的“立尸礼”与鲜卑族的“立尸礼”在礼制上有实质的区别：①儒家的“尸”是按照礼制规定产生的——“礼，天子以卿为尸，诸侯以大夫为尸，卿大夫以下，以孙为尸”，而鲜卑族则“取其状貌类者以为尸”；②儒家主张的“尸”祭，“尸”不能介入活人的日常生活，而鲜卑族的“尸”则深入介入生人的生活——“宴好如夫妻，事之如父母”，这在儒家看来，无疑是“乱伦”的行为。

第六节　文献阅读、逻辑思辨、人类文化学视野下的民俗史研究

进行学术研究要有严谨而顺畅的逻辑。对段文的逻辑问题，前已有过论述。在此再举一例：在分析了两方墓志之后，段文得出“‘魂人’才是北魏初期对这一事物的唯一称呼，只是随着文化认同的深入，才出现以汉人典籍中与其有对应关系的词汇‘尸’对其直接替代的现象”的结论。事实上，有“魂人”说法的《裴智英墓志》比有“尸”说法的《奚真墓志》晚四十九年，段文作者不能自圆其说，只能强作说辞曰：“或与

① 〔宋〕马端临著，上海师范大学古籍研究所、华东师范大学古籍研究所点校：《文献通考》卷三百二十四，中华书局2011年版，第8909页。

当时存在的鲜卑化潮流有关，反而反映原貌、正本清源。”[①]

进行学术研究要有多元的视野。就民俗史研究来说，起码要关注文化人类学的研究方式。从唐代杜佑的《通典》到宋代王应麟的《困学纪闻》，再到宋元之交马端临的《文献通考》，古代学者们的著作在对“立尸礼”进行追流溯源时，不但观照古今，而且关注自己所处时代的民俗现象。这种研究方式极为可贵，已经是人类学研究的路子了。

钱钟书说过：“东海西海，心理攸同；南学北学，道术未裂。”[②] 以古鉴今是一种研究方法，以此地观照彼地也是一种研究方法，因为人性有共同的特点，社会发展也必然有其相似之处。鉴于本书的议题，在此就不再展开论述了。作为现代学者，我们不但要埋头于传统的文献研究，更应该睁眼看世界，用文化人类学等多角度的视野看待研究对象，这样也许就能看到另一番面目。

一代代学者站在前人的肩膀上不断探索，尊重前人的研究，但不迷信任何成说，是学术研究取得进步的动力所在。否定成说，一要有扎实的史料为例证，二要有基本的文献功底做根基，三要有较强的逻辑思辨能力，否则就会得出南辕北辙的结论。学术道路多歧，意见不免纷呈，希望与同人共勉。

① 段锐超、段元秀：《“魂人”礼俗与北魏文化认同》，载《民俗研究》2017年第1期，第73页。

② 钱钟书：《谈艺录》（补订本），中华书局1984年版，“序”第1页。

第三章　纸钱流变考论

纸钱[①]又称冥币，亦有楮钱、冥纸、金银纸等多种称呼，是祭祀鬼神的祭品。纸钱起源虽晚，但被民众接受后，就成为丧葬、祭祀仪礼中较为典型的明器（或称冥器），历千年至今而不衰竭。

第一节　对“纸钱起源于西汉的瘗钱”之说的辨正

最早探讨纸钱起源的当为唐代的封演：

> 今代送葬为凿纸钱，积钱为山，盛加雕饰，舁以引柩。按，古者享祀鬼神有圭璧币帛，事毕则埋之。后代既宝钱货，遂以钱送死。《汉书》称“盗发孝文园瘗钱”是也。
>
> 率易从简，更用纸钱。纸乃后汉蔡伦所造，其纸钱魏、晋以来始有其事。今自王公逮于匹庶，通行之矣。
>
> 凡鬼神之物，取其象似，亦犹涂车刍灵之类。古埋帛；今纸钱则皆

---

① 有研究者认为：“一般说来，纸钱有两种意思：一指历史上的旧式纸币，如北宋时期最早发行的纸制钱币——‘交子’。另一是指在祭祀时焚化或埋入棺内给已故亲人、朋友或鬼神作为钱币使用的纸制品。”（夏金华：《纸钱源流考》，载《史林》2013 年第 1 期，第 69 页）纸币在南宋时被称为“交子”“钱引”“关子”“会子”，在元朝时被称为“交钞”“丝钞”“厘钞”“宝钞”“银钞”等，在明朝时被称为“宝钞”，在清代时被称为“宝钞”“银元票”“银票”“钱票”，近现代以来被称为“钞票”“纸币”。（具体可参考彭信威《中国货币史》，上海人民出版社 2007 年版）本书中的纸钱特指冥币。

烧之，所以示不知神之所为也。①

封演以为纸钱源于汉代的瘗钱，所引用的材料出自《汉书》，其实这则材料最早见于《史记》："会人有盗发孝文园瘗钱，丞相青翟朝，与汤约俱谢。"② 封演的泛泛之言经过宋、明、清诸代文人笔记的转引，基本成为定论。③ 由于没有出土文物，所以封演的视线只能停留在史书的记载上，把纸钱与祭祀鬼神的"圭璧币帛"进行类比。近现代以来的考古发现证明封演之推测是不准确的：纸钱起源于远比封演所言的汉代要早的时代。

以物殉葬是原始人就有的观念，考古发现的一些原始人遗址，就有用生产、生活工具殉葬的情况。依照这种殉葬心理，以货币殉葬就是必然的事情。最早的货币是贝币，在殷商时期妇好的墓葬中就发现了大量的贝币：

经鉴定，有红螺、阿拉伯绶贝以及货贝三种：1. 红螺二件，一大一小，都未经加工。……2. 阿拉伯绶贝一件，经加工。……3. 货贝共六千八百八十余枚，其中七十枚出于距墓口深4.3米、墓室中部偏北的填土中；其余绝大部分出自棺内西侧靠近腰坑处。④

随着社会的发展，贝币也逐步被后起的货币如铜贝、骨贝等替代，考古发掘证实了这一点：

---

① 〔唐〕封演撰、赵贞信校注：《封氏闻见记校注》卷六《纸钱》，中华书局2005年版，第60－61页。

② 〔汉〕司马迁：《史记》卷一百二十二《张汤传》，中华书局2013年版，第3789页。

③ 唐代道世的《法苑珠林》以及宋代高承的《事物纪原》、戴埴的《鼠璞》、陈元靓的《事林广记》，乃至清代赵翼的《陔余丛考》均坚持此说。华海燕在她的硕士学位论文《中国古代冥币研究》中提出"汉代的瘗钱并不是冥币之始"（华海燕：《中国古代冥币研究》，四川大学硕士学位论文，2007年，第4页），可惜没有展开论证。夏金华的《纸钱源流考》一文认为纸钱是由汉代的瘗钱演变而来的（夏金华：《纸钱源流考》，载《史林》2013年第1期，第69－70页），这还是遵从历代之成见。

④ 中国社会科学院考古研究所编著：《殷墟妇好墓》，文物出版社1980年版，第220页。

研究者根据考古资料推测，耸肩弧裆型尖足空首布铸行于春秋早期。但属于东周早期的考古发掘资料，如三门峡上村岭虢国墓地东区、洛阳中州路东周时期墓地、浚县辛村卫国墓地等，这些墓地的随葬物中，除贝外都未见有金属铸币出土。在浚县辛村卫国墓地的81座卫墓中，出土贝总计3472枚，有成系出土的，缀在带上作装饰用，在M5中还出土骨贝若干。用贝为死者殉葬，是商代的葬俗，至春秋早期还未见有大的变化。到了春秋晚期或战国初期的辉县卫国墓葬中，出土了数以千计的贝、包金铜贝和骨贝，琉璃阁第60号墓中出土了千枚以上的包金铜贝，当时装了满满一小木箱。侯马上马村M13中也随葬了千枚的铜贝和包金铜贝。用铜铸贝和包金铜贝为死者殉葬，说明了春秋晚期到战国初期，统治阶级的奢靡风尚日益扩大，他们生前享乐，死后厚葬的欲望，在这些墓葬的随葬物集中反映出来。①

一部地下考古发掘史，就是一部货币流变史。当货贝逐步退出历史舞台，陪葬的货币也与时俱进地变为铸币：1998年，什邡市政府在方亭镇修筑县城中心大街时发现了船棺墓葬，文物部门组织了抢救式发掘。到2002年年底，共清理墓葬九十八座，发现随葬钱币三十八枚，分出于八座墓中，计有半两二十四枚，五铢十四枚，均为铜钱。②

在已发掘的一些墓葬中发现，用钱币作为殉葬品存在一种“复古思潮”，即使用已退出历史舞台的旧币：

到了春秋战国时期，贝币应当已不再流通，尤其是真贝，在市面应已绝迹，因为那时已有其他各种铸币了。奇怪的是：在这一时期的墓葬中，还有真贝出现。这不一定意味着当地还有贝币流通，虽然也不能完全否定这种可能性，因为秦始皇才正式废贝。但更可能的是：人们由于传统观念，还把它当作贵重品，特别当作装饰品，用来陪葬。③

① 《安阳鹤壁钱币发现与研究》编委会编：《安阳鹤壁钱币发现与研究》，中华书局2003年版，第49页。

② 四川省文物考古研究院、德阳市文物考古研究所、什邡市博物馆编著：《什邡城关战国秦汉墓地》，文物出版社2006年版，第3、23页，附表。

③ 彭信威：《中国货币史》，上海人民出版社2007年版，第20页。

彭信威将这种古贝视为一种装饰品，但事实并非如此，比如一座南宋时期的墓葬，其随葬的瘗钱均为北宋早期的货币：

钱包1件。褐色罗绣牡丹花，展开呈蝴蝶形，折叠为荷包形，长14、宽11厘米。钱包内放圆形纸钱，个别纸钱上印有“卍”字。

铜钱37枚。其中至道元宝1、咸平元宝2、景德元宝1、天圣元宝4、景祐元宝1、皇宋通宝5、治平通宝1、熙宁元宝3、元丰通宝6、元祐通宝1、绍圣元宝2、圣宋元宝1、宣和元宝1枚；另有“早生天界”冥钱1枚，字迹不清者7枚。其中35枚夹在丝绵内置于死者身下，另2枚置死者胸前。①

这就提醒考古工作者，墓葬中发现的瘗钱只能作为墓葬断代的上限，如果没有其他佐证，依靠瘗钱进行断代尤其需要谨慎。

在以真币殉葬的同时，模仿真币的冥币开始出现：“陶质冥币22块。泥质灰陶，表面施有黑衣。呈不规整长方形。长7.5、宽5厘米。单面模印有6—8个方格及阳纹口。”② 通过考古发掘，发现模拟真币的冥币被广泛用于殉葬，除了泥陶，尚有铜、铁等多种材质。纸钱无疑是最为高级的一种冥币，历千年而不朽，至今依然活跃在丧葬礼俗中，但纸钱并没有替代真币作为陪葬品的地位，所以历代官方从节葬的角度出发，频频禁止以真币作为殉葬品：

切见江南流俗，以侈靡为孝。凡有丧葬，大其棺椁，厚其衣衾，广其宅兆，备存（殄）〔珍〕宝、偶人、马车之器物，亦有将宝钞藉尸敛葬，习以为风。非惟甚失古制，于法似有未应……今后丧葬之家，除衣衾、棺椁依礼举葬外，不许辄用金银宝玉器玩装敛，违者以不孝坐罪。③

---

① 江西省文物考古研究所、德安县博物馆：《江西德安南宋周氏墓清理简报》，载《文物》1990年第9期，第5、12页。

② 咸宁地区博物馆、阳新县博物馆：《湖北阳新县半壁山一号战国墓》，载《考古》1994年第6期，第529页。（因阳纹无法画出，故用虚缺号代替）

③ 陈高华、张帆、刘晓等点校：《元典章》卷三十《禁约厚葬》，中华书局、天津古籍出版社2011年版，第1068页。

综合现有研究成果，使用纸钱的原因有三：一是祭祀仪式发生了变化，二是用真币随葬容易被盗掘，三是“鬼神事烦，乃易以纸”。笔者以为，纸钱面额极大，人们以极少之代价，就能让亡去的亲人“一夜富贵”，所以使用纸钱与人们的心理也极有关系。

纸钱的使用方式有四种：第一种是瘗埋，从真币作为殉葬品以来，作为殉葬品的钱基本就是如此处理，如上述宋代古墓中的纸钱就是一个例证。第二种是抛洒或者挂在树上，“寒食家家送纸钱，乌鸢作窠衔上树”[①]“高盖山头日影微，野风吹动纸钱飞”[②]。第三种为“抛掷于水”，“亲始死，被发持瓶瓮，恸哭水滨，掷铜钱、纸钱于水，汲归浴尸，谓之买水，否则邻里以为不孝”[③]。第四种是焚烧，“三日无火烧纸钱，纸钱那得到黄泉”[④]。习以成俗，纸钱就成为使用最广泛的明器，甚至得到了朝廷的认同：

> 都省议得：除纸钱外，据纸（湖）〔糊〕房子、金银、人马、彩帛、衣服、帐幕等物，钦依圣旨事意，截日尽行禁断。咨请照验施行。[⑤]

“纸钱起源于西汉的瘗钱”一直是许多学者笔下的定论，唐宋的学者们不能看到考古实物，有此定论不足为奇。凭借考古发现，有了更多的出土文物为证，笔者可以大胆下结论：纸钱最早起源于商代的贝币，瘗钱只是冥币的一种，而非其源头，而且无论是纸钱的使用方式还是用途，都随着人们思想的变迁而有所变化。

---

① 〔唐〕张籍：《北邙行》，载《全唐诗》卷三百八十二，中华书局1960年版，第4283页。

② 〔清〕郑方坤编辑，陈节、刘大治点校：《全闽诗话》，福建人民出版社2006年版，第49页。

③ 〔明〕田汝成：《炎徼纪闻》卷四，民国嘉业堂本，第20页。（其中标点为笔者所加）

④ 〔唐〕王建：《寒食行》，载《全唐诗》卷二百九十八，中华书局1960年版，第3374页。

⑤ 陈高华、张帆、刘晓等点校：《元典章》卷三十《禁约厚葬》，中华书局、天津古籍出版社2011年版，第1069页。

第二节　纸钱起源于南北朝

纸钱的产生必须具备两个条件：其一，商品经济出现，纸币产生，此为理论基础；其二，纸张产生，此为物质基础。

一般认为纸张产生于东汉时期：

> 自古书契多编以竹简，其用缣帛者谓之为纸。缣贵而简重，并不便于人。伦乃造意，用树肤、麻头及敝布、鱼网以为纸。元兴元年奏上之，帝善其能，自是莫不从用焉，故天下咸称“蔡侯纸”。①

蔡伦发明“蔡侯纸”是在汉和帝元兴元年，也就是公元105年，但东汉应劭曰：“光武车驾徙都洛阳，载素、简、纸经凡二千辆。”② 再度之以常理，我们可以说，蔡伦是纸张的改进者，而非发明者。

纸张发明之后，或因技术问题，或因价格问题，或因传统习惯问题，并没有迅速得到普及：在过去的20世纪的一百年中，考古发掘人员先后在新疆、甘肃、宁夏、江西、安徽、湖北、湖南等地多次发掘出魏晋时期的竹木书简。单单1996年7月，在湖南省长沙市五一广场东侧的平和堂商业大厦工地就发现了数量惊人的三国时期的简牍，2002年的最新统计数据是近十四万枚。③ 也就是说，直到魏晋时期，书写工具基本还是以竹木简为主。大多数新发明的出现，在技术未普及之前，其价格往往不是一般人所能接受的，其普及程度也必然会受到影响：

> 《桓玄伪事》曰：古无纸，故用简，非主于敬也。今诸用简者，皆以黄纸代之。

① 〔南朝·宋〕范晔撰、〔唐〕李贤等注：《后汉书》卷七十八《蔡伦传》，中华书局1965年版，第2513页。

② 〔唐〕马总：《意林》卷四，江苏广陵古籍刻印社1983年版，第201页。

③ 郑捷：《魏晋南北朝简牍文字研究》，华东师范大学博士学位论文，2007年，第2-6页。

魏武令曰：自今诸掾属侍中别驾，常以月朔各进得失，纸书函封。主者朝常给纸函各一。裴启《论林》曰：王右军为会稽令，谢公就乞笺纸。库中唯有九万枚，悉与之。桓宣武云：逸少不节。

盛弘之《荆州记》曰：枣阳县百许步蔡伦宅，其中具存，其傍有池，即名“蔡子池”。伦，汉顺帝时人，始以鱼网造纸。县人今犹多能作纸，盖伦之遗业也。①

从上述魏武帝赏赐下属纸张和东晋的谢安向王羲之索取纸张的事例可知，在东晋之前，纸张是一种珍贵的材料。依照《桓玄伪事》的记载，以纸代替竹木简则发生在东晋末期：桓玄篡位发生在晋安帝元兴二年（403）十一月，次年五月壬午日桓玄被杀，所以，此诏书的发布时间当在403到404年之间，距东晋灭亡的420年，也只有十多年的时间。这时，纸张完全代替了简牍，成为官方主要的书写工具。按照上述盛弘之《荆州记》的记载，在南朝宋的枣阳县，纸张早已“飞入寻常百姓家”。

再考之以民俗。任何一种民俗现象的产生，往往都是集体行为的结果。“民俗的集体性，是指民俗在产生流传过程中所体现出的基本特征，也是民俗的本质特征。人的根本属性是他的社会性，民俗文化的产生，离不开人类的群体活动。”② 也就是说，任何一种个体的文化行为，往往可以在其同类身上找到共同的现象。一种普遍的说法是纸钱起源于东昏侯：

予观洪庆善《杜诗辨证》载《文宗备问》云：南齐废帝东昏侯好鬼神之术，剪纸为钱，以代束帛，至唐盛行其事，云有益幽冥。③

东昏侯萧宝卷是南朝齐第六位皇帝，明帝萧鸾第二子，在位时昏聩无能，《南齐书》卷七记载说：“又信鬼神，崔慧景事时，拜蒋子文神为假黄钺、使持节、相国、太宰、大将军、录尚书、扬州牧、钟山王。至

① 〔唐〕徐坚等：《初学记》卷二十一，中华书局1962年版，第517页。（其中标点为笔者所加）

② 钟敬文主编：《民俗学概论》，上海文艺出版社1998年版，第11页。

③ 〔宋〕叶寘撰、孔凡礼点校：《爱日斋丛抄》，中华书局2010年版，第113页。

是又尊为皇帝。迎神像及诸庙杂神皆入后堂，使所亲巫朱光尚祷祀祈福。”①《文宗备问》一书见于《新唐书·艺文二》，其文曰“《文宗朝备问》一卷”②，但没有署名。考文宗即唐文宗李昂，在位时间为公元826—840年，所以该书距东昏侯去世之时已有三百多年，此说又从何而来？此说不见于南朝梁萧子显编写的《南齐书》。萧子显与东昏侯之父萧鸾有灭族之恨，所以萧子显在写《东昏侯本纪》时，“极写东昏侯的荒唐猖狂，既以之快己意，又以见东昏之当废”③。笔者认为，如果东昏侯有“剪纸为钱”祭祀淫祠的行为，萧子显必会照实记录。两百年后，李延寿杂采众书，撰为《南史》。李延寿撰史喜欢搜奇录异，但《南史·废帝东昏侯本纪》对“剪纸为钱”一事亦无记载。故纸钱起源于东昏侯之说，显然是后世的荒诞之言。

另一则材料则以为纸钱起源于东晋的殷仲文：

> 《法苑珠林》载，纸钱起于殷长史。唐《王玙传》载：汉来皆有瘗钱，后里俗稍以纸寓钱，王玙乃用于祠祭。今儒家以为释氏法，于丧祭皆屏去。予谓不然，之死而致死之，不仁；之死而致生之，不知。谓之明器，神明之也。汉之瘗钱，近于之死而致生，以纸寓钱，亦明器也，与途车刍灵何以异？俗谓果资于冥途，则可笑。④

然而，查阅今本《法苑珠林》，未发现上述记载。对这个问题，日本学者也有探讨，认为是书写导致的谬误。因而从以上史料中得出纸钱起源于东晋的结论是没有说服力的。

“民俗以民众生活为基础，民众生活也就必然成为民俗的源头活水。”⑤“不过凡礼俗的发生，都是先有一种风气流行于民间，然后渐渐凝

---

① 〔南朝·梁〕萧子显：《南齐书》卷七《东昏侯本纪》，中华书局1972年版，第105页。

② 〔宋〕欧阳修、宋祁：《新唐书》卷五十八《艺文二》，中华书局1975年版，第1485页。

③ 柴德赓：《史籍举要》，北京出版社2002年版，第88页。

④ 〔宋〕戴埴：《鼠璞》，左氏百川学海本，第34页。

⑤ 顾春军：《再论“生活就是民俗”》，载《民族艺术》2013年第1期，第105页。

固成俗，再后经士大夫阶级采取且加以理性化，才变成成文的礼。"[①] 依照这个逻辑，如果作为皇帝的东昏侯和作为贵族的殷长史已经开始使用纸钱，那么依照这个逻辑，民间普及纸钱或许更早。然而在目前的考古发掘中，没有文物可以佐证这一点，除去上述两则不经之谈，更无确切史料之记载。再考之最早关于纸钱的考古发掘："521 号墓出有麻布片、绳头、纸钱；522 号墓出有高昌建昌二年（556 年）墓志。"[②] 因为两个墓葬相邻，所以可以认为 521 号与 522 号墓葬同处一个时代，也就是说，有确切证据的纸钱的起源时间，可以推到公元 556 年左右。

纸钱是产生于中原丧葬、祭祀文化的明器，新疆作为边远地区，受到中原文化的浸染，其地墓葬中也发现了纸线。据此推断，纸钱产生的时间应该比 556 年更早。再考虑到焚烧纸钱是受到拜火教的影响（下面会详细论证），而据陈垣考证，拜火教入华的时间是 516—519 年[③]，那么，笔者试着大胆推测，纸钱的起源时间当在公元 520 年前后，也就是南北朝中叶之后。

第三节 纸钱与鬼文化、巫文化

对灵魂有无的问题，儒家持存而不论之态度："未知生，焉知死?"[④] 孔子对此有过更为明确的解释：

子贡问孔子："死人有知无知也?"孔子曰："吾欲言死者有知也，恐孝子顺孙妨生以送死也；欲言无知，恐不孝子孙弃不葬也。赐欲知死人

① 黄石：《纸钱略考》，载高洪兴编《黄石民俗学论集》，上海文艺出版社 1999 年版，第 394 页。

② 新疆维吾尔自治区博物馆、西北大学历史系考古专业：《1973 年吐鲁番阿斯塔那古墓群发掘简报》，载《文物》1975 年第 7 期，第 9 页。

③ 陈垣：《火祆教入中国考》，载陈垣《陈垣学术论文集》第 1 集，中华书局 1980 年版，第 306 页。

④ 程树德撰，程俊英、蒋见元点校：《论语集释》卷二十二《先进上》，中华书局 1990 年版，第 760 页。

有知将无知也，死徐自知之，犹未晚也。”[①]

虽然孔子对鬼神有无的问题存而不论，但儒家经典认为魂魄不但存在，而且可以分离：“魂气归于天，形魄归于地。”[②] 这体现在丧礼中，就是为死者招魂：“及其死也，升屋而号，告曰：‘皋某复！’然后饭腥而苴孰，故天望而地藏也。体魄则降，知气在上。”[③]

魂魄分离，魂化为鬼，但魂灵必有所凭依，也就是需要一定的空间，这个居所就是墓庐——游魂和野鬼的栖息之地。为了慰藉亡魂，墓葬与墓祭就成为重要的礼俗。钱穆认为：“人之生命，主在魂，不在魄。魂既离魄而去，则所谓魄者，亦惟余皮骨血肉，亦如爪发然，不足复重视。”[④] 并结合后世儒家的一些推测之见，认为“惟其不如西俗，信人之既死，其魂犹附随于尸体。故厚葬之在中土，其风终不大盛”[⑤]。这种说法是不正确的。如上所论，人死后，鬼魂附于骸骨，这种观念在中土颇为流行，六朝志怪、唐传奇、清代《聊斋志异》等的故事往往由墓庐中的鬼魂所生发，可见中西方有着一样的生死观：人死后，鬼魂不散。相信灵魂永存，就必然重视厚葬：

随葬器物共一千九百二十八件，其中铜器四百六十八件（未计小铜泡）；玉器七百五十五件；石器六十三件；宝石制品四十七件；骨器五百六十四件（未计残碎过甚的笄头）；象牙器皿三件以及残片两件；陶器十一件；蚌器十五件。[⑥]

---

① ［汉］刘向撰、向宗鲁校证：《说苑校证》卷十八《辨物》，中华书局1987年版，第474－475页。

② ［清］孙希旦撰，沈啸寰、王星贤点校：《礼记集解》卷二十六《郊特牲》，中华书局1989年版，第714页。

③ ［清］孙希旦撰，沈啸寰、王星贤点校：《礼记集解》卷二十一《礼运》，中华书局1989年版，第587页。

④ 钱穆：《论古代对于鬼魂及葬祭之观念》，载钱穆《灵魂与心》，广西师范大学出版社2004年版，第37页。

⑤ 钱穆：《论古代对于鬼魂及葬祭之观念》，载钱穆《灵魂与心》，广西师范大学出版社2004年版，第38页。

⑥ 中国社会科学院考古研究所编著：《殷墟妇好墓》，文物出版社1980年版，第15页。

从春秋战国直至秦汉，厚葬为统治者所推崇，成为主流的丧葬方式：

始皇初即位，穿治郦山，及并天下，天下徒送诣七十余万人，穿三泉，下铜而致椁，宫观百官奇器珍怪徙臧满之。令匠作机弩矢，有所穿近者，辄射之。以水银为百川江河大海，机相灌输，上具天文，下具地理。以人鱼膏为烛，度不灭者久之。二世曰："先帝后宫非有子者，出焉不宜。"皆令从死，死者甚众。①

厚葬成风，因死害生，在汉代甚至成为一个社会问题：

古者，事生尽爱，送死尽哀。故圣人为制节，非虚加之。今生不能致其爱敬，死以奢侈相高；虽无哀戚之心，而厚葬重币者，则称以为孝，显名立于世，光荣著于俗。故黎民相慕效，至于发屋卖业。②

自此，除了魏晋这段特殊的时期，历代统治者崇尚厚葬的结果，就是逐步建立了陵寝制度。杨宽在《中国古代陵寝制度史》中提到："当时所以要在陵墓的顶上或边侧造'寝'，这是因为当时人迷信死者灵魂就藏在陵墓的墓室中，在陵墓的顶上或边侧建造'寝'，就是为了便于死者灵魂用作饮食起居的处所。"③

儒家的另一面就是坚持"仁者爱人"，体现在丧葬礼仪上，就是不以送死而"伤生"。"孔子谓'为明器者知丧道矣，备物而不可用也'。哀哉！死者而用生者之器也，不殆于用殉乎哉！'其曰明器，神明之也。'涂车、刍灵，自古有之，明器之道也。孔子谓'为刍灵者善'，谓'为俑

① 〔汉〕司马迁：《史记》卷六《秦始皇本纪》，中华书局2013年版，第333页。

② 王利器校注：《盐铁论校注（定本）》卷六《散不足》，中华书局1992年版，第354页。

③ 杨宽：《中国古代陵寝制度史》，上海人民出版社2008年版，第25页。对于魂灵的有无，治史者经常以桓谭的唯物史观为例："精神居形体，犹火之然烛矣。如善扶持，随火而侧之，可无灭而竟烛。"（陶希圣：《中国政治思想史》第3册，上海书店1948年版，第41页）然而，无论是桓谭还是之后的王充，他们的观念都没有成为主流思想。中国历代的主流文化，都有巫文化的影子。事死如生，必然导致厚葬，这样就会害生。为了不因死而害生，并慰藉灵魂，那么最好的葬品就是明器了。

者不仁'，不殆于用人乎哉!"[1] 儒家所主张的明器是"像物而不能用"："是故竹不成用，瓦不成味，木不成斫，琴瑟张而不平，竽笙备而不和，有钟磬而无簨虡。其曰明器，神明之也。"[2] 孔子对此解释说："之死而致死之，不仁而不可为也；之死而致生之，不知而不可为也。"[3] 孔子这种模棱两可的态度，更多地体现了儒家的实用理性。

鬼文化的流行使得厚葬成俗，但受生产力水平所限，物质生产颇为艰辛。如果坚持厚葬，就必然会因死害生。儒家倡导用拟形的明器替代陪葬之"人器"，就很好地解决了死者与生者争夺生存资源的问题。但富裕的统治者基本以厚葬为主，殉葬的器物也基本以礼器和实用器物为主，后代的考古发现证明了这一点。[4]

商代重鬼，周代尊祖，两者相结合，就使得传统文化始终有巫文化的影子：

> **事实上，礼乐传统中的繁复祭祀系统，作为一种宗教型（形）态来看，已发展至高度成熟的境界。但不可否认的（是），这一传统长期以来一直在巫文化的影响之下。孔子不能完全摆脱某些巫的观念的纠缠是不必诧异的。他自幼即受"礼"的薰（熏）陶，中年以后作为轴心突破的一位先驱，他自然是以礼乐传统作为思想或哲学突破的主要对象。但是由于他采取了重新诠释而不是全面拒斥的态度，因此对于礼乐传统（包含其中巫的成分）既有所弃置，也有所继承。**[5]

---

① 〔清〕孙希旦撰，沈啸寰、王星贤点校：《礼记集解》卷十《檀弓下》，中华书局1989年版，第264－265页。

② 〔清〕孙希旦撰，沈啸寰、王星贤点校：《礼记集解》卷九《檀弓上》，中华书局1989年版，第216页。

③ 〔清〕孙希旦撰，沈啸寰、王星贤点校：《礼记集解》卷九《檀弓上》，中华书局1989年版，第216页。

④ 比如在随县发掘的大约稍晚于公元前433年的曾侯乙墓葬中，不但发现有二十一个殉葬的青年女性，而且发现了大量的陪葬品。这些陪葬品均为"人器"，其中有编钟等乐器一百二十四件。整套编钟虽然被埋葬了二千四百多年，但音乐性能仍然很好，古今乐曲都能演奏。（随县擂鼓墩一号墓考古发掘队：《湖北随县曾侯乙墓发掘简报》，载《文物》1979年第7期，第4－6页）

⑤ 余英时：《论天人之际：中国古代思想起源试探》，台北联经出版事业股份有限公司2014年版，第167－168页。可以作为另一佐证的就是司马迁《史记》中的《封禅书》，这几乎就是一部巫术史，可以反映先秦时期主流意识形态中的巫文化。

纸钱与巫文化相结合，第一个作用是预示不祥之兆：

建炎二年，杜充为北京留守，天雨纸钱于营中，厚盈寸。明日，与金人战城下，败绩。纸，白祥也。①

第二个作用是通过使用纸钱施展法术诅咒，以达到制服所厌恶之人的目的：

一日，福庆公主病，六夫人取道家符水以入。昭慈问所从来，取符焚之。自是禁中相传有厌胜之事。及公主疾甚，忽于帘间得纸钱。昭慈见而恶之，或谓自婕妤所持来，自是颇有疑心。上曰："以此数事观之，既有疑似，故奸人得以进诬罔之说。此哲宗圣听所以惑也。"②

第三个作用是驱逐恶鬼：

妇既至门，以酒馔迎祭，使巫祝焚楮钱禳祝，以驱逐女氏家亲。妇下舆，使女之亲男女抱以登床。③

第四个作用是招魂：

韩公遽还，至半途，亡者之父兄妻子数千人，号于马首，持故衣纸钱，招魂而哭曰："汝昔从招讨出征，今招讨归，而汝死矣，汝之魂识，亦能从招讨以归乎！"④

"中国本信巫，秦汉以来，神仙之说盛行，汉末又大畅巫风，而鬼道愈炽；会小乘佛教亦入中土，渐见流传。凡此，皆张皇鬼神，称道灵异，

---

① 〔元〕脱脱等：《宋史》卷六十六《五行四》，中华书局 1977 年版，第 1455 页。

② 〔宋〕李心传：《建炎以来系年要录》卷一百二十一，中华书局 2013 年版，第 2261 页。

③ 〔宋〕庄绰撰、萧鲁阳点校：《鸡肋编》卷上，中华书局 1983 年版，第 8 页。

④ 〔宋〕罗大经撰、王瑞来点校：《鹤林玉露》乙编卷二，中华书局 1983 年版，第 152 页。

故自晋迄隋，特多鬼神志怪之书。”① 纸钱产生于儒家丧葬、祭祀礼俗中，其中也糅合了巫文化的因素。随着神鬼巫术的传播，纸钱被尘世普遍接受。

第四节　纸钱与宗教的关系

一种民俗的产生及演变，必有一套与之相配的信仰观念作为根基，焚烧纸钱这种民俗也不例外。关于焚烧纸钱的宗教根基，学术界有一种流传甚广的观点：焚烧纸钱这种礼俗是受佛教思想的影响而产生的。② 方内之人言说方外之事，如果不加以仔细研讨，往往下笔千言，却离题万里。事实上，给亡灵焚烧纸钱是有悖于佛教义理的：佛教认为，可以通过布施、供佛、斋僧来超度亡灵，其他方法都是毫无用处的。

唐以前无纸钱为用者，自王玙盛行此法，于是冥中藏积缗镪金银缯彩，与世间所用无少异。由心法之能变造故，天府、冥关亦随人心而转。世有用纸镪寄库者，有鬼神用纸镪入人间买物者，有见泰山堆积蜡钱无用，云人间化财用油炷度火为污者，此等显验不一。心生则种种法生，

① 鲁迅：《中国小说史略》，人民文学出版社1952年版，第47页。

② 坚持此观点的研究成果颇多，比如，徐吉军认为：“魏晋以来，由于佛教的传入，因此佛家葬俗也开始在民间广为传播开来。佛教倡导荼毗火葬法，故改瘗钱为烧纸钱。”（徐吉军：《中国丧葬史》，武汉大学出版社2012年版，第355页）高国藩认为：“敦煌盛行佛教，佛教倡导火葬，故改瘗钱为烧纸钱，由此传播至全国。”（高国藩：《敦煌民俗学》，上海文艺出版社1989年版，第249页）陆锡兴认为：“纸钱一般是靠焚烧来给予鬼神的。烧化和火葬是直接有关的习俗，因此，烧化纸钱可能是佛教传入带来的新鲜事物。”（陆锡兴：《吐鲁番古墓纸明器研究》，载《西域研究》2006年第3期，第54－55页）夏金华以为：“唐时焚化纸钱的流行，与当时佛教思想的大肆宣扬，以及《冥报记》《广异记》《通幽记》《玄怪录》等一些笔记小说描述因果报应、地狱饿鬼、死而复生之类的故事有关。”（夏金华：《纸钱源流考》，载《史林》2013年第1期，第72页）这种观点由来已久，如宋人戴埴在其所著的《鼠璞》中说：“今儒家以为释氏法，于丧祭皆屏去。”

不特纸钱一法而已也。[①]

从这段材料中可以看出，在宋代的方外之人看来，纸钱的起源不过是“由心法之能变造故”罢了，实在与佛教义理相悖。当代佛教界的法师亦认为：

> 至于用火焚烧，可能与拜火教有关，相信火神能将所烧的东西传达给鬼神。印度教《梨俱吠陀》中的阿耆尼（火神），就有如此的功能。……事实上，佛教不以为人死之后即是鬼，做鬼仅有六分之一的可能。佛教更不相信经过焚烧之后的纸库、锡箔能够供鬼受用。佛教只相信死人的亲属可以用布施、供佛、斋僧的功德，回向亡灵、超度亡灵。其他的一切，都是毫无用途的迷信。……再有，现时的僧尼们为人家诵经、拜忏、放焰口乃至打水陆，都要写文疏，宣读之后，即予焚化，这是学了符箓派的道教向其所崇奉的神祇们奏疏及化符驱鬼等的迷信，于佛教教理毫无根据。[②]

圣严法师是台湾著名的佛学大师，他的论著《正信的佛教》在20世纪60年代出版。学界对这本书关注不足，但圣严法师所提出的三个观点值得我们关注：①佛教反对焚烧纸钱；②焚烧纸钱与拜火教有关；③佛教焚烧文疏，是受到道教思想的影响。笔者认为，除第三点尚可商榷外，前两种说法均可成立。

据陈垣的研究，拜火教即火祆教，它在南北朝后期传入中国：“据《魏书》，波斯国以神龟中通魏。据梁书，滑国以天监十五年通梁。神龟与天监同时，滑为波斯旁国，波斯为火祆教发源地，火祆之入中国，当在此时，盖西历五百十六至十九年之间也。”[③] 拜火教传入中土之后，就受到北朝统治者的高度推崇：

---

① 〔宋〕志磐撰、释道法校注：《佛祖统纪校注》卷三十四，上海古籍出版社2012年版，第759页。宋代的另一本佛学典籍也证明了这一点：“予遍览藏经，即无阴府寄库之说。奉劝世人，以寄库所费，请僧为西方之供；一心西方，则必得往生。若不为此，而为阴府寄库，则是志在阴府，死必入阴府矣!”（《龙舒增广净土文》卷五）

② 圣严法师：《正信的佛教》，陕西师范大学出版社2008年版，第43-45页。

③ 陈垣：《火祆教入中国考》，载陈垣《陈垣学术论文集》第1集，中华书局1980年版，第306页。

《魏书》卷十三灵太后传：灵太后幸嵩高山，从者数百人，升于顶中，废诸淫祀，而胡天神不在其列。《隋书》卷七《礼仪志》：后齐后主末年（西五七六），祭非其鬼，至于躬自鼓舞，以事胡天，邺中遂多淫祀，兹风至今不绝。同卷：后周欲招来西域，又有拜胡天制，皇帝亲焉。其仪并从夷俗，淫僻不可纪也。中国之祀胡天神，自北魏始，灵太后时（西五一六至五二七），胡天神初列祀典，故废诸淫祀，而胡天神独不废，其崇重可知也。①

一直到唐代，拜火教依然昌盛不衰：

至唐贞观五年，有传法穆护、何禄，将祆教诣阙闻奏，敕令长安崇化坊立祆寺，号大秦寺，又名波斯寺。至天宝四年七月，敕："波斯经教，出自大秦，传习而来，久行中国，爰初建寺，因以为名，将以示人，必循其本，其两京波斯寺，宜改为大秦寺，天下诸州郡有者准此。②

受拜火教影响，以火焚烧死者生前所用之物，就成为一种源远流长的丧葬礼俗，至今不衰：

死则潜埋，无坟垄处所，至于葬送，皆虚设棺柩，立冢椁，生时车马器用皆烧之以送亡者。③

前朝之世，屡发明诏，禁诸婚娶不得作乐，及葬送之日歌谣、鼓舞、杀牲、烧葬，一切禁断。虽条旨久颁，而俗不革变。……今国家营葬，费损巨亿，一旦焚之，以为灰烬。④

这种风俗亦影响到突厥的葬俗，"择日，取亡者所乘马及经服用之

---

① 陈垣：《火祆教入中国考》，载陈垣《陈垣学术论文集》第1集，中华书局1980年版，第306－307页。

② 〔宋〕姚宽撰、孔凡礼点校：《西溪丛语》卷上，中华书局1993年版，第42页。

③ 〔南朝·梁〕沈约：《宋书》卷九十五《索虏传》，中华书局1974年版，第2322页。

④ 〔北齐〕魏收：《魏书》卷四十八《高允传》，中华书局1974年版，第1074－1075页。

物，并尸俱焚之，收其余灰，待时而葬”①。论者经常以佛教倡导火葬推断焚烧纸钱的起源与佛教有关，这种类比联想是有道理的，但盛行拜火教的中亚亦实行火葬，“据俄国突厥学家巴托尔德研究，中亚和波斯两地火祆教的一个显著不同点表现在葬式上：波斯流行天葬（陈尸野外供猛兽或鹰鹫啄食）；中亚则流行火葬（用盛骨瓮收埋骨灰）”②。又，据宋代学者姚宽记载：

山谷《题牧护歌后》云：“向常问南方衲子，《牧护歌》是何种语，皆不能说。后见刘梦得作夔州刺史，乐府有《牧护歌》，似是赛神语，亦不可解。及来黔中，闻赛神者夜歌‘听说侬家《牧护》’，末云‘奠酒烧钱归去’，虽长短不同，要皆自叙五七十语，乃知苏溪、夔州故作此歌学巴人曲，犹石头学魏伯阳作《参同契》也。”③

姚宽考证后得出结论：“且祆有祠庙，因作此歌以赛神，固未知刘作歌诗止效巴人之语，亦自知其源委也。”④ 要注意的是，《牧护歌》为当时西蜀流行的赛神曲，其中“奠酒烧钱归去”一句，足以证明焚烧纸钱系受拜火教影响。

在元代，拜火教对丧葬礼俗的影响依旧存在：

焚前，死者之亲属在丧柩经过之道中，建一木屋，覆以金锦绸绢。柩过此屋时，屋中人呈献酒肉及其他食物于尸前，盖以死者在彼世享受如同生时。迨至焚尸之所，亲属等先行预备纸扎之人马骆驼钱币，与尸

① 〔唐〕令狐德棻等：《周书》卷五十《突厥传》，中华书局1971年版，第910页。
② 林梅村：《从考古发现看火祆教在中国的初传》，载《西域研究》1996年第4期，第56页。
③ 〔宋〕姚宽撰、孔凡礼点校：《西溪丛语》卷上，中华书局1993年版，第41页。
④ 〔宋〕姚宽撰、孔凡礼点校：《西溪丛语》卷上，中华书局1993年版，第43页。

共焚。据云，死者在彼世因此得有奴婢牲畜钱财等若所焚之数。[①]

笔者以为，这种源于拜火教的焚烧礼俗之所以被民间广泛接受，是因为这种民俗在本土就有着坚实的土壤。以焚烧祭祀上天，古已有之，《周礼·大宗伯》曰："以禋祀祀昊天上帝，以实柴祀日、月、星、辰，以槱燎祀司中、司命、风师、雨师。"郑玄注曰："三祀皆积柴实牲体焉，或有玉帛，燔燎而升烟，所以报阳也。"[②] 外来观念与固有习俗相结合，焚烧纸钱祭祀死者就必然成为一种被广泛接受的民俗。

笔者认为，焚烧纸钱一旦成为一种民俗，外来的佛教要想在中土扎根，就必然会改变自己的教义：

在教义理论方面，佛教对中国传统思想文化中的哲学本体论、天人关系论和人性论以及宗教习俗、鬼神观念等广泛吸收，在僧团组织方面，采取了中国封建宗法观念和制度，从而形成许多具有鲜明民族特色的佛

---

① ［法］沙海昂注、冯承钧译：《马可波罗行纪》，中华书局2004年版，第190页。有人将此材料中的偶像教视为佛教，本段语前曰："凡有子女者，为偶像蓄养一羊。年终或偶像节庆之日，蓄羊者挈其子女携羊至偶像前礼拜。拜后，烤煮羊肉使熟，复礼奉之于偶像前陈之。礼拜祈祷，求神降福于其子女。据云，偶像食肉。供奉既毕，取肉还家，延亲属共食。"（同上书，第190页）佛教反对杀生，更反对供奉腥膻，因为其所为与佛教礼仪相悖。笔者以为，这里的偶像教就是拜火教、摩尼教等宗教。又，《马可波罗行纪》一书多有各种关于基督教、偶像教的记录，但所谓的偶像教包含佛教，亦包含其他宗教，如该书第119章记载："押赤大理永昌三州无一医师，如有人患病，则召看守偶像之巫师至；病者告以所苦，诸巫师立响其乐器，而为歌舞，迨其中一人昏蹶（厥）如死始止。此事表示鬼降其人之身，同伴巫师与之语，问病者所患何疾，其人答曰：'某神罚其病卧，盖其侮此神，而神不欢也。'"（同上书，第474页）再以上述材料论之，此种偶像教更类似萨满教。将偶像教简单划归佛教是不妥的，《马可波罗行纪》一书中的偶像教属于何种宗教，要具体问题具体分析。

② ［清］孙诒让撰，王文锦、陈玉霞点校：《周礼正义》卷三十三，中华书局1987年版，第1297页。

教宗派。①

佛教之所以做出这种让步，是受中国传统文化习俗影响：

一是中国是一个注重现实人生、讲究实际的国度，全然的（地）不顾世俗的人伦纲常，过多的（地）强调脱尘离俗，是不适合中国国情的，注定要被抛弃；二是中国佛教自隋唐之后，就受到儒家心性、人性学说的深刻影响，各种佛教理论本身已在相当程度上被儒学化、伦理化，因此，注重人伦，强调入世，实乃佛教自身发展的一种必然趋势。②

所以，我们可以看到，佛教的很多仪式中掺入了中国流传的一些习俗：

福州西禅寺行者名妙心，无父兄弟侄，独母存，患疯疾，累年不能步履。妙心日馈以粥饭。妙心受本寺差监作碓坊，尝用纸糊一球，实以纸钱。一夕，焚香告天曰："妙心母老而苦疯疾，闻世人取肝割股以行孝者，今愿破脑出髓，救母余年，望三界神明赐祐。妙心今贮火球内，若使纸钱成灰而外球不损，当即偿答。"③

鄂渚王氏，三世以卖饭为业。王翁死，媪独居不改其故。好事佛，稍有积蓄则尽买纸钱入僧寺，如释教纳受生寄库钱。素不识字，每令爨仆李大代书押疏文。媪亡岁余，李犹在灶下，忽得疾仆地，不知人。经三日乃苏。初为阴府逮去，至廷下，见金紫官员据案坐，引问乡贯姓名讫，一吏导往库所，令认押字。李曰："某不曾有受生钱，此是代主母所书也。"吏复引还，金紫者亦问，李对如初，曰："汝无罪，但追证此事

① 阴法鲁、许树安、刘玉才主编：《中国古代文化史》（插图本）（上），北京大学出版社 2008 年版，第 466 页。葛兆光也有类似的论述："从五至七世纪的思想史进程来看，似乎并不是佛教征服了中国，而是中国使佛教思想发生了转化，在佛教教团与世俗政权、佛教戒律与社会道德伦理、佛教精神与民族立场三方面，佛教都在发生着静悄悄的立场挪移。"（葛兆光：《中国思想史》，复旦大学出版社 2009 年版，第 450 页）

② 赖永海：《佛学与儒学》，浙江人民出版社 1992 年版，第 111 页。

③ ［宋］洪迈撰、何卓点校：《夷坚志》补卷一，中华书局 1981 年版，第 1550－1551 页。

耳。汝可归。”既行，将出门，遇王媪与数人来，李见之再拜，媪大喜曰：“荷汝来，我所寄钱方有归著。汝□到家日，为我传语亲戚邻里，各各珍重。”遂复生。时乾道七年三月也。①

“佛徒虽不娶，但不抵抗祭先，臭味与汉族之传统相投，故易于输入民间，不至受异俗之歧视。”② 佛教对世俗妥协，其本意不过在于求得自身生存的空间。佛教在中土扎根后，不单单在北朝，在南朝也一样发展迅猛：“南朝四百八十寺，多少楼台烟雨中。”③ 佛教在唐代极盛时，据《唐六典》记载，“凡天下寺总五千三百五十八所”④。可以想见，焚烧纸钱这种礼俗进一步扩散到民间。宋杨万里有诗云：“南商北贾俱星散，古庙无人烧纸钱。”⑤ 可见在宋代，在寺庙中焚烧纸钱已经是习俗。但是，我们也应该看到，焚烧纸钱这一习俗被官方接受，有赖于道教的力量：

王玙者，方庆六世孙，少为礼家学。玄宗在位久，推崇老子道，好神仙事，广修祠祭，靡神不祈。玙上言，请筑坛东郊祀青帝，天子入其言，擢太常博士、侍御史，为祠祭使。玙专以祠解中帝意，有所禳祓，大抵类巫觋。汉以来葬丧皆有瘗钱，后世里俗稍以纸寓钱为鬼事，至是玙乃用之。⑥

五代时，道教的仪轨中就有了焚烧纸钱的礼仪：

又南岳道士秦保言威仪，勤于焚修者，曾白真君云：“上仙何以须纸

① 〔宋〕洪迈撰、何卓点校：《夷坚志》支志甲卷八，中华书局 1981 年版，第 775 页。(亦见于《佛祖统纪》卷三十三)

② 岑仲勉：《隋唐史》，中华书局 1982 年版，第 166 页。

③ 〔唐〕杜牧：《江南春》，载尚永亮主编《唐诗观止》，陕西人民教育出版社 1998 年版，第 681 页。

④ 〔唐〕李林甫等撰、陈仲夫点校：《唐六典》卷四，中华书局 1992 年版，第 125 页。

⑤ 〔宋〕杨万里：《雨作抵暮复晴》（五首录二），载周汝昌选注《杨万里选集》，上海古籍出版社 2012 年版，第 196 页。

⑥ 〔宋〕欧阳修、宋祁：《新唐书》卷一百九《王玙传》，中华书局 1975 年版，第 4107 页。

钱？有所未喻。”夜梦真人曰：“纸钱即冥吏所籍，我又何须！”由是岳中亦信之。[①]

道教本身就是一个以民间信仰糅合老庄哲学的宗教，其最大的特点就是世俗化，道教施法的一种方式就是焚烧符箓。道士们费了这么多周折，好不容易将符书写就，为何又要将其付之一炬？目的就是招神降神。[②] 所以，道教在接受焚烧纸钱上是没有困难的，王玙以祠祀青帝，更是为了投玄宗所好，再加上道教焚烧符箓和焚烧纸钱是一个道理，从教义上来看，二者是不相悖的，故有研究者认为：

> 中国是一个儒释道三合一的宗教社会，不过烧纸钱同神灵沟通，基本上偏向于道教，同释儒扯不上关系。儒家倡“慎终追远”，但“不语怪力乱神”，不用多说，佛教不以为人死之后即是鬼，做鬼仅有六分之一的可能。原始佛教并不相信经过焚烧之后的纸库锡箔能够供鬼受用，只相信死人的亲属可以用布施、供佛、斋僧的功德，回向亡灵、超度亡灵，主张虔诚心的感应，如果心力到了，不用焚纸，必然有用。[③]

上述论调过于强调道教的影响，笔者以为，道教对焚烧纸钱起到了“推波助澜”的作用，也就是使其在官方祭祀活动中合法化；但过于强调道教的作用，而忽视佛教及儒家之流俗对纸钱发展的作用，从而断言焚烧纸钱的习俗“同释儒扯不上关系”，无疑将问题简单化了。

“四时祭祀，周、孔所教，欲人勿死其亲，不忘孝道也。求诸内典，则无益焉。杀生为之，翻增罪累。若报罔极之德，霜露之悲，有时斋供，及七月半盂兰盆，望于汝也。”[④] 儒释道三教混同，相互影响，这成为中国传统文化的主流思想，并体现在民间的节日习俗上：

---

① 〔五代〕孙光宪撰、贾二强点校：《北梦琐言》卷十二《王潜司徒烧纸钱》，中华书局2002年版，第261页。

② 刘晓明：《中国符咒文化研究》，中央编译出版社2014年版，第70页。

③ 赵睿才、杨广才：《“纸钱”考略》，载《民俗研究》2005年第1期，第126页。

④ 王利器：《颜氏家训集解（增补本）》卷七《终制》，中华书局1993年版，第602页。

农历七月十五日，中元节。先数日市井卖冥器、靴鞋、幞头、帽子、金犀假带、五彩衣服，以纸糊架子盘游出卖。潘楼并州东西瓦子，亦如七夕，要闹处亦卖果食、种生、花果之类，及印卖《尊胜目连经》。又以竹竿斫成三脚，高三五尺，上织灯窝之状，谓之盂兰盆，挂搭衣服冥钱在上焚之。构肆乐人自过七夕，便般《目连救母》杂剧，直至十五日止，观者增倍。中元前一日，即卖练叶，享祀时铺衬卓面。又卖麻谷窠儿，亦是系在卓子脚上，乃告祖先秋成之意。又卖鸡冠花，谓之洗手花。十五日供养祖先素食，才明即卖穄米饭，巡门叫卖，亦告成意也。又卖转明菜花、花油饼、馂䭎、沙䭎之类。城外有新坟者，即往拜扫，禁中亦出车马诣道者院谒坟。本院官给祠部十道，设大会，焚钱山，祭军阵亡殁，设孤魂之道场。①

农历七月十五本来是道家的节日，在孟元老笔下，这个节日已经与盂兰盆会合为一体了，更兼有儒家祭祖、祭祀的功用，“挂搭衣服冥钱在上焚之”也成为一种民俗。

第五节 纸钱与儒家礼教的离合

纸钱在丧葬礼俗中的使用，既能慰藉亡魂，又能减少生人之经济支出，更因着拜火教、佛教、道教的影响，焚烧纸钱祭奠先人就成为一种民间仪轨。对此种民俗，文人士大夫表达出不同的意见：

汉祭河用御龙、御马，皆以木为之，此已是纸钱之渐。纸钱起于玄宗时王玙。盖古人以玉币，后来易以钱。至玄宗惑于王玙之说，而鬼神事繁，无许多钱来埋得，玙作纸钱易之。文字便是难理会。且如《唐礼书》载范传正言，唯颜鲁公张司业家祭不用纸钱，故衣冠效之。而

---

① 〔宋〕孟元老撰、邓之诚注：《东京梦华录注》卷八《中元节》，中华书局1982年版，第211－212页。（其中标点为笔者所加；“穄”原文作“擦”，今根据书中按语改为“穄”）

国初言礼者错看，遂作纸衣冠，而不用纸钱，不知纸钱衣冠有何间别？①

在朱熹看来，唐代的颜真卿、张籍反对以纸钱为明器，当世使用纸衣冠，就更是过分之举。反对的理由是用纸钱祭祀不符合古礼，只是“俚俗相师”的结果：

宋孙朝奉伟云：“近世焚楮帛及下里伪物，唐以前无之，盖出于玄宗时王屿辈牵合寓马之义。数百年间，俚俗相师，习以为常。至于祀上帝亦有用之者，皆浮屠老子之徒，欺惑愚众。天固不可欺，乃自欺耳。士大夫从而欺其先，是以祖考为无知也。颜鲁公尝不用矣，惜乎不以文字导愚民焉。伟今一切斥去之，有违此训，非孙氏子孙也。”②

使用纸钱祭祀，甚至被视作乱政之为：

太妃薨而辍朝，立刘氏、冯氏为皇后，则夫妇之义几何其不乖而不至于禽兽矣。寒食野祭而焚纸钱，居丧改元而用乐，杀马延及任圜，则礼乐刑政几何其不坏矣。③

以史为鉴，欧阳修批评历史是为现实礼俗张目。“至于《新五代史》，欧每每于传论中，感叹晚唐五代以来世风之衰靡、道德之沦丧与士人之堕落。欧阳修重树礼义廉耻的道德尺规，以别君子小人，意在扬善抑恶，褒正祛邪，弘扬士气，重振儒风。”④

宋代以来，文人士大夫渐次混淆了纸钱的由来，认为“皆浮屠老子之徒”所为。作为韩愈的私淑弟子，“论大道似韩愈”的欧阳修在排佛的

① 〔宋〕黎靖德编、王星贤点校：《朱子语类》卷一百三十八《杂类》，中华书局1986年版，第3287页。

② 〔元〕孔齐撰，庄敏、顾新点校：《至正直记》卷二《楮帛伪物》，上海古籍出版社1987年版，第71页。

③ 〔宋〕欧阳修撰、〔宋〕徐无党注：《新五代史》卷十二，中华书局1974年版，第125页。

④ 〔宋〕欧阳修著、洪本健校笺：《欧阳修诗文集校笺》，上海古籍出版社2009年版，“前言”第4页。

态度上与韩愈是一致的：

欧阳文忠公不喜释氏，士有谈佛书者，必正色视之。而公之幼子小字和尚，或问："公既不喜佛，排浮屠，而以和尚名子，何也？"公曰："所以贱之也，如今人家以牛驴名小儿耳。"问者大笑，且伏公之辨也。①

欧阳修要重建沉沦的儒家礼教，就要贬斥作为"异端"的佛道之流：

至于所谓搜狩、婚姻、丧祭、乡射之礼，此郡县有司之事也，在乎讲明而颁布之尔。然非行之以勤，浸之以渐，则不能入于人而成化。自古王者之政，必世而后仁。今之议者将曰：佛来千余岁，有力者尚无可奈何，何用此迂缓之说为？是则以一日之功不速就，而弃必世之功不为也，可不惜哉！昔孔子叹为俑者不仁，盖叹乎启其渐而至于用殉也。然则为佛者，不犹甚于作俑乎！②

排佛不但要反对佛教的义理，更要排斥其仪轨。谈及纸钱之使用，宋人有言曰："今儒家以为释氏法，于丧祭皆屏去。"③ 谈及历史上以纸钱祭祖的习俗，欧阳修几乎痛心疾首：

五代，干戈贼乱之世也，礼乐崩坏，三纲五常之道绝，而先王之制度文章扫地而尽于是矣！如寒食野祭而焚纸钱，天子而为闾阎鄙俚之事者多矣！④

宋代另一位史学家司马光也通过修史，表明了反对的态度：

① 〔宋〕王辟之撰、韩谷校点：《渑水燕谈录》卷十《谈谑》，上海古籍出版社2012年版，第72页。

② 〔宋〕欧阳修著、李逸安点校：《欧阳修全集》卷十七《本论下》，中华书局2001年版，第292页。

③ 〔宋〕叶寘撰、孔凡礼点校：《爱日斋丛抄》，中华书局2010年版，第112页。

④ 〔宋〕欧阳修撰、〔宋〕徐无党注：《新五代史》卷十七，中华书局1974年版，第188页。

时上颇好祀神鬼，故玙专习祠祭之礼以干时。上悦之，以为侍御史，领祠祭使。玙祈祷或焚纸钱，类巫觋。习礼者羞之。①

司马光在自己编写的日常礼用之书《司马氏书仪》中再次阐明了这个观点：

《诗》云：凡民有丧，匍匐救之，故古有含襚赗赙之礼。珠玉曰含，衣衾曰襚，车马曰赗，货财曰赙，皆所以矜恤丧家，助其敛葬也。今人皆送纸钱赠作。诸为物焚为灰烬，何益丧家？不若复赙襚之礼。②

用纸钱祭祀之所以被批判，和巫文化的衰落有关。巫觋是一个古老的行业，但到了宋代，巫觋的社会地位开始一落千丈：

在两宋政府和士绅的打击、抑制下，巫觋不仅在国家政治生活的残存影响消弭殆尽，而且其作为一个社会群体存在的合法性以及巫术活动的合法性也统统被否决。因此，他们不得不从公开转入地下活动，或者打着僧人、道士的幌子继续活动，虽然仍不缺少信仰者，但无疑日趋边缘化，再也无力维系与释、道分庭抗礼之势。③

所以，《旧唐书》和《资治通鉴》中的“类巫觋”一语，明显透露出史家的不屑，“习礼者羞之”更表明了文人士大夫对巫觋的态度。

维护礼教纲纪是文人士大夫的责任，理学家朱熹试图从理论上反对用纸钱祭祀：

先生每祭不烧纸，亦不曾用帛。先生家祭享不用纸钱。凡遇四仲时祭，隔日涤椅桌，严办。次日侵晨，已行事毕。问：“祭祀焚币如何？”曰：“祀天神则焚币，祀人鬼则瘗币。人家祭祀之礼要焚币，亦无稽考

① 〔宋〕司马光编著、〔元〕胡三省音注：《资治通鉴》卷二百一十四《唐纪三十》，中华书局1956年版，第6831页。

② 〔宋〕司马光：《司马氏书仪》卷五，商务印书馆1936年版，第55－56页。（其中标点为笔者所加）

③ 李小红：《巫觋与宋代社会》，浙江大学博士学位论文，2004年，第134页。

处。若是以寻常焚真衣之类为是，便不当只焚真衣，著事事做去焚，但无意义。只是焚黄，若本无官，方赠初品，及赠到改服色处，寻常人家做去焚，然亦无义耳。"①

更有一些官员认为应该由朝廷出面取缔这种不合礼俗的行为："徽庙朝，高峰廖用中奏乞禁焚纸钱，有云：尝怪世俗凿纸为钱，焚之以徼福于鬼神者，不知何所据依，非无荒唐不经之说，要皆下俚之所传耳。使鬼神而有知，谓之慢神欺鬼可也。"②

"夫礼缘人情而立制，因时事而为范，变古者未必是，循旧者不足多也。"③ 从理智上，欧阳修也曾认识到自己的悖谬之处："圣人之以人情而治礼也，顺适其性而为之节文尔。有所强焉不为也，有所拂焉不为也，况欲反而易之，其可得乎？"④ 事实上，一种礼俗一旦形成，而且遇到合适的土壤，就会生根发芽。人自身之思想和行为有时是一个矛盾体，欧阳修本人反对佛教，但又给自己起了个佛教徒的称号——"六一居士"。欧阳修曾经给其十四弟写信曰："今因寒食，遣人力去上坟，望与至少卿坟头一转。为地远，只附钱去，与买香、纸、酒等浇奠。"⑤ 同卷中，欧阳修写信给大寺丞发曰："山陵致祭纸钱赠作驼马等，此中可造。惟是祭前排立人物，此中做不得，须令王昌及早商量定，令人家依数做下，准备使用，不可误事也。"⑥ 思想上的矛盾必然带来行动上的抵牾：在人情与理智之间，欧阳修是矛盾的。

宋代以来，纸钱在民间的丧礼中也很普及：

---

① 〔宋〕黎靖德编、王星贤点校：《朱子语类》卷九十《祭》，中华书局 1986 年版，第 2315 页。

② 虞集：《就日录》，中华书局 1991 年版，第 3 页。(其中标点为笔者所加)

③ 武曌：《请父在为母终三年服表》，载《全唐文》卷九十七，山西教育出版社 2002 年版，第 602 页。

④ 〔宋〕欧阳修著、李逸安点校：《欧阳修全集》卷一百二十三《为后或问下》，中华书局 2001 年版，第 1873 页。

⑤ 〔宋〕欧阳修著、李逸安点校：《欧阳修全集》卷一百五十三《与十四弟七通》，中华书局 2001 年版，第 2527 页。

⑥ 〔宋〕欧阳修著、李逸安点校：《欧阳修全集》卷一百五十三《与大寺丞十一通》，中华书局 2001 年版，第 2532 页。

既卒，衡州之命乃至，遂归葬西京。道出荆南公安，县人皆设祭哭于路，折竹植地，挂纸钱，逾月视之，枯竹尽生笋。众因为立庙，岁时享之。无子，以从子随为嗣。①

民俗起自民间，浸润久远，统治者也会接受：

思陵神舆就祖道祭，陈设穷极工巧，百官奠哭。纸钱差小，官家不喜。谏官以为俗用纸钱乃释氏使人以过度其亲者，恐非圣主所宜以奉宾天也。今上抵于地曰："邵尧夫何如人，而祭先亦用纸钱，岂生人处世如汝，能日不用一钱否乎？"②

因为大量的纸钱被消费，纸钱的生产甚至成为一个新的行业："凡祷祠必用纸钱，加以画马，楮不足继以藁楷，负贩者肩摩而踵接焉。"③ 即使在京师，制作纸钱也成为一个行业："李用和字审礼，章懿皇太后弟也。少穷困，居京师凿纸钱为业。刘美求用和于民间，奏为三班奉职。累迁右侍禁、阁门祗候、权提点在京仓草场、考城县兵马都监。"④

纸钱在礼俗与人情之间摇摆，虽然一些有识之士对其不断责难，但是人情毕竟大于成规，所以有宋一代，纸钱作为明器终于被官方所接受：

又按《会要》：勋戚大臣薨卒，多命诏葬，遣中使监护，官给其费，以表一时之恩。凡凶仪皆有买道、方相、引魂车，香、盖、纸钱、鹅毛、

---

① 〔元〕脱脱等：《宋史》卷二百八十一《寇准传》，中华书局 1977 年版，第 9534 页。纸钱普及的另一个缘由，大约就是经济因素："今贵者官极品，富者财巨万，贫且贱者何敢以货财为礼？故晦翁高弟黄勉斋，惟从事香烛而已。"（〔宋〕俞文豹撰、张宗祥校订：《吹剑录全编》四录，古典文学出版社 1958 年版，第 123－124 页）

② 〔宋〕袁褧撰，袁颐续、尚成校点：《枫窗小牍》，上海古籍出版社 2012 年版，第 21 页。

③ 〔宋〕戴侗撰，党怀兴、刘斌点校：《六书故》卷二十一《植物一》，中华书局 2012 年版，第 489 页。

④ 〔元〕脱脱等：《宋史》卷四百六十四《外戚中》，中华书局 1977 年版，第 13565 页。

影舆，锦绣虚车，大舆，铭旌；仪楮，行幕，各一；挽歌十六。①

之后，纸钱普遍存在于皇家葬礼中，比如，明代万历帝定陵孝靖后棺内有成串的纸钱。所以，有学者认为："国家意识形态对民间信仰传统文化的认知存在一个过程，这一过程也是大小传统由互相对立到彼此调适后，在某一层面上相妥协，最终达成一致性的过程。"②

第六节　纸钱与货币的关系

纸钱源于货币，纸钱的发展基本上遵循着货币演变的轨迹，随货币形态的变化而变化：

纵观中国古代冥币的流变，可以看到，冥币形态的变化，主要取决于流通货币形态的变化，但也受到不同时代丧葬习俗和社会风气的影响。其演变的趋势是，实币型冥币逐渐为象征型冥币所替代；而象征型冥币中，仿真型冥币也是越来越偏离现实的流通货币，向厌胜的方向发展；替代型冥币的制作材料则反映了从贱金属到泥陶质再到纸质的演变过程。③

儒家视死如生的观念在丧葬文化中表现为厚葬。通过考古发掘，我们知道，最早的瘗钱就是殷商墓葬中的贝币。贝币作为一般等价物的货币，亦有作为装饰品的功用：

贝币在中国的演进，大概经过两个阶段：先是专用作装饰品，这应当是殷商以前的事；其次是用作货币，这大概是殷代到西周间的事。但

① 〔元〕脱脱等：《宋史》卷一百二十四《诸臣丧葬等仪》，中华书局1977年版，第2909－2910页。

② 郑萍：《村落视野中的大传统与小传统》，载《读书》2005年第7期，第17页。

③ 汤可可：《中国钱币文化》，天津人民出版社2004年版，第341页。

在它取得货币地位之后，仍可被用作装饰品，正同后代的金银一样。[①]

随着文明的演进，人们意识到人鬼殊途，陪葬的实物逐渐被模拟的明器代替，从理论上为其提供佐证的就是儒家。“孔子谓‘为明器者知丧道矣，备物而不可用也’。哀哉！死者而用生者之器也，不殆于用殉乎哉！‘其曰明器，神明之也。’涂车、刍灵，自古有之，明器之道也。”[②]孔子说过：“女为君子儒，无为小人儒。”[③] 所谓小人儒，就是民间襄赞红白喜事的读书人。可见，到了春秋时期，明器的使用，不但有民间的实践，更有儒家理论上的支持。无论是从节省支出的方面考虑，还是从慰藉亡魂的角度来看，纸钱无疑是最能让尘世之人接受的明器——烧一沓纸钱，那些生前贫困的人就能收获一笔不菲的财富，这对亲人是多大的安慰。

作为明器的冥币，是真币的仿制品，大量考古发现证明了这一点：

> 金银冥币是楚汉墓葬常见的品种，为显示其金属的特点，采用多种仿真的办法。楚墓金银冥币比较多，制作方法各有不同。仿金饼用铅制作，与金的比重接近。如果重量达不到要求，则注重外表处理，江陵峨山楚墓铅质金饼、淮阳平粮台16号楚墓铜质金饼都使用贴金工艺。望山1号楚墓泥饼，外包金银箔，包金者金饼，包银者银饼。长沙406号楚墓泥饼外包铅皮，仿照银饼的光泽。[④]

纸钱就是货币的仿制品。“今代送葬为凿纸钱”一句中就很清楚地交代了纸钱的制作方法：把纸张叠成厚厚一沓，然后用锐器从中凿空。这仿制的是外圆内方的铜钱。在人们的观念中，如果纸钱制作不精良，就会影响其流通使用：

---

① 彭信威：《中国货币史》，上海人民出版社2007年版，第10页。

②〔清〕孙希旦撰，沈啸寰、王星贤点校：《礼记集解》卷十《檀弓下》，中华书局1989年版，第264－265页。

③ 程树德撰，程俊英、蒋见元点校：《论语集释》卷十一《雍也上》，中华书局1990年版，第389页。

④ 陆锡兴：《元明以来纸钱的研究》，载《南方文物》2008年第1期，第84页。

唐王潜司徒，与武相元衡有分。武公仓卒遭罹，潜常于四时爇纸钱以奉之。王后镇荆南，有染户许琛，一旦暴卒，翌日却活。乃具榜子诣衙，云要见司徒。乃通入，于阶前问之。琛曰："初被使人追摄，至一衙府，未见王，且领至判官厅。见一官人凭几曰："此人错来，自是鹰坊许琛，不干汝事。"即发遣回，谓许琛曰："司徒安否？我即武相公也。大有门生故吏，鲜有念旧于身后者。唯司徒不忘，每岁常以纸钱见遗，深感恩德。然所赐纸钱多穿不得，司徒事多，检点不至，仰为我诣衙具导此意。"王公闻之，悲泣惭讶，而鹰坊许琛果亦物故。自此选好纸翦钱以奉之。此事与杨收相于郑愚尚书处借钱事同。[①]

就如上述故事所言，因为制作中的疏漏，纸钱中间没有凿空，最后竟然"穿不得"，这就影响了接受者的使用。江西德安周氏墓葬中发现的黄纸钱，形状类似铜钱，亦如今天的纸钱，让研究者感受到传统文化的生命力。故笔者断言：纸钱的形状随真币形态的变化而变化：

显德六年，世宗庆陵殡土，发引之日，百司设祭于道。翰林院楮泉大若盏口，余令雕印字文，文之黄曰泉台上宝，白曰冥游亚宝。[②]

纸钱之制作必须建立在相应的物质基础上。"则雕本肇自隋时，行于唐世，扩于五代，精于宋人。"[③] 考显德六年（959）周世宗去世，五代结束，有宋开启，这个时期的雕版印刷术已经初具规模，为纸钱的印刷提供了保障。恰恰在北宋初，最早的纸币——交子诞生了："交子的产生，纵使不是在五代，也必定是在宋初。"[④] 那么，此时纸钱的图像和外形必然会受到交子的影响。从周世宗去世所用的纸钱来看，当时的冥币已有印文"泉台上宝""冥游亚宝"，考其内容，就是明确界定纸钱的使用范围——这和宋代的交子与会子颇为相似，比如南宋时两淮用的交子"背

---

① 〔五代〕孙光宪撰、贾二强点校：《北梦琐言》卷十二《王潜司徒烧纸钱》，中华书局2002年版，第261页。

② 〔宋〕陶谷撰、孔一校点：《清异录》：上海古籍出版社2012年版，第115页。

③ 〔明〕胡应麟：《少室山房笔丛》，中华书局1958年版，第60页。

④ 彭信威：《中国货币史》，上海人民出版社2007年版，第315页。

面印有‘付淮南州军行使’字样，所以只通行于两淮州县”①。纸钱的计量单位也和真币的计量单位一样：

知微曰：“今欲酬君，君欲希我何物？”应者曰：“望君济我资镪数百千贯。”知微辞之，应者曰：“所求者非世间铜铁为者，乃楮货尔。”知微乃许之。应者曰：“烧时慎勿使著地，可以薪草荐藉之，向一处以火爇，不得搅剔其钱，则不破碎，一一可达也。”遂依教燔纸钱数百千贯。②

我们还应该看到，纸钱并没有完全代替随葬真币，一种情况是在葬礼中同时使用纸钱和真币：

近俗出殡，扛柩而行，令人前道，散掷纸钱，名曰“买路钱”，谓即高柴买道之遗意。又曰日本国，凡出殡，殡前设香亭一座，名谓孤台，令一人在前散铜钱而行，亦名“买路钱”，任贫乞者拾之。似俗又自日本流入中国矣。③

另一种情况是完全使用真币：

僧岩，北海人。寥廓无常，人不能测。与刘善明友。善明为青州，欲举为秀才，大惊，拂衣而去。后忽为沙门，栖迟山谷，常以一壶自随。一旦谓弟子曰：“吾今夕当死。壶中大钱一千，以通九泉之路，蜡烛一挺，以照七尺之尸。”至夜而亡。时人以为知命。④

笔者以为，在丧葬文化发展的历史长河中，纸钱的出现是思想史上的一次跃进，也是物质文明的一种进步。焚烧纸钱的习俗依然存在于当今的东亚汉文化圈中，纸币对真币的仿制也一直延续到今天。

---

① 夏立旺主编：《高邮出土铁钱》，中国金融出版社1995年版，第62页。

② 〔宋〕黄休复撰、李梦生校点：《茅亭客话》，上海古籍出版社2012年版，第147页。

③ 〔清〕汪汲编：《事物原会》，江苏广陵古籍刻印社1989年版，第55页。

④ 〔唐〕李延寿：《南史》卷七十六《赵僧岩传》，中华书局1975年版，第1888－1889页。

第四章　挽歌源流考论

从文体学的角度考察挽歌，有学者认为，“挽歌便是一种哀祭文体，它通常是用于为死者送葬之歌曲，大致是生者表达对于死者的怀念和哀悼之情”①；但若从起源的角度考察，“挽歌就是送葬歌”②。作为哀祭文体的挽歌，是丧歌演化流变的结果。

第一节　西汉——丧乐开始出现

关于挽歌的起源，一种说法是挽歌起源于春秋时期。哀公十一年（前484），齐国和吴国交战，《左传》记载曰：“公孙夏曰：‘二子必死。’将战，公孙夏命其徒歌《虞殡》。陈子行命其徒具含玉。”杜注曰：“《虞殡》即送葬之挽歌，唱之以示必死。”“具含玉，亦示必死。”③“陈子行命其徒具含玉”，含玉以示将帅有必死之志：“天子含实以珠；诸侯以玉；大夫以玑；士以贝；庶人以谷实。”④战争最需要砥砺士气，故公孙夏命其徒所歌之《虞殡》，必是鼓舞士气之歌，其歌词不外乎慷慨任气之语。我们可以类似的故事揭示其主题：

---

① 吴承学：《汉魏六朝挽歌考论》，载《文学评论》2002年第3期，第59页。

② ［日］一海知义撰、俞士玲译：《〈文选〉挽歌诗考》，载南京大学古典文献研究所编《古典文献研究》第14辑，凤凰出版社2011年版，第248页。

③ 杨伯峻编著：《春秋左传注》，中华书局1981年版，第1662页。

④ ［汉］刘向撰、向宗鲁校证：《说苑校证》卷十九《修文》，中华书局1987年版，第493页。

太子及宾客知其事者，皆白衣冠以送之。至易水之上，既祖，取道，高渐离击筑，荆轲和而歌，为变徵之声，士皆垂泪涕泣。又前而为歌曰："风萧萧兮易水寒，壮士一去兮不复还！"复为羽声忼慨，士皆瞋目，发尽上指冠。[①]

《礼记·郊特牲》云："素服，以送终也。"[②]《周礼·春官宗伯·司服》云："大札、大荒、大灾，素服。"[③] 故"皆白衣冠"与"具含玉"之意同，均暗含必死之意。根据"风萧萧兮易水寒，壮士一去兮不复还"可以推断，《虞殡》必是慷慨与激昂的励志之歌。将《虞殡》视为挽歌，最早源于杜预对《春秋》的笺注。首先，从《春秋》成书到杜预生活的西晋，已有七个世纪之久，尚未发现其间有其他材料认为《虞殡》为挽歌之始；其次，晋代是挽歌大盛的时代，杜预或以己度人，以为《虞殡》为挽歌之始；最后，挽歌哀叹生命易失，其曲调必然主悲，这与《虞殡》的慷慨激昂是不同的。

另有挽歌起源于战国之说，例证是《庄子》一书的佚句，这见于刘孝标为《世说新语》所作的笺注：

按《庄子》曰："绋讴所生，必于斥苦。"司马彪注曰："绋，引柩索也。斥，疏缓也。苦，用力也。引绋所以有讴歌者，为人有用力不齐，故促急之也。"[④]

司马彪是西晋宗室成员，他将"绋讴所生"解释为"引柩索"，难免过于武断：做任何苦力劳动时都可以引绳而歌，这种论证方式不免有断章取义之嫌。我们还可以看到，附会先秦史料为挽歌起源之证据的基本为晋代学者，因为挽歌大盛于晋代，为将如此"越礼"的行为纳入仪轨，

---

① 〔汉〕司马迁：《史记》卷八十六《刺客列传》，中华书局 2013 年版，第 3058 页。

② 〔清〕孙希旦撰，沈啸寰、王星贤点校：《礼记集解》卷二十五《郊特牲》，中华书局 1989 年版，第 696 页。

③〔清〕孙诒让撰，王文锦、陈玉霞点校：《周礼正义》卷四十，中华书局 1987 年版，第 1658 页。

④ 余嘉锡：《世说新语笺疏》，中华书局 1983 年版，第 759 页。

学者们不得不敷衍故事。

从礼学的角度分析，丧葬之礼乃先秦《周礼》《仪礼》《礼记》中的重要内容，如果先秦有挽歌，怎么不见关于它的只言片语？《荀子》一书中有专门的篇章讨论“礼论”，但其荦荦大端亦不曾提及挽歌。所以，挽歌起源于先秦之说是靠不住的。

另一种说法是三国时期的蜀汉学者谯周提出的，他以为挽歌起源于西汉田横的门客：

谯子曰：“周闻之：盖高帝召齐田横至于户乡亭，自刎奉首，从者挽至于宫，不敢哭而不胜哀，故为歌以寄哀音。彼则一时之为也。”①

关于田横之死，《史记》中有比较详细的记载。司马迁尤其喜好奇谈异闻，故《史记》中“作意好奇”处极多，倘田横自刎身死，其门客以挽歌送葬，为何不见于司马迁笔下？再退一步，如果司马迁忽略了此事，为何班固一仍其旧？四百年后的谯周又如何得知此事？之后，晋代的崔豹更为此说添枝加叶：

《薤露》、《蒿里》，并哀歌也，出田横门人。横自杀，门人伤之，为作悲歌，言人命薤上露易晞灭也，亦谓人死魂魄归于蒿里。故有二章，其一曰：“薤上朝露何易晞，露晞明朝更复落，人死一去何时归。”其二曰：“蒿里谁家地，聚敛精魄无贤愚，鬼伯一何相催促，人命不得少踟蹰。”至孝武时，李延年乃分二章为二曲，《薤露》送王公贵人，《蒿里》送士大夫庶人，使挽柩者歌之，世亦呼为挽歌。②

李延年是见于史籍的西汉著名音乐家：

李延年，中山人也。父母及身兄弟及女，皆故倡也。延年坐法腐，

① 余嘉锡：《世说新语笺疏》，中华书局1983年版，第759页。

② 〔晋〕崔豹撰、焦杰校点：《古今注》，辽宁教育出版社1998年版，第8页。（挽歌起源于田横的门客一说，另见于《新辑搜神记》卷二十三、《北堂书钞》卷九十二、《文选》卷二十八、《初学记》卷十四、《太平御览》卷五百五十二，其他类书、史书也多有记录，在此不一一罗列）

给事中。而平阳公主言延年女弟善舞，上见，心说之，及入永巷，而召贵延年。延年善歌，为变新声，而上方兴天地祠，欲造乐诗歌弦之。延年善承意，弦次初诗。其女弟亦幸，有子男。延年佩二千石印，号协声律。①

制礼作乐是历代王朝的大事，汉武帝时期更是如此：

孝武初立，卓然罢黜百家，表章《六经》。遂畴咨海内，举其俊茂，与之立功。兴太学，修郊祀，改正朔，定历数，协音律，作诗乐，建封禅，礼百神，绍周后，号令文章，焕焉可述。②

如果李延年为汉武帝改作挽歌，史籍没有理由不照实记录，然而在《史记》《汉书》中，我们找不到任何关于挽歌的记录。由此观之，挽歌起源于田横的门客一说，符合古史辨派所主张的“层累地造成的中国古史”观：

第一，可以说明“时代愈后，传说的古史期愈长”。第二，可以说明“时代愈后，传说中的中心人物愈放愈大”。……第三，我们在这上，即不能知道某一件事的真确的状况，但可以知道某一件事在传说中的最早的状况。③

无论是挽歌起源于田横之门客，还是李延年制作挽歌，都是后世的传说。西汉时期，民间开始大量出现丧乐：“今俗因人之丧以求酒肉，幸与小坐而责辨，歌舞俳优，连笑伎戏。”④ 演奏丧乐亦成为一种职业：“周勃，沛人。其先卷人也，徙沛。勃以织薄曲为生，常以吹箫给丧事，材

---

① ［汉］司马迁：《史记》卷一百二十五《佞幸列传》，中华书局 2013 年版，第 3853 页。

② ［汉］班固：《汉书》卷六《武帝纪》，中华书局 2005 年版，第 151 页。

③ 顾颉刚：《与钱玄同先生论古史书》，载顾颉刚《古史辨》第 1 册，台湾蓝灯文化事业公司 1992 年版，第 60 页。（引文有改动）

④ 王利器校注：《盐铁论校注（定本）》卷六《散不足》，中华书局 1992 年版，第 353－354 页。

官引强。”① 丧乐的产生为挽歌的出现奠定了基础。

要注意的是，“吹箫给丧事”的周勃是楚人。东周以来，楚国巫风大畅，民间素有祭祀鬼神的风俗，祭祀仪式上会演唱祭歌，屈原所作的《九歌》即为祭歌中的代表。汉代学者王逸云：

《九歌》者，屈原之所作也。昔楚国南郢之邑，沅、湘之间，其俗信鬼而好祠。其祠，必作歌乐鼓舞以乐诸神。屈原放逐，窜伏其域，怀忧苦毒，愁思沸郁。出见俗人祭祀之礼，歌舞之乐，其词鄙陋。因为作《九歌》之曲，上陈事神之敬，下见己之冤结，讬之以风谏。故其文意不同，章句杂错，而广异义焉。②

祭礼属于吉礼，有别于属于凶礼的丧葬之礼。祭礼上所演唱的祭歌，从内容上看，与挽歌迥然不同；从丧葬礼仪的角度看，丧葬仪式后的庙祭（虞祭），已属于吉礼。毫无疑问，早期的祭歌会影响挽歌的形成，显然，“吹箫给丧事”盛行于楚国故地，就可以为此提供一个例证。

第二节　东汉到魏晋——挽歌的产生与盛行

人死后化为魂和魄，此种观念源于商周并在汉代成型，“尽管儒家和道家对于魂和魄各自功能的看法有别，但其基本结构的相似性是毋庸置疑的。这个相似性充分证明了魂魄相异，即魂是‘精神的’灵魂，魄是‘肉体性’灵魂，在汉代已具普遍性”③。儒家以为魂和魄是可以分离的：“魂气归于天，形魄归于地。”④ 魄附于身体并随身体入地，魂则四处飘

① 〔汉〕班固：《汉书》卷四十《周勃传》，中华书局2005年版，第1586页。

② 〔宋〕洪兴祖撰，白化文、许德楠、李如鸾等点校：《楚辞补注》卷二《九歌》，中华书局1983年版，第55页。

③ 余英时：《东汉生死观·附录二》，台北联经出版事业股份有限公司2008年版，第176－177页。

④ 〔清〕孙希旦撰，沈啸寰、王星贤点校：《礼记集解》卷二十六《郊特牲》，中华书局1989年版，第714页。

荡，“骨肉归复于土，命也！若魂气则无不之也，无不之也”[①]。秦汉之后，又有“泰山治鬼”之说：

尝考泰山之故，仙论起于周末，鬼论起于汉末。《左氏》、《国语》未有封禅之文，是三代以上无仙论也。《史记》、《汉书》未有考鬼之说，是元、成以上无鬼论也……然则鬼论之兴，其在东京之世乎？[②]

将历史文献与考古发现相结合，当代学者认为：

汉人不仅相信泰山为鬼魂群聚之处，而且还把和泰山相连的高里山也看作是和幽冥有关的地方。《汉书·武帝纪》：“太初元年十二月，禅高里。”颜注引伏俨曰：“山名，在泰山下。”高里和泰山相连，所以在民间迷信中，它和泰山一样地被涂上了神秘的色彩。汉代人以为人死后到蒿里，蒿里即是从山名的高里演化来的。[③]

也就是说，直到汉代，蒿里才成为亡魂的归宿地，故所谓起源最早的《蒿里》就不可能早于汉代，这又为挽歌并非起源于汉代之前增添了一个例证。

西汉晚期，皇室的大丧及大臣的丧礼上开始有挽郎出现。西汉哀帝时，大臣孔光死后，其葬礼甚为隆重：

光年七十，元始五年薨。莽白太后，使九卿策赠以太师博山侯印绶，赐乘舆秘器，金钱杂帛。少府供张，谏大夫持节与谒者二人使护丧事，博士护行礼。太后亦遣中谒者持节视丧。公卿百官会吊送葬。载以乘舆辒辌及副各一乘，羽林孤儿诸生合四百人挽送。车万余辆，道路皆举音以过丧。[④]

---

① 〔清〕孙希旦撰，沈啸寰、王星贤点校：《礼记集解》卷十一《檀弓下》，中华书局1989年版，第294页。

② 〔清〕顾炎武著，黄汝成集释，栾保群、吕宗力校点：《日知录集释（全校本）》卷三十，上海古籍出版社2006年版，第1718－1719页。

③ 吴荣曾：《镇墓文中所见到的东汉道巫关系》，载《文物》1981年第3期，第59页。

④ 〔汉〕班固：《汉书》卷八十一《孔光传》，中华书局2005年版，第2505页。

由上述材料可知，按照当时的礼制，羽林孤儿类似于仪仗队；由“道路皆举音以过丧”可知，丧礼用乐已被纳为朝廷礼制。挽歌被朝廷采纳并成为礼制，是在东汉明帝刘庄母亲阴太后的葬礼上：

永平七年，阴太后崩，晏驾诏曰：“柩将发于殿，群臣百官陪位，黄门鼓吹三通，鸣钟鼓，天子举哀。女侍史官三百人皆著素，参以白素，引棺挽歌，下殿就车，黄门宦者引以出宫省。太后魂车，鸾路，青羽盖，驷马，龙旗九旒，前有方相，凤皇车，大将军妻参乘，太仆妻御悉道。公卿百官如天子郊卤簿仪。”后和熹邓后葬，案以为仪，自此皆降损于前事也。①

要注意的是，“后和熹邓后葬，案以为仪，自此皆降损于前事也”，也就是说，在阴太后之丧礼上，挽歌正式成为礼制。在皇室贵族的丧礼上，挽歌的演唱者基本由贵族子弟担任：“有司又奏依旧选公卿以下六品子弟六十人为挽郎。”② 成为一名挽郎显然是荣耀之事：“任育长年少时，甚有令名。武帝崩，选百二十挽郎，一时之秀彦，育长亦在其中。王安丰选女婿，从挽郎搜其胜者，且择取四人，任犹在其中。”③

挽歌本来是主悲的丧歌，但在东汉末期，达官显贵将演唱挽歌视为一项娱乐活动，后来的史学家将其收入“五行志”，以为是不祥之兆：

《风俗通》曰：“时京师宾婚嘉会，皆作《魁櫑》，酒酣之后，续以挽歌。”《魁櫑》，丧家之乐。挽歌，执绋相偶和之者。天戒若曰：国家当急殄悴，诸贵乐皆死亡也。自灵帝崩后，京师坏灭，户有兼尸，虫而相食，《魁櫑》、挽歌，斯之效乎？④

六年三月上巳日，商大会宾客，宴于洛水，举时称疾不往。商与亲昵酣饮极欢，及酒阑倡罢，继以《薤露》之歌，坐中闻者，皆为掩涕。

① 〔南朝·宋〕范晔撰、〔唐〕李贤等注：《后汉书》志六《礼仪下》，中华书局1965年版，第3151页。

② 〔南朝·梁〕沈约：《宋书》卷十五《礼二》，中华书局1974年版，第406页。

③ 余嘉锡：《世说新语笺疏》，中华书局1983年版，第912页。

④ 〔南朝·宋〕范晔撰、〔唐〕李贤等注：《后汉书》志十三《五行一》，中华书局1965年版，第3273页。

太仆张种时亦在焉，会还，以事告举。举叹曰："此所谓哀乐失时，非其所也。殃将及乎！"商至秋果薨。[①]

挽歌登上大雅之堂与汉魏晋的社会思潮有很大的关系：首先，东汉后期，统治阶级越来越腐败，清议盛行，甚至"饰伪以邀誉，钓奇以惊俗"[②]；其次，魏晋以来，玄学兴起，人们更以"齐生死"的态度去对待死亡，所以不忌惮在宾婚嘉会上演唱挽歌。

魏晋时期，政治黑暗，动辄招来杀身之祸，士人难有保全，因此，谈玄说异成为一种潮流。在意识形态上，儒家的礼制被颠覆了，为显示特立独行，唱挽歌成为风雅之举：

海西公时，庾晞四五年中喜为挽歌，自摇大铃为唱，使左右齐和。又宴会辄令倡妓作新安人歌舞离别之辞，其声悲切。时人怪之，后亦果败。[③]

张湛好于斋前种松柏。时袁山松出游，每好令左右作挽歌。时人谓"张屋下陈尸，袁道上行殡"。[④]

张驎酒后挽歌甚凄苦，桓车骑曰："卿非田横门人，何乃顿尔至致？"[⑤]

在魏晋时期，流风余韵所及，很多达官显贵都喜欢演唱挽歌：

晋恭思皇后葬，应须百官，皆取义熙元年除身。以延之兼侍中，邑吏送札，延之醉，投札于地曰："颜延之未能事生，焉能事死。"文帝尝

① 〔南朝·宋〕范晔撰、〔唐〕李贤等注：《后汉书》卷六十一《周举传》，中华书局1965年版，第2028页。

② 〔宋〕司马光编著、〔元〕胡三省音注：《资治通鉴》卷五十一《汉纪四十三》，中华书局1956年版，第1650页。

③ 〔唐〕房玄龄等：《晋书》卷二十八《五行志中》，中华书局1974年版，第836页。

④ 余嘉锡：《世说新语笺疏》，中华书局1983年版，第758页。

⑤ 余嘉锡：《世说新语笺疏》，中华书局1983年版，第759页。

召延之，传诏频不见，常日但酒店裸袒挽歌，了不应对，他日醉醒乃见。①

元嘉九年冬，彭城太妃薨，将葬，祖夕，僚故并集东府。晔弟广渊，时为司徒祭酒，其日在直。晔与司徒左西属王深宿广渊许，夜中酣饮，开北牖听挽歌为乐。义康大怒，左迁晔宣城太守。②

或单骑出游，逢人婚姻葬送，辄就挽歌，与小儿同聚饮酒为乐。③

居白杨石井宅，朝中交好者载酒从之，客恒满坐。时左丞庾仲容亦免归，二人意相得，并肆情诞纵，或乘露车历游郊野，醉则执铎挽歌，不屑物议。④

平秦王诉之于文宣，系于京畿狱。文略弹琵琶，吹横笛，谣咏，倦极便卧唱挽歌。⑤

西晋时期，虽然舆论认为丧礼与挽歌相悖，但囿于习俗的力量，统治者做出了妥协：

汉魏故事，大丧及大臣之丧，执绋者挽歌。新礼以为挽歌出于汉武帝役人之劳歌，声哀切，遂以为送终之礼。虽音曲摧怆，非经典所制，违礼设衔枚之义。方在号慕，不宜以歌为名，除不挽歌。挚虞以为："挽歌因倡和而为摧怆之声，衔枚所以全哀，此亦以感众。虽非经典所载，是历代故事。《诗》称'君子作歌，惟以告哀'，以歌为名，亦无所嫌。

① 〔唐〕李延寿：《南史》卷三十四《颜延之传》，中华书局 1975 年版，第 879 页。

② 〔南朝·梁〕沈约：《宋书》卷六十九《范晔传》，中华书局 1974 年版，第 1819－1820 页。

③ 〔唐〕许嵩撰、张忱石点校：《建康实录》卷十四，中华书局 1986 年版，第 519 页。

④ 〔唐〕李延寿：《南史》卷十九《谢几卿传》，中华书局 1975 年版，第 545 页。

⑤ 〔唐〕李百药：《北齐书》卷四十八《尔朱文畅传》，中华书局 1972 年版，第 667 页。

宜定新礼如旧。”诏从之。①

魏晋时期，人性得以解放，其代表人物如嵇康、阮籍之流，“每非汤、武而薄周、孔”②，“越名教而任自然”③。用阮籍的话来说，就是“礼岂为我辈设也?”④ 嵇康更认为：

今若以（□）〔明〕堂为丙舍，以诵讽为鬼语，以《六经》为芜秽，以仁义为（臰）〔臭〕腐，睹文籍则目瞧，修揖让则变伛，袭章服则转筋，谭礼典则齿龋。于是兼而弃之，与万物为更始，则吾子虽好学不倦，犹将阙焉。则向之不学，未必为长夜，《六经》未必为太阳也。⑤

尤其需要注意的是，在传统礼制被颠覆的同时，乐文化也出现了新提法，那就是“声无哀乐”论的提出：

夫天地合德，万物贵生；寒暑代往，五行以成。（故）章为五色，发为五音。音声之作，其犹臭味在于天地之间。其善与不善，虽遭遇浊乱，其体自若，而不变也。岂以爱憎易操，哀乐改度哉？……因兹而言，玉帛非礼敬之实，歌（舞）〔哭〕非（悲哀）〔哀乐〕之主也。何以明之？夫殊方异俗，歌哭不同；使错而用之，或闻哭而欢，或听歌而（感）〔戚〕，然而哀乐之情均也。⑥

既然声无哀乐，那么在宾婚嘉会上演唱挽歌也就不算违礼了——在

① 〔唐〕房玄龄等：《晋书》卷二十《礼志中》，中华书局1974年版，第626－627页。

② 〔三国·魏〕嵇康著、戴明扬校注：《嵇康集校注》，中华书局2014年版，第198页。

③ 〔三国·魏〕嵇康著、戴明扬校注：《嵇康集校注》，中华书局2014年版，第402页。

④ 余嘉锡：《世说新语笺疏》，中华书局1983年版，第731页。

⑤ 〔三国·魏〕嵇康著、戴明扬校注：《嵇康集校注》，中华书局2014年版，第448页。

⑥ 〔三国·魏〕嵇康著、戴明扬校注：《嵇康集校注》，中华书局2014年版，第346页。

传统儒家看来，魏晋真是一个礼崩乐坏的时期，也是一个挽歌大行其道的时期。

第三节 由兴盛到消歇——皇权制度下的挽歌

隋唐统治者有开阔的心胸与宽容的气魄，在文化上承袭魏晋南北朝之遗风，依然将挽歌列入朝廷的丧葬礼仪中：

三品已上四引，四披，六铎，六翣；挽歌六行三十六人；有挽歌者，铎依歌人数，已下准此。五品已上二引，二披，四铎，四翣，挽歌四行十有六人。九品已上二铎，二翣。其执引、披者皆布帻、布深衣；挽歌者白练帻、白褠衣，皆执铎、披。①

遇到帝王的大丧，当朝文士还要撰写挽歌诗，以供朝廷选用。“文宣帝崩，当朝文士各作挽歌十首，择其善者而用之。魏收、阳休之、祖孝徵等不过得一二首，唯思道独得八首。”② 浸染久远，挽歌就成为葬礼等级的一种标志：

武德六年二月十二日，平阳公主葬，诏加前后鼓吹。太常奏议：“以礼，妇人无鼓吹。”高祖谓曰：“鼓吹，是军乐也。往者，公主于司竹举兵以应义军，既常为将，执金鼓，有克定功。是以周之文母，列于十乱。公主功参佐命，非常妇人之匹也，何得无鼓吹？宜特加之，以旌殊绩。”至景龙三年十二月，皇后上言：“自妃、主及五品以上母、妻，并不因夫、子封者，请自今婚葬之日，特给鼓吹。宫官准此。”③

---

① 〔唐〕李林甫等撰、陈仲夫点校：《唐六典》卷十八，中华书局1992年版，第508页。

② 〔唐〕魏徵、令狐德棻：《隋书》卷五十七《卢思道列传》，中华书局1973年版，第1397页。

③ 〔宋〕王溥撰、牛继清校证：《唐会要校证》卷三十八，三秦出版社2012年版，第594页。

挽歌不单单兴盛于朝廷，在民间亦成为习俗："丁会字道隐，寿州寿春人也。少工挽丧之歌，尤能凄怆其声以自喜。后去为盗，与梁太祖俱从黄巢。"① 但是，民间的挽郎地位卑贱，在唐传奇《李娃传》中，因为儿子流落民间做了挽郎，太守大怒："以马鞭鞭之数百。生不胜其苦而毙，父弃之而去。"②

到了宋代，遇到皇家丧礼，大臣依然要献上挽歌，"改卜陵寝，宣祖合用哀册及文班官各撰歌辞二首"③，并对大丧及大臣之丧礼所使用的挽歌做了更细致的规定：

诸引、披、铎、翣、挽歌：三品已上四引、四披、六铎、六翣、挽歌六行三十六人；四品二引、二披、四铎、四翣，挽歌者四行十六人；五品、六品挽歌八人；七品、八品挽歌六人；六品、九品挽歌四人。其持引、披者，皆布帻、布深衣；挽歌，白练帻、白练褠衣，皆执铎、红十字绋，并鞋袜。④

按照《宋会要辑稿》的记录，宋代的大丧基本按照礼制执行，但挽郎人数的多寡依据不同情况略有调整。如徽宗建中靖国元年（1101）正月十三日夜，钦圣宪肃皇后崩于慈德殿。二月十三日，太常寺言："大行皇太后山陵一行法物，欲依元丰二年慈圣光献皇后山陵故事。大升舆（舆士一百五十人）、辒车（挽士二十人）……挽歌三十人。"⑤

蒙元之丧葬习俗迥异于汉族，"北俗丧礼极简，无衰麻哭踊之节，葬

---

① 〔宋〕欧阳修撰、〔宋〕徐无党注：《新五代史》卷四十四《丁会传》，中华书局 1974 年版，第 481 页。

② 〔宋〕李昉等：《太平广记》卷四百八十四《李娃传》，中华书局 1961 年版，第 3989 页。（其中标点为笔者所加）

③ 〔元〕脱脱等：《宋史》卷一百二十二《山陵》，中华书局 1977 年版，第 2848 页。

④ 〔元〕脱脱等：《宋史》卷一百二十四《诸臣丧葬等仪》，中华书局 1977 年版，第 2909 页。

⑤ 刘琳、刁忠民、舒大刚等校点：《宋会要辑稿》，上海古籍出版社 2014 年版，第 1490 页。

则刳木为棺，不封不树”①。蒙古贵族采取“不封不树”的密葬方式，与挽歌不相宜，故蒙元统治者的丧葬礼仪中没有挽歌。到了明代，挽歌已经发生了转变：一方面，在明代的正史及稗史中，鲜少见到对丧礼中挽歌的描述；另一方面，遇父母丧，士大夫花重金求挽歌诗为册，依然成为一种风气：

今仕者有父母之丧，辄遍求挽诗为册，士大夫亦勉强以副其意，举世同然也。盖卿大夫之丧，有当为神道碑者，有当为墓表者，如内阁大臣三人，一人请为神道，一人请为葬志，余一人恐其以为遗己也，则以挽诗序为请。皆有重币入贽，且以为后会张本。既有诗序，则不能无诗。于是而遍求诗章以成之。亦有仕未通显，持此归示其乡人，以为平昔见重于名人。而人之爱敬其亲如此，以为不如是，则于其亲之丧有缺然矣。于是人人务为此举，而不知其非所当急。甚至江南铜臭之家，与朝绅素不相识，亦必夤缘所交，投贽求挽。受其贽者，不问其人贤否，漫尔应之。铜臭者得此，不但裒册而已，或刻石墓亭，或刻板家塾。有利其贽而厌其求者，为活套诗若干首以备应付。及其印行，则彼此一律，此其最可笑者也。②

在所留存的明代史料中，亦有两条关于挽歌的记载，不少论者以之为证据：

灵车动，从者如常。灵车后方相车、次志石车、次冥器舆、次下帐舆、次米舆、次酒脯舆、次食舆、次铭旌、次纛、次铎、次挽歌、次柩车。③

① 〔元〕黄溍：《金华黄先生文集》卷二十八《答禄乃蛮氏先茔碑》，四库全书本，第15页。（其中标点为笔者所加）

② 〔明〕陆容撰、李健莉校点：《菽园杂记》卷十五，上海古籍出版社2012年版，第126页。对这种陋俗，明代学者如程敏政、章懋、湛若水、丘濬等多有批判，参看徐乾学《读礼通考》（上海古籍出版社2003年版）卷六十五“挽歌”条。

③ 〔明〕申时行等修：《明会典》（万历朝重修本）卷九十九，中华书局1989年版，第554页。

铎者，以铜为之，所以节挽歌者。[①]

虽然《明会典》《明史》从制度上对挽歌的使用做出了规定，但同时代的史料中极少有关于挽歌的记载；清代满族统治者继承了汉文化，但没有沿袭在丧礼中使用挽歌的习俗。可见，明清两代是挽歌消歇的时期。

第四节　民间挽歌——由丧乐到丧戏

《吕氏春秋》曰："昔葛天氏之乐，三人操牛尾投足以歌八阕。"[②] 远古时期，诗、乐、舞本为一体。前已述及，丧乐产生的时间不会晚于挽歌出现的时间。汉代《风俗通义》曰："灵帝时，京师宾婚嘉会，皆作魁櫑，酒酣之后，续以挽歌。魁櫑，丧家之乐。"[③] 也就是说，在东汉的送殡仪式上，丧乐和挽歌并举。

孝昌元年，太后还总万机，追赠怿太子太师、大将军、都督中外诸军事、假黄钺、给九旒、鸾辂、黄屋左纛、辒辌车、前后部羽葆鼓吹、虎贲班剑百人、挽歌二部，葬礼依晋安平王孚故事，谥曰文献。[④]

晋代礼部在制礼作乐的时候，大臣挚虞以为：挽歌与哭泣之声相通，虽然并不是古礼，但依然可以保留；奏丧乐则与儒家的主张相悖，故只得剔除。

汉魏故事，将葬，设吉凶卤簿，皆以鼓吹。新礼以礼无吉驾导从之文，臣子不宜释其衰麻以服玄黄，除吉驾卤簿。又，凶事无乐，遏密八

---

① 〔清〕张廷玉等：《明史》卷六十《礼十四》，中华书局1974年版，第1485页。

② 许维遹：《吕氏春秋集释》卷五，中华书局2009年版，第118页。

③ 〔汉〕应劭撰、王利器校注：《风俗通义校注》，中华书局1981年版，第568页。

④ 〔北魏〕杨衒之著、杨勇校笺：《洛阳伽蓝记校笺》卷四，中华书局2006年版，第163页。

音，除凶服之鼓吹。①

作为文化小传统的民俗，并不完全受制于儒家礼制，往往更能体现人性的一面，所以也有“礼不下庶人”一说：

郑氏曰：为其遽于事，且不能备物。孔氏曰：张逸云：“庶人非是都不行礼，但以其遽务不能备之，故不著于经文三百，威仪三千耳。其有事，则假士礼行之。”②

礼不下庶人，非谓庶人不当行，势有所不可也。且如娶妇三月，然后庙见，及见舅姑。此礼必是诸侯大夫家才可行。若民庶之家，大率为养而娶。况室庐不广，家人父子朝暮近在目前，安能待三月哉！又如内外不共井，不共湢浴。不共湢浴，犹为可行，若凿井一事，在北方最为不易。今山东北畿大家，亦不能家自凿井，民家甚至令妇女沿河担水。山西少河渠，有力之家以小车载井绠，出数里汲井。无力者，以器积雨雪水为食耳，亦何常得赢余水以浴。此类推之，意者，古人大抵言其礼当如此，未必一一能行之也。③

所以丧礼用乐，不独民间如此，就连士大夫也不能禁止：

性好音乐，自弟万丧，十年不听音乐。及登台辅，期丧不废乐。王坦之书喻之，不从，衣冠效之，遂以成俗。④

汉代以来，民间都有凶肆这样的机构为民众提供丧葬服务。如北魏的开封，“市北慈孝、奉终二里。里内之人，以卖棺椁为业，赁輀车为

① 〔唐〕房玄龄等：《晋书》卷二十《礼志中》，中华书局1974年版，第626页。

② 〔清〕孙希旦撰，沈啸寰、王星贤点校：《礼记集解》卷四《曲礼上》，中华书局1989年版，第81页。

③ 〔明〕陆容撰、李健莉校点：《菽园杂记》卷二，上海古籍出版社2012年版，第14页。

④ 〔唐〕房玄龄等：《晋书》卷七十九《谢安列传》，中华书局1974年版，第2075页。

事”。注曰：“有挽歌孙岩，娶妻三年，不脱衣而卧。”① 唐代的白行简在《李娃传》中写道：“生怨懑，绝食三日，遘疾甚笃，旬余愈甚。邸主惧其不起，徙之于凶肆之中。”②

凶肆之间必然会有竞争，故须不断改进业务，这是市场竞争的必然结果。从唐代开始，戏曲开始萌芽：“至唐而所谓歌舞戏者，始多概见。有本于前代者，有出新撰者。”③ 戏曲婉约多姿、生动活泼，必然会吸引更多的观众。

大历中，太原节度辛云京葬日，诸道节度使使人修祭，范阳祭盘最为高大。刻木为尉迟鄂公与突厥斗将之戏，机关动作，不异于生。祭讫，灵车欲过。使者请曰：“对数未尽。”又停车设项羽与汉高祖会鸿门之象，良久乃毕。④

蒙元贵族采用密葬的方式，丧礼上无挽歌，亦不奏乐，但元代汉族百姓依旧保留着传统的乐丧习俗：

晋宁路总管府契勘本路：一父母兄长初亡，殡葬之际，彩结丧车，翠排坛面，鼓乐前导，号泣后随，无问亲疏，皆验赙礼多寡，支破布帛，少不如意，临丧争竞。⑤

从恪守古礼之士大夫的反对声中可知，丧葬用乐在元朝已成流俗。“丧礼之废久矣，今流俗之弊有二，而废礼尤甚。其一，铺张祭仪，务为观美，甚者破家荡产。以侈声乐器玩之盛，视其亲之棺椁衣衾，反若余

① 〔北魏〕杨衒之著、杨勇校笺：《洛阳伽蓝记校笺》卷四，中华书局2006年版，第177页。

② 〔宋〕李昉等：《太平广记》卷四百八十四《李娃传》，中华书局1961年版，第3987页。（其中标点为笔者所加）

③ 王国维撰、马美信疏证：《宋元戏曲史疏证》，复旦大学出版社2004年版，第5页。

④ 〔唐〕封演撰、赵贞信校注：《封氏闻见记校注》卷六《纸钱》，中华书局2005年版，第61页。

⑤ 《大德典章遗文》，载黄时鉴辑点《元代法律资料辑存》，浙江古籍出版社1988年版，第50页。

事也。其二，广集浮屠，大作佛事，甚者经旬逾月，以极斋羞布施之盛，顾其身之衰麻哭踊，反若虚文也。”① 随着戏曲表演艺术的成熟，明清葬礼上的丧乐演变为戏曲：

近年京城军民之家丧事甚违礼制，初丧扮戏唱词，名为伴丧及出殡，剪制纱绢、人物、幡幢之类排列塞途，兼用鼓乐、戏舞导送，及墓陈设荤酒饮啖至醉，又有扬幡设坛，修斋追荐，糜费钱物，不可胜记，宜并禁革。②

京师丧家出葬，浮费最多。一丧车或至百人舁之。铭旌有高五丈者，缠之以帛，费百余匹。其余香亭幡盖仪从之属，往往越分。又纸糊方相，长亦数丈，纸房累数十间。集送者张筵待之，优童歌舞于丧者之侧，跳竿走马，陈百戏于途，尤属悖礼。③

明代世情小说《金瓶梅词话》中就有关于乐丧这种民俗的记载：如李瓶儿死后大殓，“晚夕，亲朋伙计来伴宿，叫了一起海盐子弟搬演戏文”，“下边戏子打动锣鼓，搬演的是‘韦皋、玉箫女两世姻缘’《玉环记》。……不一时吊场，生扮韦皋，唱了一回下去；贴旦扮玉箫，又唱了一回下去”。④ 西门庆吩咐：“拣省热闹处唱罢。”⑤ 曹雪芹的《红楼梦》是清代的风俗画卷，在秦可卿之死章回中写道：“只听一棒锣鸣，诸乐齐奏，早有人端过一张大圈椅来，放在灵前，凤姐坐了，放声大哭。”⑥ 对此类“越礼”行为，儒学之士依然猛烈抨击：

---

① 〔元〕谢应芳：《辨惑编》卷二，中华书局 1985 年版，第 23 页。（其中标点为笔者所加）

② 李国祥、杨昶主编：《明实录类纂·经济史料卷》，武汉出版社 1993 年版，第 1104 页。

③ 〔清〕于敏中等编纂：《日下旧闻考》卷一百四十六，北京古籍出版社 1985 年版，第 2337－2338 页。

④ 兰陵笑笑生著、戴鸿森校点：《金瓶梅词话》，人民文学出版社 1985 年版，第 872 页。

⑤ 兰陵笑笑生著、戴鸿森校点：《金瓶梅词话》，人民文学出版社 1985 年版，第 874 页。

⑥ 〔清〕曹雪芹、高鹗：《红楼梦》，人民文学出版社 1982 年版，第 190 页。

鼓吹，古之军容。汉、唐之世，非功臣之丧不给，给或不当，史必讥之。近来豪富子弟，悉使奴仆习其声韵，每出入则笳鼓喧天，虽田舍翁有事，亦往往倩人吹击，何其僭也。①

军中鼓吹，在隋唐以前，即大臣非恩赐不敢用。旧时吾乡凡有婚丧，自宗勋缙绅外，人家虽富厚，无有用鼓吹与教坊大乐者，所用惟市间鼓手与教坊细乐而已。近日则不论贵贱，一概溷用，浸淫之久，体统荡然。恐亦不可不加裁抑，以止流兢也。②

对恪守古礼的人，文人予以歌颂："后与胡端敏嗣君纯交，悉其行事谨身节用，敦笃姻族，训戒家人，修治坟墓，皆若父训。追举父丧，一遵《家礼》。所列惟方相、香亭、神亭、旌亭、包筲、银瓶、把花、雪柳而已。鼓乐陈而不作，尽削杭城繁缛之习。"③

与民间丧葬相关的职业素来被视为贱业，西汉的周勃、唐代的荥阳公子郑生，他们的职业无一不被人轻视，这种观念一直到明清依然如此：

民间吉凶事，率夫妇服役，鼓吹歌唱，以至舁轿、篦头、修足，一切下贱之事，皆丐户为之。④

然性纡缓，多为人所愚，任湖南学政归，以宦囊开凶肆，以其利薄，人争笑之，而先生不顾也。⑤

只有生活没有着落或身残之破落户，才会经营凶肆，反之，比如上引材料中的官员褚筠心，以官宦之身开办凶肆，就会受到他人的耻笑，而成为皇家大丧的挽郎却令人艳羡不已。因为筛选挽郎不公，唐代诗人

① 〔明〕王锜撰、张德信点校：《寓圃杂记》卷五，中华书局 1984 年版，第 41 页。

② 〔明〕顾起元：《客座赘语》卷九，中华书局 1987 年版，第 290 页。

③ 〔明〕张瀚撰、盛冬铃点校：《松窗梦语》卷七，中华书局 1985 年版，第 141 页。

④ 〔明〕叶权撰、凌毅点校：《贤博编》，中华书局 1987 年版，第 32 页。

⑤ 〔清〕昭梿撰、何英芳点校：《啸亭续录》卷二，中华书局 1980 年版，第 408 页。

贺知章甚至因此被贬官：

俄属惠文太子薨，有诏礼部选挽郎，知章取舍非允，为门荫子弟喧诉盈庭。知章于是以梯登墙，首出决事，时人咸嗤之，由是改授工部侍郎，兼秘书监同正员，依旧充集贤院学士。①

对于丧礼用乐，除了道德上的谴责，明清均明确规定了处罚措施："凡闻父母及夫之丧，匿不举哀者，杖六十，徒一年。若丧制未终，释服从吉，忘哀作乐及参预筵宴者，杖八十。"② 至于朝廷，则有诏书要求严格处理此类事件：

今各处愚民有遭父母、兄长之丧，殓葬之期，宰牲延款吊祭姻朋，甚至歌唱以恣欢，乘丧以嫁娶者，伤风败俗，莫此之甚。乞敕该部严禁约之。上命该部议行。③

乾隆十年（1745），陕西巡抚陈宏谋上《巡历乡村兴除事宜檄》云：

丧中宴饮，已属非礼；而陕省更有丧中演戏之事，或亲友送戏，或本家自演，名为敬死，其实忘亲，哀戚之时，恒舞酣歌，男女聚观，悖理伤化，莫此为甚。从前屡经禁止，至今恶习未除，风化攸系，未便因循。嗣后应先从绅士为始，凡有丧事，禁止演戏，违者无论乡保地邻，许其首告。并令教官严切训诫，不时稽查，倘有违犯，即为详究。然后及于齐民，一体禁止。④

清代朝廷也屡发诏书，要求对丧中用乐的行为做出处罚：

---

① 〔后晋〕刘昫等：《旧唐书》卷一百九十中《贺知章传》，中华书局 1975 年版，第 5034 页。

② 怀效锋点校：《大明律》卷十二《若父母夫丧》，法律出版社 1999 年版，第 95－96 页。

③ 李国祥、杨昶主编：《明实录类纂·经济史料卷》，武汉出版社 1993 年版，第 1100 页。

④ 中国戏曲志编辑委员会、《中国戏曲志·陕西卷》编辑委员会：《中国戏曲志·陕西卷》，中国 ISBN 中心 1995 年版，第 814 页。

十三年，诏曰："朕闻外省百姓丧葬侈靡，甚至招集亲邻，开筵剧饮，名曰闹丧，且于丧所殡时杂陈百戏。匪唯背理，抑亦忍情。"敕督抚严禁陋习，违者治罪。①

从周代直到晚清，统治者三令五申，希冀通过道德倡导和法律制裁来恢复儒家的丧葬礼制，然而丧乐和丧戏在民间禁而不止，除了人性与制度之间的内在矛盾，还与皇权社会对民间控制的松弛有关，王朝的法律更多地用于约束文人士大夫，对民间礼俗往往会网开一面：

守丧之制虽在唐以后的历代法律中加以规定，甚至入于"十恶"大罪，但从实际司法效果来看，其主要的禁约对象仍然是贵族官僚，极少见有惩治平民百姓之不遵守丧法律者。因为守丧之制虽属礼教精粹，但毕竟不是封建专制统治的直接利益所在，而且民间习俗之演变，也非法律力量所能禁止得住的。②

第五节　挽歌——习俗与礼制的冲突

借助声音这个媒介，音乐可以表达人的悲欢离合之情。对于音乐，儒家过于强调其欢乐的一面。"夫乐者，乐也，人情之所必不免也。""且乐者，先王之所以饰喜也；军旅𫓧钺者，先王之所以饰怒也。"③ 儒家认为，死亡是莫大的悲哀，丧礼主悲，故丧礼就应禁乐，"二十有八载，帝乃殂落。百姓如丧考妣，三载，四海遏密八音"④。"丧礼不歌"被儒家礼制化，先秦的经典认为，"子于是日哭，则不歌"⑤。"临丧不笑，揖人

① 赵尔巽等：《清史稿》卷九十三，中华书局1976年版，第2725页。

② 丁凌华：《中国古代守丧之制述论》，载《史林》1990年第1期，第5页。

③〔清〕王先谦撰，沈啸寰、王星贤点校：《荀子集解》卷十四《乐论》，中华书局1988年版，第379、380页。

④ 周秉钧注译：《尚书》，岳麓书社2001年版，第10页。

⑤ 程树德撰，程俊英、蒋见元点校：《论语集释》卷十三《述而上》，中华书局1990年版，第449页。

必违其位。望柩不歌，入临不翔。当食不叹。邻有丧，舂不相；里有殡，不巷歌。适墓不歌，哭日不歌。"①

在丧礼上用乐，有悖于儒家礼制，为历代统治者所不容。汉景帝之孙刘勃，父丧期间奏乐击筑，因此被贬谪到房陵：

汉使者视宪王丧，棁自言宪王病时，王后、太子不侍，及薨，六日出舍，太子勃私奸、饮酒、博戏、击筑，与女子载驰，环城过市，入狱视囚……有司请废勿王，徙王勃以家属处房陵，上许之。②

公元前74年，昌邑王刘贺被立为皇帝，在位二十七天后被赶下皇位，其罪状之一就是在先王丧期内奏乐：

大行在前殿，发乐府乐器，引内昌邑乐人，击鼓歌吹作俳倡。会下还，上前殿，击钟磬，召内泰壹宗庙乐人辇道牟首，鼓吹歌舞，悉奏众乐。③

以礼入法的晋代，则延长了丧中禁乐的时间：

庐江太守梁龛明日当除妇服，今日请客奏伎，丞相长史周颛等三十余人同会，隗奏曰："夫嫡妻长子皆杖居庐，故周景王有三年之丧，既除而宴，《春秋》犹讥，况龛匹夫，暮宴朝祥，慢服之愆，宜肃丧纪之礼。请免龛官，削侯爵。颛等知龛有丧，吉会非礼，宜各夺俸一月，以肃其违。"从之。④

唐宋以来，统治者开始用刑罚规范礼仪，对丧中用乐的惩处更为严厉：

---

①〔清〕孙希旦撰，沈啸寰、王星贤点校：《礼记集解》卷四《曲礼上》，中华书局1989年版，第79－80页。

②〔汉〕班固：《汉书》卷五十三《常山宪王传》，中华书局2005年版，第1855页。

③〔汉〕班固：《汉书》卷六十八《霍光传》，中华书局2005年版，第2215页。

④〔唐〕房玄龄等：《晋书》卷六十九《刘隗列传》，中华书局1974年版，第1835－1836页。

诸闻父母若夫之丧，匿不举哀者，流二千里；丧制未终，释服从吉，若忘哀作乐，徒三年；杂戏，徒一年；即遇乐而听及参预吉席者，各杖一百。①

元代虽然是蒙古人主政，但在对汉族的管理上还是秉持了儒家的丧葬制度，对丧中用乐做出了严格的规定：

至大三年，皇太子令旨，禁教坊司乐人送殡。延祐元年，江南行台御史王奉训言："……去古日远，风俗日薄。近年以来，江甫尤甚。父母之丧，小敛未毕，茹荤饮酒，略无顾忌。至于送殡，管弦歌舞，导引灵柩，焚葬之际，张筵排晏，不醉不已。泣血未干，享乐如此。昊天之报，其安在哉！兴言及此，诚可哀悯。请今后除蒙古、色目合从本俗，其余人等居丧送殡，不得饮食动乐。违者诸人首告得实，示众断罪，所在官司申禁不禁者，罪亦如之。不惟人子有所惩劝，抑亦风俗少复淳古。"②

前已述及，明清两代基本上沿袭唐宋的法制，对丧中用乐一直都有严格的规定。这种禁忌更多地表现在道德层面的约束，如明代官员黄佐撰写的乡约："凡丧事不得用乐，及送殡用鼓吹、杂剧、纸幡、纸鬼等物，违者罪之。"③ 历代王朝从维护正统的意识形态出发，都对丧中用乐的行为加以禁止，却禁而不止：

长庆三年十二月，浙西观察使李德裕奏："缘百姓厚葬，及于道途盛设祭奠，兼置音乐等。闾里编氓，罕知报义，生无孝养可纪，殁以厚葬相矜。丧葬僭差，祭奠奢靡，仍以音乐荣其送终。或结社相资，或息利自办，生业以之皆空。习以为常，不敢自废。人户贫破，抑此之由。今

① 刘俊文点校：《唐律疏议》，法律出版社1999年版，第222页。《宋刑统》一仍其旧，基本上是照搬前者。（薛梅卿点校：《宋刑统》，法律出版社1999年版，第183－184页）

② 柯劭忞等撰、余大均标点：《新元史》卷九十，吉林人民出版社2005年版，第1858页。（引文有改动）

③〔清〕徐乾学：《读礼通考》卷一百十五，上海古籍出版社2003年版，第653页。

百姓等丧葬祭，并不许以金银锦绣为饰及陈设音乐。其葬物涉于僭越者，勒禁。”①

九年，诏曰：“访闻丧葬之家，有举乐及令章者。盖闻邻里之内，丧不相舂，苴麻之旁，食未尝饱，此圣王教化之道，治世不刊之言。何乃匪人，亲罹衅酷，或则举奠之际歌吹为娱，灵柩之前令章为戏，甚伤风教，实紊人伦。今后有犯此者，并以不孝论，预坐人等第科断。所在官吏，常加觉察，如不用心，并当连坐。”②

民间丧中用乐，司马光对此批评道：“甚者，初丧作乐以娱尸；及殡葬，则以乐导輀车，而号哭随之。”③ 此种习俗甚至扩散到士大夫：

康熙二十二年，左都御史徐元文言：又律文：凡居丧、释服、作乐、筵宴、嫁娶，悉有明禁。而比者士大夫鲜克由礼，或衰绖婚娶、或丧中听乐、或迟讣恋职、或吉服游谒。此皆薄俗伤化，不可容于圣世者，宜并严行申饬。④

儒家以为，礼可以维护秩序，乐可以教化人心，“移风易俗，莫善于乐。安上治民，莫善于礼”⑤。“故乐行而志清，礼修而行成，耳目聪明，血气平和，移风易俗，天下皆宁，美善相乐。”⑥ 儒家的乐论有着极强的社会功利性，“礼者，殊事合敬者也。乐者，异文合爱者也。礼乐之情

① 〔宋〕王溥撰、牛继清校证：《唐会要校证》卷三十八，三秦出版社2012年版，第599页。

② 〔元〕脱脱等：《宋史》卷一百二十五《士庶人丧礼》，中华书局1977年版，第2918页。

③ 〔宋〕司马光：《司马氏书仪》卷六，商务印书馆1936年版，第65页。（其中标点为笔者所加）

④ 〔清〕徐乾学：《读礼通考》卷一百八，上海古籍出版社2003年版，第528页。

⑤ 汪受宽：《孝经译注》，上海古籍出版社2004年版，第61页。

⑥ 〔清〕王先谦撰，沈啸寰、王星贤点校：《荀子集解》卷十四《乐论》，中华书局1988年版，第382页。

同，故明王以相沿也。故事与时并，名与功偕"[①]。所以对违反礼制的行为，就必须做到"非礼勿视，非礼勿听"。在丧礼上无论是用乐还是使用挽歌，都不但与儒家礼制相悖，更与传统乐论相离。

但人是万物之灵，有七情六欲，易受外物影响："凡音之起，由人心生也。人心之动，物使之然也，感于物而动，故形于声。声相应，故生变，变成方，谓之音。比音而乐之，及干戚、羽旄，谓之乐。"[②] 复杂的情感需要多种表达方式，故歌唱可以表达愉悦，亦可以抒发痛苦，"乐者，音之所由生也，其本在人心之感于物也。是故其哀心感者，其声噍以杀；其乐心感者，其声啴以缓；其喜心感者，其声发以散；其怒心感者，其声粗以厉；其敬心感者，其声直以廉；其爱心感者，其声和以柔。六者非性也，感于物而后动"[③]。《诗经·四月》中说："君子作歌，维以告哀!"[④] 所以在亲人去世之后，由哭而泣，由泣而歌，由声音到乐音，就是情理之中的事了。

儒家重视乐教，但从来都是把音乐视为手段，维护礼制才是真正的目的，比如隋炀帝杨广还在藩邸之时，就摆出一副远离声乐的姿态："既而高祖幸上所居第，见乐器弦多断绝，又有尘埃，若不用者，以为不好声妓，善之。"[⑤] 所以，无论是挽歌还是丧乐，都必然会凸显儒家礼制与音乐之间内在的矛盾与冲突。也就是说，无论是反对丧乐还是认可挽歌，笔者认为，儒家礼法的制定者只是在人性与制度之间首鼠两端，历经两千余年，终皇权社会，都没有基于人性与礼法之和谐而建立一个符合人性的制度。

此外，儒家还认为音乐与朝政紧密相关，"是故治世之音安以乐，其政和；乱世之音怨以怒，其政乖；亡国之音哀以思，其民困。声音之道，

---

① 〔清〕孙希旦撰，沈啸寰、王星贤点校：《礼记集解》卷三十七《乐记》，中华书局1989年版，第989页。

② 〔清〕孙希旦撰，沈啸寰、王星贤点校：《礼记集解》卷三十七《乐记》，中华书局1989年版，第976页。

③ 〔清〕孙希旦撰，沈啸寰、王星贤点校：《礼记集解》卷三十七《乐记》，中华书局1989年版，第976－977页。

④ 〔宋〕朱熹集传、〔清〕方玉润评、朱杰人导读：《诗经》，上海古籍出版社2009年版，第245页。

⑤ 〔唐〕魏徵、令狐德棻：《隋书》卷三《炀帝上》，中华书局1973年版，第59页。

与政通矣”[①]。淫邪的音乐往往是社会动乱的前奏，“凡奸声感人而逆气应之，逆气成象而乱生焉；正声感人而顺气应之，顺气成象而治生焉。唱和有应，善恶相象，故君子慎其所去就也”[②]。违反礼制的音乐必然会被儒家排斥，“故君子耳不听淫声，目不视女色，口不出恶言。此三者，君子慎之”[③]。基于这种包含道德基因的乐论，在《后汉书》中，梁商等人非礼非时而唱挽歌，就被视为覆灭或者末世之前兆了。

挽歌与丧乐在民间所具有的旺盛生命力亦受到道家主张的影响。道家以“齐物我、齐生死”的态度看待死亡，故面对死亡必然会有超脱的一面：

> 有间，而子桑户死。未葬，孔子闻之，使子贡往侍事焉。或编曲，或鼓琴，相和而歌。歌曰：“嗟来！桑户乎！嗟来，桑户乎！而已反其真，而我犹为人猗！”子贡趋而进，曰：“敢问：临尸而歌，礼乎？”二人相视而笑。曰：“是恶知礼意？”[④]

在道家看来，死亡并不可怕，生未必乐，死未必苦，生与死是没有差别的。故《庄子·至乐》记载说，庄子的老婆死了，惠子去吊丧，“庄子则方箕踞鼓盆而歌”。[⑤]

另一方面，儒家虽然隆死重生，却也有达观对待生死的一面，例如，孔子在死亡来临之际歌曰：“泰山其颓乎！梁木其坏乎！哲人其萎乎！”[⑥]所以，好生乐死就成为一种民间的隐形信仰。人们通常认为，寿终正寝就是最好的结局，老而不死则为“贼”。所以，从民间的生死观来看，挽歌和丧乐有其生存的土壤。此外，社会底层大都存在着与主流意识形态

---

① 〔清〕孙希旦撰，沈啸寰、王星贤点校：《礼记集解》卷三十七《乐记》，中华书局1989年版，第978页。

② 〔清〕王先谦撰，沈啸寰、王星贤点校：《荀子集解》卷十四《乐论》，中华书局1988年版，第381页。

③ 〔清〕王先谦撰，沈啸寰、王星贤点校：《荀子集解》卷十四《乐论》，中华书局1988年版，第381页。

④ 杨柳桥：《庄子译诂》，上海古籍出版社1991年版，第131页。

⑤ 杨柳桥：《庄子译诂》，上海古籍出版社1991年版，第337页。

⑥ 〔清〕孙希旦撰，沈啸寰、王星贤点校：《礼记集解》卷八《檀弓上》，中华书局1989年版，第195页。

差距较大的底层礼俗，这也是挽歌与丧乐存在的社会基础：

在某一种文明里面，总会存在着两个传统：其一是由为数很少的一些善于思考的人们创造出的一种大传统，其二是由为数很大的，但基本上是不会思考的人们创造出的一种小传统。大传统是在学堂或庙堂之内培育出来的，而小传统则是自发地萌发出来的，然后它就在它诞生的那些乡村社区的无知的群众的生活里摸爬滚打挣扎着持续下去。①

挽歌与儒家的礼制相冲突，但因其与世俗人情相契合，所以就能够在儒家礼制的空隙中存在、生长。虽然历代统治者不接受丧乐，但是丧乐、丧戏满足了民众的心理需求，所以往往禁而不止。

第六节　挽歌对文学创作的影响

挽歌本是丧礼上演唱的丧歌，主题往往是人生之悲苦、生离死别之惨痛。魏晋以来，挽歌的实用性促使挽歌诗兴盛起来。

挽歌诗之所以兴盛，一方面和统治者的喜好有关，如一些帝王甚至为亲近的大臣作挽歌诗，以示恩宠：“帝又亲为作碑文及挽歌词，皆穷美尽哀，事过其厚。”② 另一方面，挽歌甚至成为诗人展现才华以邀宠的手段：“及文宣崩，文士并作挽歌，杨遵彦择之，员外郎卢思道用八首，逖用二首，余人多者不过三四。”③

挽歌诗的抒情性、实用性、功利性是后世挽歌诗创作的动力所在。以挽歌为主题的诗歌创作，在文学史上历久而不衰，但最别具一格的是咏史诗、自挽诗、悼亡诗。

---

① ［美］罗伯特·芮德菲尔德著、王莹译：《农民社会与文化：人类学对文明的一种诠释》，中国社会科学出版社2013年版，第95页。（引文有改动）

② ［唐］李延寿：《北史》卷八十《外戚传》，中华书局1974年版，第2680页。

③ ［唐］李延寿：《北史》卷四十二《刘逖传》，中华书局1974年版，第1551页。

一、咏史诗

史诗最早出现在《诗经·大雅》中，东汉班固的《咏史》则是最早以“咏史”为名的咏史诗，而以挽歌为题材创作咏史诗，曹操当为第一人。

东汉末年，藩镇割据，战乱频仍，社会动荡，曹操继承“饥者歌其食，劳者歌其事”的写实主义传统，创作了以挽歌为主题的咏史诗，一首为《薤露行》，另一首则是《蒿里行》。

关东有义士，兴兵讨群凶。初期会盟津，乃心在咸阳。军合力不齐，踌躇而雁行。势利使人争，嗣还自相戕。淮南弟称号，刻玺于北方。铠甲生虮虱，万姓以死亡。白骨露于野，千里无鸡鸣。生民百遗一，念之断人肠。①

这两首诗名为挽歌，实为咏史。故明代钟惺评价说：“汉末实录，真诗史也!”② 清代沈德潜说：“借古乐府写时事，始于曹公。”③ 诸葛亮作《梁甫吟》以咏史，郭茂倩《乐府诗集》解题云：“按梁甫，山名，在泰山下。《梁甫吟》，盖言人死葬此山，亦葬歌也。”④

步出齐城门，遥望荡阴里。里中有三墓，累累正相似。问是谁家墓，田疆古冶子。力能排南山，文能绝地纪。一朝被谗言，二桃杀三士。谁能为此谋？国相齐晏子。⑤

魏晋之际，以古题创作挽歌咏史者甚众，比如前凉君主张骏的《薤露行》、西晋傅玄的《惟汉行》，王粲的《七哀诗三首》最为出色，其一曰：

---

① 逯钦立辑校：《先秦汉魏晋南北朝诗》魏诗卷一，中华书局 1983 年版，第 347 页。

② 〔明〕钟惺、谭元春：《古诗归》，湖北人民出版社 1985 年版，第 124 页。

③ 〔清〕沈德潜编选、司马翰校点：《古诗源》，岳麓书社 1998 年版，第 71 页。

④ 〔宋〕郭茂倩编：《乐府诗集》卷四十一，中华书局 1979 年版，第 605 页。

⑤ 〔宋〕郭茂倩编：《乐府诗集》卷四十一，中华书局 1979 年版，第 606 页。

西京乱无象，豺虎方遘患。复弃中国去，远身适荆蛮。亲戚对我悲，朋友相追攀。出门无所见，白骨蔽平原。路有饥妇人，抱子弃草间。顾闻号泣声，挥涕独不还。未知身死处，何能两相完？驱马弃之去，不忍听此言。南登霸陵岸，回首望长安。悟彼下泉人，喟然伤心肝。①

以挽歌咏史，盖因其旋律凄切，更能表达文人的悲悯。从东汉到东晋四百年间，社会动荡不安，瘟疫频发：大的瘟疫一共有三十六次，每次瘟疫，死者泰半，对中国社会造成了巨大的冲击。② 很多文人士大夫不得永年，“建安二十二年，疠气流行。家家有僵尸之痛，室室有号泣之哀。或阖门而殪，或覆族而丧”③。曹丕感叹说：“昔年疾疫，亲故多离其灾。徐陈应刘，一时俱逝，痛可言邪?”④ 所以魏晋以来，“奏乐以生悲为善音，听乐以能悲为知音，汉魏六朝，风尚如斯”⑤。

从文学创作的角度考察，这与曹魏政权下形成的文人集团有很大的关系。“降及建安，曹公父子，笃好斯文；平原兄弟，郁为文栋；刘桢、王粲，为其羽翼。次有攀龙托凤，自致于属车者，盖将百计。彬彬之盛，大备于时矣!”⑥

以挽歌为主题创作咏史诗这种风尚形成的原因是挽歌曲调主悲，主题是死亡，两者在精神上是一致的。前代学者以为：“要之，以内容而论，魏乐府实远不逮汉，盖写作多以个人为主，题材单调，局面狭小，且不足以‘观风俗，知薄厚’也。”⑦ 考察曹魏时期的咏史诗，笔者以为：这种说法不符合事实，起码是有失偏颇的。

---

① 逯钦立辑校：《先秦汉魏晋南北朝诗》魏诗卷二，中华书局1983年版，第365页。

② 林富士：《中国中古时期的宗教与医疗》，中华书局2012年版，第5－7页。

③ 〔魏〕曹植著、赵幼文校注：《曹植集校注》卷一，人民文学出版社1984年版，第177页。张仲景则在《〈伤寒论〉序》中说：“余宗族素多，向余二百，建安纪年以来，犹未十稔，其死亡者，三分有二，伤寒十居其七。”（强志鹏、时吉萍编著：《伤寒杂病论译释》，甘肃文化出版社2006年版，第3页）

④ 〔梁〕萧统编、〔唐〕李善注：《文选》卷四十二，中华书局1977年版，第591页。(其中标点为笔者所加)

⑤ 钱钟书：《管锥编》，中华书局1979年版，第946页。

⑥ 〔梁〕钟嵘：《诗品序》，载郭绍虞主编《中国历代文论选》第1册，上海古籍出版社2001年版，第308页。

⑦ 萧涤非：《汉魏六朝乐府文学史》，人民文学出版社1984年版，第127页。

二、自挽诗

死亡令人恐惧，讳言死亡是普遍的世俗观念，魏晋南北朝时期却出现了一种比较奇特的文学现象，那就是自挽之作的出现，其中最著名的就是陶渊明的《拟挽歌辞三首》：

有生必有死，早终非命促。昨暮同为人，今旦在鬼录。魂气散何之，枯形寄空木。娇儿索父啼，良友抚我哭。得失不复知，是非安能觉。千秋万岁后，谁知荣与辱？但恨在世时，饮酒不得足。

在昔无酒饮，今但湛空觞。春醪生浮蚁，何时更能尝。肴案盈我前，亲旧哭我傍。欲语口无音，欲视眼无光。昔在高堂寝，今宿荒草乡。一朝出门去，归来夜未央。

荒草何茫茫，白杨亦萧萧。严霜九月中，送我出远郊。四面无人居，高坟正嶕峣。马为仰天鸣，风为自萧条。幽室一已闭，千年不复朝。千年不复朝，贤达无奈何。向来相送人，各自还其家。亲戚或余悲，他人亦已歌。死去何所道，托体同山阿。①

在萧统编著的《文选》一书中，按创作时间的先后，选有缪袭、陆机、陶渊明三人的挽歌，从这三人的挽歌中，可以看出自挽诗的发展过程，如曹魏之际缪袭的《挽歌》：

生时游国都，死没弃中野。朝发高堂上，暮宿黄泉下。白日入虞渊，悬车息驷马。造化虽神明，安能复存我。形容稍歇灭，齿发行当堕。自古皆有然，谁能离此者。②

这首诗虽然讲述了亡者从死亡、出殡到埋葬的全过程，使用的却是第三者的视角，其叙述是冷静、客观的。陆机的挽歌诗以第一人称写就，亦有生动的描写，但是笔者觉得其写作或者说表达手法是僵硬的。虽然诗

---

① 逯钦立辑校：《先秦汉魏晋南北朝诗》晋诗卷十七，中华书局1983年版，第1012－1013页。

② 〔梁〕萧统编、〔唐〕李善注：《文选》卷二十八，中华书局1977年版，第406页。（其中标点为笔者所加）

人写丧礼时总是受限于个人视角，不能从诗歌中解脱出来，但这也是一种写作手法上的创新，“陆平原多为死人自叹之言，诗格既无此例，又乖制作本意”①。

陶渊明则用大开大合的手法，完全以全知的视角描绘自己“出殡”的场景，所以他的诗歌多了些悲情，少了些板滞之感。不少研究者认为，陶渊明之自挽诗是学习陆机的结果，从两人在世的时间来看，这是有可能的，但考察诗歌史，则未必尽然。比如南朝鲍照作自挽诗《松柏篇》，如果按照上述逻辑，那他应该是就近学习陶渊明，但鲍照在自序中曰：“余患脚上气四十余日，知旧先借《傅玄集》，以余疡剧，遂见还。开帙，适见乐府诗《龟鹤篇》，于危疡中见长逝词，恻然酸怀。抱如此重病，弥时不差，呼吸乏喘，举目悲矣。火药间缺而拟之。”②

鲍照自言模仿了傅玄的《龟鹤篇》，虽然《龟鹤篇》已佚，但傅玄尚有《挽歌》三首留存，借此可以窥一斑而见全豹。该诗的结构是：先写死亡，“不幸婴笃病，凶候形素颜。衣衾为谁施，束带就阖棺”；次写殡葬，“路柳夹灵輀，旐旒随风征。车轮结不转，百驷齐悲鸣”；最后写生死两茫茫，“平生坐玉殿，没归都幽宫。地下无刻漏，安知夏与冬”③。故可以推测，《龟鹤篇》亦是如此结构。再考察鲍照的《松柏篇》之结构：先从出殡写起，“舍此赤县居，就彼黄垆宅。永离九原亲，长与三辰隔”；次写埋葬，“大暮杳悠悠，长夜无时节。郁（煙）〔湮〕重冥下，烦冤难具说”；最后以丧礼结束完结全诗，“孝子抚坟号，父（子）〔兮〕知来不。欲还心依恋，欲见绝无由”④。所以，鲍照说自己学习了傅玄的写作手法，那不是虚言。鲍照尚有五言诗《代挽歌》一首，该诗开篇即说生时的显贵，“独处重冥下，忆昔登高台”；次说死时的无奈，“玄鬓无复根，枯髅依青苔”；还提到了饮酒，“忆昔好饮酒，素盘进青梅”⑤。从中我们可以看到缪袭和陶渊明自挽诗的影子。

---

① 王利器：《颜氏家训集解（增补本）》卷四《文章》，中华书局1993年版，第285页。

② 〔宋〕郭茂倩编：《乐府诗集》卷六十四，中华书局1979年版，第931页。

③ 逯钦立辑校：《先秦汉魏晋南北朝诗》晋诗卷一，中华书局1983年版，第565－566页。

④ 〔宋〕郭茂倩编：《乐府诗集》卷六十四，中华书局1979年版，第930－931页。

⑤ 逯钦立辑校：《先秦汉魏晋南北朝诗》宋诗卷七，中华书局1983年版，第1258页。

魏晋时期，自挽成为一种社会风气，“叔集弟道玙，少而敏俊。世宗初，以才学被召，与秘书丞孙惠蔚典校群书，考正同异。自太学博士转京兆王愉法曹行参军。临死，作诗及挽歌词，寄之亲朋，以见怨痛”①。这种风尚是魏晋风流的表现方式，其源头就在于魏晋南北朝的文人士大夫，他们崇老谈玄，乐生轻死，就像晋人所作的《列子·杨朱篇》所言：“十年亦死，百年亦死。仁圣亦死，凶愚亦死。生则尧舜，死则腐骨；生则桀纣，死则腐骨。腐骨一矣，孰知其异？且趣当生，奚遑死后？”②

在晋人眼中，生是暂住，死是长往，“死生亦大矣”，但他们并不畏死，如王羲之慨叹说：“一死生为虚诞，齐彭殇为妄作。”③ 嵇康的告别曲目竟然是《广陵散》，这是何等的潇洒！所以，自挽诗的出现不是偶然，而是魏晋风流土壤中结出的果实。

三、悼亡诗

挽歌产生、使用于丧礼上，悼亡诗则作于殡葬之后。一些文人创作的挽歌也是创作于殡葬之后的悼亡诗，故可以说，挽歌和悼亡诗关系紧密，在很多时候是混同的。

一般认为，最早的悼亡诗是《诗经·绿衣》，汉武帝亦有悼亡之作：“是邪，非邪？立而望之，偏何姗姗其来迟！”④ 但是，这些诗歌对后代悼亡诗的创作基本没有影响，影响较深远的是晋代潘岳悼念亡妻的《悼亡诗三首》，其一曰：

荏苒冬春谢，寒暑忽流易。之子归穷泉，重壤永幽隔。私怀谁克从，淹留亦何益。僶俛恭朝命，回心反初役。望庐思其人，入室想所历。帏屏无仿佛，翰墨有余迹。流芳未及歇，遗挂犹在壁。怅恍如或存，回遑忡惊惕。如彼翰林鸟，双栖一朝只。如彼游川鱼，比目中路析。春风缘巢

---

① 〔北齐〕魏收：《魏书》卷七十七《宋翻传》，中华书局1974年版，第1690页。

② 杨伯峻：《列子集释》卷七《杨朱篇》，中华书局1979年版，第221页。

③ 〔晋〕王羲之：《兰亭集序》，载宋晶如注译《古文观止》，中国书店1981年版，第278页。

④ 〔汉〕班固：《汉书》卷九十七上《外戚传上》，中华书局2005年版，第2910页。

来，晨溜承檐滴。寝息何时忘，沈忧日盈积。庶几有时衰，庄缶犹可击。[①]

这首诗歌没有使用生僻的典故，词句明白如话。诗人善于使用譬喻，文笔流畅，将对妻子的思念娓娓道来，不矫揉造作，故清代的学者评议说："安仁情深之子，每一涉笔，淋漓倾注，宛转侧折，旁写曲诉，剌剌不能自休。夫诗以道情，未有情深而语不佳者。"[②] 潘岳创作的诗歌无疑是时代风气的产物：

魏晋在中国历史上是一个重大变化时期。……社会变迁在意识形态和文化心理上的表现，是占据统治地位的两汉经学的崩溃。……正是在这种基础上，与颂功德、讲实用的两汉经学、文艺相区别，一种真正思辨的、理性的"纯"哲学产生了；一种真正抒情的、感性的"纯"文艺产生了。……这就是人的觉醒。[③]

魏晋士大夫不屑物议，故多我行我素之态，于夫妻之情的表达，更能于礼教之外体现其真情的一面："荀奉倩与妇至笃，冬月妇病热，乃出中庭自取冷，还以身熨之。"[④]"王安丰妇，常卿安丰。安丰曰：'妇人卿婿，于礼为不敬，后勿复尔。'妇曰：'亲卿爱卿，是以卿卿；我不卿卿，谁当卿卿？'遂恒听之。"[⑤] 这在阮籍身上就体现得更为淋漓尽致：

籍嫂尝归宁，籍相见与别。或讥之，籍曰："礼岂为我设邪！"邻家少妇有美色，当垆沽酒。籍尝诣饮，醉，便卧其侧。籍既不自嫌，其夫察之，亦不疑也。兵家女有才色，未嫁而死。籍不识其父兄，径往哭之，

---

① 逯钦立辑校：《先秦汉魏晋南北朝诗》晋诗卷四，中华书局1983年版，第635页。

② 〔清〕陈祚明评选、李金松点校：《采菽堂古诗选》卷十一，上海古籍出版社2008年版，第332页。

③ 李泽厚：《美的历程》，生活·读书·新知三联书店2009年版，第88－90页。

④ 余嘉锡：《世说新语笺疏》，中华书局1983年版，第918页。

⑤ 余嘉锡：《世说新语笺疏》，中华书局1983年版，第922页。

尽哀而还。①

也就是说，潘岳的悼亡诗断然不会产生于经学一统的两汉时期，只有在个人情感淋漓展现之晋代，悼亡诗才能成为诗歌创作的一种选择。在具体写作上，潘岳的悼亡诗明显借鉴了东汉以来的挽歌，但清代的赵翼认为，悼亡诗的起源时间比挽歌更早：

寿诗、挽诗、悼亡诗，惟悼亡诗最古。潘岳、孙楚皆有悼亡诗载入《文选》。《南史》：宋文帝时，袁皇后崩，上令颜延之为哀策，上自益"抚存悼亡，感今怀昔"八字，此"悼亡"之名所始也。《崔祖思传》：齐武帝何美人死，帝过其墓，自为悼亡诗，使崔元祖和之，则起于齐、梁也。②

赵翼是清代的重要学者，但其关于挽歌和悼亡诗起源关系的论断笔者并不认同。既然已明确悼亡诗出自晋代的潘岳，为何又说起于齐、梁？再者，不提挽歌的起源，没有比较，就骤下结论，认为悼亡诗早于挽歌，未免让人难以信服。

悼亡诗远绍《诗经》，借鉴了其重情感的一面，但对悼亡诗产生最直接的影响的则是挽歌。晋代之后，悼亡诗成为悼念亡妻之诗的特称。自此以后，悼亡之作层出不穷，其作品显赫者，有唐代的元稹、宋代的苏轼、清代的纳兰性德等诗人。

---

① 〔唐〕房玄龄等：《晋书》卷四十九《阮籍列传》，中华书局1974年版，第1361页。

② 〔清〕赵翼：《陔余丛考》卷二十四《寿诗挽诗悼亡诗》，中华书局1963年版，第483页。（其中标点为笔者所加）

第五章　墓志源流考论

墓志，就是在砖石等器物上铭刻文字，用以志墓。有学者这样定义："墓志，为墓主姓名或附有爵里、卒葬年月、生平事迹写刻于砖、石、木、瓷等载体而埋于圹中者。因后世的墓志多系之以铭，故又称墓志铭。"①

第一节　墓志起源考

一、对墓志起源诸说的辨正

关于墓志起源，诸说纷呈：其起源的时间早至先秦，晚至魏晋南北朝，说法不一，故尚无定论。② 力主先秦起源说者，多以《庄子·则阳》中的记载为证：

狶韦曰："夫灵公也死，卜葬于故墓，不吉；卜葬于沙丘，而吉。掘之数仞，得石椁焉；洗而视之，有铭焉，曰：'不冯其子，灵公夺而埋之。'夫灵公之为'灵'也久矣。之二人何足以识之。"③

---

① 华人德：《中国书法全集·三国两晋南北朝墓志》，荣宝斋出版社1995年版，第1页。

② 赵超：《古代墓志通论》，上海古籍出版社2006年版，第33页。关于墓志的起源时间，还有很多争论，可参考孟国栋《墓志的起源与墓志文体的成立》，载《浙江大学学报（人文社会科学版）》2013年第5期，第138－149页。

③ 杨柳桥：《庄子译诂》，上海古籍出版社1991年版，第544－545页。

《庄子》一书，语多荒诞不经：“寓言十九，重言十七：卮言日出，和以天倪。”① “以谬悠之说，荒唐之言、无端崖之辞，时恣纵而不傥，不以觭见之也。”② 司马迁认为《庄子》一书“皆空语无事实”③。狶韦是传说中的古帝王，上述例子就是所谓的“重言”，即假借传说中的名人之言来表达自己的观点，故以此寓言故事作为墓志起源的孤证，显然是靠不住的。

亦有学者以为，起源于周代的铭旌是墓志之滥觞：“铭旌上书有死者姓名，以志柩主为目的，放在墓中。这几点就足以说明它是墓志之‘滥觞’了。”④ 铭旌的作用在于标识：“铭，明旌也。以死者为不可别已，故以其旗识之。爱之，斯录之矣；敬之，斯尽其道焉耳。”⑤ 一般来说，铭旌主要有三个方面的用途：“一是正式标明死者身份，二是用来进行死者的招魂仪式，三是安葬死者出丧之时，在灵柩队伍前面充当引导。”⑥ 在葬礼上，铭旌被覆盖在灵柩上；葬礼结束后，铭旌随灵柩被埋入地下。1960 年，在甘肃发掘的汉墓中就发现了铭旌，从而验证了历史文献记载的准确性。⑦ 至清代，铭旌依然存在，曹雪芹在《红楼梦》中写秦可卿死后出殡，其铭旌上大书：“奉天洪建兆年不易之朝诰封一等宁国公冢孙妇防护内廷紫禁道御前侍卫龙禁尉享强寿贾门秦氏恭人之灵柩。”⑧ 华人德以为：“使用明旌与设立墓志，其用意是不尽一样的，所以周秦两汉的明旌还不能算作墓志。”⑨ 这种说法是符合实际情况的，也就是说，铭旌不是墓志之起源。

有学者根据考古发掘的实物推断墓志起源于秦代：“出土的十八件瓦

---

① 杨柳桥：《庄子译诂》，上海古籍出版社 1991 年版，第 577 页。

② 杨柳桥：《庄子译诂》，上海古籍出版社 1991 年版，第 714 页。

③ 〔汉〕司马迁：《史记》卷六十三《老子韩非列传》，中华书局 2013 年版，第 2595 页。

④ 熊基权：《墓志起源新说》，载《文物春秋》1994 年第 1 期，第 69 页。

⑤ 〔清〕孙希旦撰，沈啸寰、王星贤点校：《礼记集解》卷十《檀弓下》，中华书局 1989 年版，第 253 页。

⑥ 方北辰：《曹操墓认定的礼制性误判》，载《成都大学学报（社会科学版）》2010 年第 6 期，第 32 页。

⑦ 甘肃博物馆：《甘肃武威磨嘴子汉墓发掘》，载《考古》1960 年第 9 期。

⑧ 〔清〕曹雪芹、高鹗：《红楼梦》，人民文学出版社 1982 年版，第 195 页。

⑨ 华人德：《中国书法全集·三国两晋南北朝墓志》，荣宝斋出版社 1995 年版，第 2 页。

文，其中第二件上刻有二人的籍贯姓名，共为十九人的墓志文，合计一百一十二字。字体基本是阴刻小篆。这批瓦文墓志的格式约可分为四类。”“刑徒墓的瓦文，截至目前，可以说是我国发现最早的墓志。”①

“鸟飞反故乡兮，狐死必首丘。”② 叶落归根，死后归葬故土，乃先秦以来就有的文化传统。这些刑徒瓦文就是便于以后归葬故土的标识：“标志墓主，可能有用于后人迁葬时便于识别尸骨的目的。”③ 这种情况下出现的志墓现象，有着偶然和随意的特点。其实，对于非正常死亡的人，春秋战国时就有志墓的行为：

若有死于道路者，则令埋而置楬焉，书其日月焉，县其衣服任器于有地之官，以待其人。掌凡国之骴禁。④

笔者认为，这种志墓行为属于非正常死亡情况下的权宜之计，故不能等同于后来有目的的墓志，但也应该承认，这种偶然的、非正式的志墓行为是后来墓志出现的思想源头。清代学者叶昌炽在《语石》一书中根据下述事例，将墓志的起源时间定为西汉。⑤

杜子夏葬长安北四里，临终作文曰：“魏郡杜邺，立志忠款，犬马未陈，奄先草露。骨肉归于后土，气魂无所不之。何必故丘，然后即化。封于长安北郭，此焉宴息。”及死，命刊石，埋于墓侧。⑥

汉西都时，南宫寝殿内有醇儒王史威长死，葬铭曰：“明明哲士，知存

---

① 始皇陵秦俑坑考古发掘队：《秦始皇陵西侧赵背户村秦刑徒墓》，载《文物》1982年第3期，第7、11页。

② 〔宋〕洪兴祖撰，白化文、许德楠、李如鸾等点校：《楚辞补注》卷四《九章》，中华书局1983年版，第136页。

③ 赵超：《古代墓志通论》，上海古籍出版社2006年版，第37页。

④ 〔汉〕郑玄注、〔唐〕贾公彦疏：《周礼注疏》卷四十三，上海古籍出版社2010年版，第1415页。

⑤ 〔清〕叶昌炽撰、姚文昌点校：《语石》，浙江大学出版社2018年版，第115－116页。

⑥ 〔汉〕刘歆等撰、王根林校点：《西京杂记（外五种）》卷三，上海古籍出版社2012年版，第27页。

知亡。崇陇原亹，非宁非康。不封不树，作灵乘光。厥铭何依，王史威长。”①

上述两段引文分别出自《西京杂记》和《博物志》，一般观点以为，这两部文献产生于晋代之后。鲁迅就认为，《西京杂记》是东晋人葛洪所作，不过托名于刘歆罢了。② 至于《博物志》一书，在鲁迅看来，“晋以后人之造伪书，于记注殊方异物者每云张华，亦如言仙人神境者之好称东方朔……华既通图纬，又多览方伎书，能识灾祥异物，故有博物洽闻之称，然亦遂多附会之说……其书今存，乃类记异境奇物及古代琐闻杂事，皆刺取故书，殊乏新异，不能副其名，或由后人缀辑复成，非其原本欤?”③ 笔者总结鲁迅的观点如下：第一，《博物志》是否为张华所作，实在可疑；第二，即使是张华所作，也多附会之言；第三，今天所传下来的版本可能是后人演绎之作，故更不能当真。

从考古角度观测，据不完全统计，截至20世纪末，已经发掘的秦汉墓在万座以上。④ 以上考古发现都不能为墓志起源于西汉找到证据。西汉时期，受制于生产力水平，铭刻尚未成为一种社会风气：

> 这一时期的刻石类别很杂，形制也不固定，字数较少，石质粗砺，书写不注重款式，一任自然，刻工粗率，锥凿而成，能表现笔意者较少，说明西汉时期刻石风气尚未形成。⑤

直到西汉晚期，由于社会生产力不发达，铁器未能普及。“到西汉晚期，发明用生铁炒炼成熟铁或钢的方法，熟铁和钢的生产有所提高，因而东汉时代钢刃熟铁的兵器就大为推广，排除了青铜兵器的使用；同时，部分重要手工工具如斧之类也已采用钢作刃部。但是由于熟铁和钢的产

---

① 〔晋〕张华等撰、王根林等校点：《博物志（外七种）》卷七，上海古籍出版社2012年版，第32页。

② 鲁迅：《中国小说史略》，人民文学出版社1952年版，第43页。

③ 鲁迅：《中国小说史略》，人民文学出版社1952年版，第48－49页。

④ 中国大百科全书总编辑委员会：《中国大百科全书·考古学》，中国大百科全书出版社2002年版，第387页。

⑤ 华人德：《中国石刻文献的种类及其演变》，载《中国图书馆学报》1999年第1期，第73页。

量还不够多，还不可能大量用来制作农具。”[①] 这时，大规模铭刻尚不具备物质条件，铭刻碑石尚未成为社会习俗。所以说，从先秦直至西汉晚期，志墓的意识逐渐形成，但尚不具备墓志产生的社会条件。

二、墓志起源于东汉早期

还有一种意见认为，墓志起源于南北朝时期，这种观点由来已久，“时议欲立石志，王俭曰：‘石志不出礼典，起宋元嘉中颜延之为王球石志。素族无铭策，故以纪行。自尔以来，共相祖习。储妃之重，礼绝恒例，既有哀策，不烦石志。’从之”[②]。从这段史实中笔者可得出如下结论：南北朝之前，墓志未被列入礼典，贵族死后是否使用墓志，已经成为当时习礼者争论的话题。墓志起源于民间，[③] 故不见于典册，所以南北朝时期的学者们不能究其起源。

具有志墓意义的墓志出现在西汉末。新天凤五年（18）的《高彦墓砖》记载：“琅琊郡左尉高君，玮彦，始建国天凤五年，三月廿日物故。”[④] 这块墓砖形状质朴，文字简单，但含有志墓信息，且与当今一些地区流行的墓志颇为相似。[⑤] 随着出土的文物不断增多，一些内容比较复杂的墓志开始出现，如1929年出土于洛阳邙山王窑村的马姜（东汉大将马援的女儿，延平元年即公元106年七月去世）墓志《贾武仲妻马姜墓记》：

惟永平七年七月廿一日，汉左将军特进胶东侯第五子贾武仲卒，时年廿九。夫人马姜，伏波将军新息忠成侯之女，明德皇后之姊也。生四女，年廿三而贾君卒。夫人深守高节，劬劳历载，育成幼媛，光□祖先。遂升二女为显节园贵人，其次适鬲侯朱氏，其次适阳泉侯刘氏。朱紫缤

---

① 杨宽：《中国古代冶铁技术发展史》，上海人民出版社2014年版，第318页。

② 〔唐〕李延寿：《南史》卷十一《后妃上》，中华书局1975年版，第330页。

③ 这里的民间与皇家相对，但又非平民阶层，应该是一般中下层官员。从考古发现和传世文献记载来看，有条件、有能力为死者雕刻墓志的家族，都不属于一般的平民阶层，所以，研究墓志其实也是研究上层社会文化习俗，也就是所谓的“文化大传统”。

④ 毛远明编著：《汉魏六朝碑刻校注》第1册，线装书局2008年版，第27页。

⑤ 据笔者的田野调查，在河北、山西、内蒙古的一些农村，人死之后，用以志墓的就是一块阴阳瓦，上面所铭刻的文字与早期出现的墓志基本一样。

纷，宠禄盈门，皆犹夫人。夫人以母仪之德，为宗族之覆。□春秋七十三，延平元年七月□□□薨。皇上闵悼，两宫赙赠，赐秘器以礼殡。以九月十日葬于芒门旧茔。（按：下残）子孙惧不能章明，故刻石纪□。[①]

金石学家罗振玉认为："汉人墓记前人所未见，此为墓志之滥觞。"[②]马姜墓志内容详备，喜用骈体，和后代的墓志极为相似，将其视为墓志文体之滥觞，亦无不可。赵超以为，正式的墓志应该符合以下几个条件：①有固定的形制；②有惯用的文体或行文格式；③埋没在墓中，起到标识墓主身份及家世的作用。在此基础上，赵超以为，秦代至东汉末期存在志墓的风习，但并没有形成固定的墓志形式。[③]上述赵超提出的正式的墓志应符合的条件，尚有不少讨论的空间：首先，墓志的形制以碑刻为主，但是直到清代，仍有以砖瓦为材料的墓志，这样，形制算不算是固定的？其次，墓志文体不断演变，与时代文风相浸染，每个时代都有每个时代的文风特点，这样文体又算不算是固定的？所以笔者以为，判断一件文物是不是墓志，应主要看它是否符合上述三个条件。否则，我们就无法把后世一些不符合上述条件的墓志列为正式的墓志加以讨论。所以，把秦汉的刑徒墓砖视为墓志的滥觞，而将墓志的起源时间定为东汉就更为妥帖，也更符合历史事实。墓志起源于东汉，受多方面社会因素的影响。

（一）土地制度的变革

作为土地上的附着物，墓圹必然会受到土地制度演变的影响。《诗经·北山》曰："溥天之下，莫非王土；率土之滨，莫非王臣。"[④]秦汉之前，土地王有，墓地完全由国家供给：

田里不粥，墓地不请。

---

① 赵超：《汉魏南北朝墓志汇编》，天津古籍出版社2008年版，第1页。

② 罗振玉：《辽居稿·汉贾夫人马姜墓石记跋》，载罗继祖主编《罗振玉学术论著集》第10集，上海古籍出版社2010年版，第292页。

③ 赵超：《汉魏南北朝墓志汇编》，天津古籍出版社2008年版，"前言"第2页。

④〔宋〕朱熹集传、〔清〕方玉润评、朱杰人导读：《诗经》，上海古籍出版社2009年版，第246页。

《注》："皆受于公，民不得私也。粥，卖也。请，求也。"《正义》："田地里邑，既受之于公，民不得粥（鬻）卖。冢墓之地，公家所给，族葬有常，不得辄请其余处。"①

配合墓地供给制度，有专门为王管理墓地的冢人，也有为平民提供墓兆的墓大夫："冢人，掌公墓之地，辨其兆域而为之图。先王之葬居中，以昭穆为左右。凡诸侯居左右以前，卿、大夫、士居后，各以其族。凡死于兵者，不入兆域……墓大夫，掌凡邦墓之地域，为之图。令国民族葬，而掌其禁令。正其位，掌其度数，使皆有私地域。"② 东汉以来，土地私有制发展迅猛，土地兼并盛行，东汉勋贵豪族占有大量的土地：

防兄弟贵盛，奴婢各千人已上，资产巨亿，皆买京师膏腴美田，又大起第观，连阁临道，弥亘街路，多聚声乐，曲度比诸郊庙。宾客奔凑，四方毕至，京兆杜笃之徒数百人，常为食客，居门下。③

豪人之室，连栋数百，膏田满野，奴婢千群，徒附万计。船车贾贩，周于四方；废居积贮，满于都城。琦赂宝货，巨室不能容；马牛羊豕，山谷不能受。④

土地私有意识的增强，使得民众更加重视土地产权，这为墓志的产生奠定了现实的经济基础。尤其值得重视的是，阴间的另一种文书——买地券也出现在东汉时期。

（二）社会意识的变迁

"中国本信巫，秦汉以来，神仙之说盛行，汉末又大畅巫风，而鬼道

① 〔清〕朱彬撰、饶钦农点校：《礼记训纂》卷五，中华书局1996年版，第190页。

② 〔汉〕郑玄注、〔唐〕贾公彦疏：《周礼注疏》卷二十四，上海古籍出版社2010年版，第817－824页。

③ 〔南朝·宋〕范晔撰、〔唐〕李贤等注：《后汉书》卷二十四《马防传》，中华书局1965年版，第857页。

④ 〔南朝·宋〕范晔撰、〔唐〕李贤等注：《后汉书》卷四十九《仲长统传》，中华书局1965年版，第1648页。

愈炽；会小乘佛教亦入中土，渐见流传。凡此，皆张皇鬼神，称道灵异。”① 受这种社会意识的影响，东汉的丧葬习俗发生了变化：一方面，汉代墓葬中流行各种类似真实文书、富有宗教色彩的阴间文书，如告地书、买地券、镇墓文等；另一方面，厚葬之风盛行，“今京师贵戚，郡县豪家，生不极养，死乃崇丧。或至金缕玉匣，檽梓楩柟，多埋珍宝偶人车马，造起大冢，广种松柏，庐舍祠堂，务崇华侈”②。

此外，东汉改葬的现象增多。在杨树达先生辑录的史料中，发生在西汉的改葬只有三起，在东汉的则有十八起。③ 关于合葬，“发掘工作证明，汉以前的合葬，一般是夫妇分别葬于两个并排紧靠的墓坑中，可称为‘异穴合葬’。直到西汉前期和中期，夫妇合葬仍然多采用这种方式，长沙马王堆汉墓和满城汉墓即如此。西汉中期以后，制度为之一变，除帝陵以外，逐渐流行夫妇同墓合葬，从此以迄东汉，遂成为定制，绝少例外”④。无论是迁葬还是合葬，墓志的作用都非常重要。

（三）铭刻工具的改进

墓志多于石材上铭刻而成，因而，铭刻工具尤为重要。冶铁业的发展、锐利的钢材工具的出现使得铭刻成为可能：“汉代的冶铁工业，当以汉武帝时开始大盛。元狩四年（119），政府在全国重要冶铁工业区设铁官 49 处。”“到东汉初年，已完成了用生铁炒成熟铁或钢的新工艺，实是一大进步。”⑤ 此外，技艺娴熟的工匠受到重视，石匠的社会地位在东汉有所提升，清叶奕苞在《金石录补》卷二十七中曰：“汉碑书撰人姓名多不著，而造碑之人时附碑末。”⑥

铭刻工具的改进、石匠地位的提升，都是墓志出现的重要物质基础：“在东汉以前，皇帝和官僚的坟墓之前，所有祠堂、阙、表、碑之类都是

① 鲁迅：《中国小说史略》，人民文学出版社 1952 年版，第 47 页。

② 〔南朝·宋〕范晔撰、〔唐〕李贤等注：《后汉书》卷四十九《王符传》，中华书局 1965 年版，第 1637 页。

③ 杨树达：《汉代婚丧礼俗考》，上海古籍出版社 2009 年版，第 154－157 页。

④ 王仲殊：《汉代考古学概说》，中华书局 1984 年版，第 102 页。

⑤ 钱穆讲述、叶龙记录整理：《中国经济史》，北京联合出版公司 2014 年版，第 94、96 页。

⑥ 新文丰出版公司编辑部：《石刻史料新编》，台北新文丰出版公司 1982 年版，第 9139 页。（其中标点为笔者所加）

木材制成的。到东汉时，由于豪强大族重视上冢礼俗，讲究建筑坟墓，再加上由于炼钢技术的进步，锋利的钢铁工具便于开凿和雕刻石材，于是在建筑石祠、石阙、石柱的同时，更流行雕刻石碑了。”①

（四）墓碑对墓志的影响

墓碑起源于东汉早期，“然自后汉以来，门生故吏多相与立碑颂德矣。余家《集古》所录三代以来钟鼎彝盘铭刻备有，至后汉以后始有碑文，欲求前汉时碑碣，卒不可得，是则冢墓碑自后汉以来始有也”②。汉代墓碑保留了当初作为下葬工具的外形，“汉碑之制，首多有穿，穿之外或有晕者，乃墓碑施鹿卢之遗制。其初盖因墓所引棺之碑而利用之，以述德纪事于其上，其后相习成风，碑遂为刻辞而设”③。

魏晋以来的禁碑令促进了墓志的发展。魏武帝曹操倡导薄葬，下令禁止立碑：“建安十年，魏武帝以天下调弊，下令不得厚葬，又禁立碑。”④ 到了晋代，晋武帝再次下令禁止立碑：

> 晋武帝咸宁四年，又诏曰：“此石兽碑表，既私褒美，兴长虚伪，伤财害人，莫大于此。一禁断之。其犯者虽会赦令，皆当毁坏。”至元帝太兴元年，有司奏：“故骠骑府主簿故恩营葬旧君顾荣，求立碑。”诏特听立。自是后，禁又渐颓。大臣长吏，人皆私立。义熙中，尚书祠部郎中裴松之又议禁断，于是至今。⑤

为了规避禁碑令，当时的人们把石碑缩小，并将其埋入地下，从而影响了墓志最初的形制。这可从考古发现中得到证明：“墓碑的影响毕竟不可忽视，它在文体上、刻制工艺上、铭文内容上等方面的特点都直接进入了墓志，对墓志的正式定型起到了关键性的作用。”⑥

---

① 杨宽：《中国古代陵寝制度史》，上海人民出版社2008年版，第153页。

②〔宋〕欧阳修著、李逸安点校：《欧阳修全集》卷一百三十七《宋文帝神道碑》，中华书局2001年版，第2166页。

③ 马衡：《马衡讲金石学》，凤凰出版社2010年版，第48页。

④〔南朝·梁〕沈约：《宋书》卷十五《礼二》，中华书局1974年版，第407页。

⑤〔南朝·梁〕沈约：《宋书》卷十五《礼二》，中华书局1974年版，第407页。

⑥ 赵超：《古代墓志通论》，上海古籍出版社2006年版，第52页。

综上所述，笔者认为，把墓志出现的时间定为东汉初期，既符合历史事实，也符合历史发展规律。但也应该看到，墓志发展有着极为复杂的社会背景，同时，关于墓志起源的结论也因新出土的文物不断被更新，故为墓志起源确定确切的纪年是困难的。①

第二节　佛教与墓志

社会生活是风俗存在的基础，社会变动往往会对礼俗产生影响；礼俗一旦形成，就会对社会生活进行“雕琢”。北朝以来，佛教改变了社会生态，成为墓志兴盛的最大推动力。

南北朝以来，佛教兴起。与南朝相比，北朝佛教更盛，寺庙遍布各地，僧众增多，从帝王到民众都浸淫其中：“世宗笃好佛理，每年常于禁中亲讲经论，广集名僧，标明义旨。沙门条录，为《内起居》焉。上既崇之，下弥企尚。至延昌中，天下州郡僧尼寺，积有一万三千七百二十七所，徒侣逾众。”② 佛教的兴盛，为雕刻艺术的发展注入了生机：

> 中国艺术与建筑遂又得宗教上之一大动力，佛教艺术乃其自然之产品，终唐、宋之世，为中国艺术之主流，其遗迹如摩崖石窟造像刻画等，因材质坚久之故，得以大体保存至今。③

佛教对社会环境之改造，一表现为造像，二表现为铭经。凡此种种，不见于佛教发源地印度。有学者以为，雕刻艺术受到希腊文明的影响，

① 当代研究者依靠出土文物，尝试为墓志的出现确定一个时间点，这样的努力时刻受到出土文物的挑战。与其如此，不若给出一个大致的时间，这样更为允当。例如，学者程章灿等在论文中试图根据出土墓志为墓志起源确定一个具体的时间，但得出的结论不断被后出土的墓志推翻。[程章灿：《墓志文体起源新论》，载《学术研究》2005年第6期，第136－140页；孟国栋：《墓志的起源与墓志文体的成立》，载《浙江大学学报（人文社会科学版）》2013年第5期，第138－149页]

② 〔北齐〕魏收：《魏书》卷一百一十四《释老志》，中华书局1974年版，第3042页。

③ 梁思成：《中国建筑史》，生活·读书·新知三联书店2011年版，第49页。

但笔者以为，雕刻艺术发展的动力来源于儒家文化——儒家追求“三不朽”：“大上有立德，其次有立功，其次有立言。”① 北魏统治者尊崇佛教，更将造像雕刻艺术推向了极致：

景明初，世宗诏大长秋卿白整准代京灵岩寺石窟，于洛南伊阙山，为高祖、文昭皇太后营石窟二所。初建之始，窟顶去地三百一十尺。至正始二年中，始出斩山二十三丈。至大长秋卿王质，谓斩山太高，费功难就，奏求下移就平，去地一百尺，南北一百四十尺。永平中，中尹刘腾奏为世宗复造石窟一，凡为三所。从景明元年至正光四年六月已前，用功八十万二千三百六十六。肃宗熙平中，于城内太社西，起永宁寺。灵太后亲率百僚，表基立刹。佛图九层，高四十余丈，其诸费用，不可胜计。景明寺佛图，亦其亚也。至于官私寺塔，其数甚众。②

“从景明元年至正光四年六月已前”，凡二十三年，“用功八十万二千三百六十六”，则年均用工约为三万五千，其中石匠的人数必然十分可观。北魏之后，开凿石窟、雕琢佛像蔚然成风。如开凿于东魏、北齐时期的响堂山石窟现存大小石窟三十余个，造像四千三百余尊，其中北响堂山石窟现有编号窟龛二十二个，南响堂山石窟共有编号窟九个。石窟始凿于东魏末年，主体工程完成于北齐时期。③ 此外，亦大量铭刻佛经，“以为缣缃有坏，简策非久，金牒难求，皮纸易灭。于是发七处之印，开七宝之函，访莲华之书，命银钩之迹，一音所说，尽勒名山”④。这种现象在当时较为常见：“城西三里，刻石写《五经》及其国记，于邺取石虎文石屋基六十枚，皆长丈余，以充用。”⑤ 北魏统治者喜好在征战中刻石记功：“还次牛川及薄山，并刻石记功，班赐从臣各有差。”⑥ 此外，帝王

① 杨伯峻编著：《春秋左传注》，中华书局2009年版，第1088页。

② 〔北齐〕魏收：《魏书》卷一百一十四《释老志》，中华书局1974年版，第3043–3044页。

③ 赵立春：《响堂山石窟的编号说明及内容简录》，载《文物春秋》2000年第5期，第62–68页。

④ 赖非：《中国书法全集·北朝摩崖刻经》，荣宝斋出版社2000年版，第5页。

⑤ 〔南朝·梁〕萧子显：《南齐书》卷五十七《魏虏列传》，中华书局1972年版，第985页。

⑥ 〔北齐〕魏收：《魏书》卷二《太祖纪》，中华书局1974年版，第34–35页。

外出巡幸时，亦喜欢刻石纪念：

夏四月己亥，行幸方山。建永固石室于山上，立碑于石室之庭，又铭太皇太后终制于金册，又起鉴玄殿。①

凡此种种，必然会需要大批石匠。北魏时，见于正史记载的大规模征求工匠就有两次：一次为天兴元年（398）正月，“徙山东六州民吏及徒何、高丽杂夷三十六万，百工伎巧十万余口，以充京师”②；另一次为太平真君七年（446）三月，“徙长安城工巧二千家于京师”③。为了稳定工匠队伍，北魏太武帝于太平真君五年（444）下诏书曰：

自顷以来，军国多事，未宣文教，非所以整齐风俗，示轨则于天下也。今制自王公已下至于卿士，其子息皆诣太学。其百工伎巧、驺卒子息，当习其父兄所业，不听私立学校。违者师身死，主人门诛。④

就像马衡先生所言：“分工则其艺专一，世业则其术精进。”⑤佛教造像兴盛，就必然为社会培养出大批能工巧匠，特别是从事雕塑的石匠，而大规模的集体劳动则有助于形成一种具有代表性的雕刻艺术风尚，并体现在墓志碑石上：“魏碑无不佳者，虽穷乡儿女造像，而骨血峻宕，拙厚中皆有异态，构字亦紧密非常，岂与晋世皆当书之会邪，何其工也！”⑥随着佛教石窟雕刻的流行，西方雕刻的造型及花纹亦传入中国：

佛教传入中国，在建筑上最显著而久远之影响，不在建筑本身之基

---

① 〔北齐〕魏收：《魏书》卷七上《高祖纪上》，中华书局1974年版，第150页。

② 〔北齐〕魏收：《魏书》卷二《太祖纪》，中华书局1974年版，第32页。

③ 〔北齐〕魏收：《魏书》卷四下《世祖纪下》，中华书局1974年版，第100页。另，孙昌武以为：“魏明元帝拓跋嗣泰常二年（417）灭后秦，迁移长安工匠二千人于平城，遂把中原佛教艺术引入北方。”（孙昌武：《中国佛教文化史》，中华书局2010年版，第1484页）查史料无载，显然是将此次迁移张冠李戴。

④ 〔北齐〕魏收：《魏书》卷四下《世祖纪下》，中华书局1974年版，第97页。

⑤ 马衡：《马衡讲金石学》，凤凰出版社2010年版，第5页。

⑥ 崔尔平注：《广艺舟双楫注》，上海书画出版社1981年版，第172页。

本结构，而在雕饰。云冈石刻中装饰花纹种类奇多，十九为外国传入之母题，其中希腊、波斯纹样，经犍陀罗输入者尤多，尤以回折之卷草，根本为西方花样。不见于中国周、汉各纹饰中。中国后世最通用之卷草，西番草，西番莲等等，均导源于希腊 Acanthus 叶者也。①

在后世出土的墓志中，卷草、西番草、西番莲亦为墓志的主要装饰花纹，“从石雕艺术的角度来讲，在南北朝兴起的佛教造像艺术对墓志纹饰的影响是十分重要的。这一点，只要将北朝佛教造像与墓志纹饰加以对比，就可以清楚地看出来”②。我们有理由相信，那些镌刻墓志的能工巧匠与长年累月雕刻佛像的工匠很可能是同一批人，起码两者在技艺的传承上是有交集的。要注意的是，墓志的发展与佛教造像艺术的发展似乎呈正相关关系：

中国石窟开凿始于公元三世纪，正当佛教大规模输入的时候。中国主要大型石窟的分布是从新疆迤逦向东，沿丝绸之路到中原一线，再向南、向东两方扩展。这正是从西方输入佛教的路径。又大型石窟主要开凿于十六国至隋唐时期。特别是北朝佛教重修持、重践履，开窟造像乃是佛教徒的重要功德，当时上有朝廷帝王提倡，下有民间法社盛行，给兴建大规模佛教工程提供了条件。到唐代，佛教发展进入鼎盛阶段，朝野积累起充足的财力、物力，凿造石窟形成高潮，至宋元渐趋衰落。③

随着佛教造像艺术的消歇，墓志也走向衰落：“隋墓志上承六朝，下开唐宋，其形制文体，渐成定式。唐墓志流传独多，式亦最备。宋墓志

① 梁思成：《中国建筑史》，生活·读书·新知三联书店 2011 年版，第 73 页。
② 赵超：《古代墓志通论》，上海古籍出版社 2006 年版，第 101 页。
③ 孙昌武：《中国佛教文化史》，中华书局 2010 年版，第 1440－1441 页。

之数，不逮唐之十一，元又不逮宋之半。于此可以知风俗之奢俭矣。”①佛教对中国传统文化的影响既深且远，表现在墓志的演变上，主要有三个方面：一是提升了工匠们的镌刻技艺，二是影响了墓志的书法，三是影响了墓志内容的书写。佛教造像艺术对墓志的影响这个问题尚有很大的探讨空间，就笔者视野所及，尚没有专文对此做一番探讨。

第三节　润笔与墓志

到了唐代，墓志大盛：“古葬无石志，近代贵贱通用之。”②“古葬无石志”之说有误，但“近代贵贱通用之”，则是事实，“隋唐承北朝之余风，事无巨细，多刻石以纪之。自是以后，又复大盛，于是石刻文字，几遍中国矣”③。隋唐以来，润笔成为影响墓志盛行的一个重要因素。

通常认为，润笔之说起源于隋代，“上令内史令李德林立作诏书，高颎戏谓译曰：‘笔干。’译答曰：‘出为方岳，杖策言归，不得一钱，何以润笔。’上大笑”④了但润笔之事，顾炎武以为起源于东汉晚期：

蔡伯喈集中，为时贵碑诔之作甚多，如胡广、陈寔各三碑，桥玄、杨赐、胡硕各二碑。至于袁满来年十五、胡根年七岁，皆为之作碑，自

① 马衡：《马衡讲金石学》，凤凰出版社2010年版，第63页。关于宋代之后墓志减少的原因，学术界尚无一个确定的说法，比如，明代学者以为：“仆居闲，偶想起宇宙间有一二事，人人见惯而绝是可笑者，其屠沽细人，有一碗饭吃，其死后则必有一篇墓志；其达官贵人与中科第人，稍有名目在世间者，其死后则必有一部诗文刻集。”［〔明〕唐顺之：《荆川先生文集》卷六《答王遵岩》，四部丛刊本（其中标点为笔者所加）］愚以为，后世生齿日繁，倘若“有一碗饭吃，其死后则必有一篇墓志”，那么后世之墓志只会变多，而不会减少。不过，近代以来，墓志大为减少也是事实，这个问题尚有探讨的空间。不过公认的是，墓志文的书法水平一代不如一代。

② 〔唐〕封演撰、赵贞信校注：《封氏闻见记校注》卷六《石志》，中华书局2005年版，第56页。

③ 马衡：《马衡讲金石学》，凤凰出版社2010年版，第45页。

④ 〔唐〕魏徵、令狐德棻：《隋书》卷三十八《郑译列传》，中华书局1973年版，第1137页。

非利其润笔，不至为此。史传以其名重，隐而不言耳。[①]

笔者认为，上述论证略显武断，润笔的起源时间当在东汉早期：

王充《论衡》曰："扬子云作《法言》，蜀富贾人赍钱十万，愿载于书。子云不听，曰：'夫富无仁义，犹圈中之鹿、栏中之羊也，安得妄载。'"[②]

虽然扬雄推掉了富人的润笔，但可见当时亦有这种风气。宋代学者洪迈以为："作文受谢，自晋、宋以来有之，至唐始盛。"[③]将润笔的起源时间定为晋、宋，显然不确，若说它盛行于唐代，理固如此。清代学者进一步以为，润笔"尤盛于唐之元和长庆间"[④]。

润笔盛行需要满足三个条件：①经济发达；②民众富庶；③社会尚文。盛唐经济的发展和文化的繁荣，是润笔流行的社会条件。以润笔求墓志，也与儒家文化重视身后名有关，"在各种实用性文体中，受赠润笔最丰厚的是墓志碑文。究其原因，主要是墓志碑文为墓主一生的盖棺定论，华夏文明特别注重人身后的名声清誉，而记载、表彰墓主嘉言懿行的墓志碑铭是刻石流传，可使墓主声名不朽"[⑤]。

唐代的李邕文笔极佳，故其撰写碑文赚取的润笔就颇为丰厚：

初，邕早擅才名，尤长碑颂。虽贬职在外，中朝衣冠及天下寺观，多赍持金帛，往求其文。前后所制，凡数百首。受纳馈遗，亦至巨万。

---

① 〔清〕顾炎武著，黄汝成集释，栾保群、吕宗力校点：《日知录集释（全校本）》卷十九，上海古籍出版社2006年版，第1108页。

② 〔唐〕徐坚等：《初学记》卷十八，中华书局1962年版，第442页。（其中标点为笔者所加）

③ 〔宋〕洪迈撰、孔凡礼点校：《容斋随笔·续笔》卷六，中华书局2005年版，第286页。

④ 〔清〕钱泳撰、张伟点校：《履园丛话》卷三，中华书局1979年版，第73页。

⑤ 王兆鹏：《宋代的"润笔"与宋代文学的商品化》，载《学术月刊》2006年第9期，第96页。

时议以为自古鬻文获财，未有如邕者。[①]

李邕之后，以撰写墓志、碑文赚取润笔出名的，当为韩愈，“三十余年，声名塞天。公鼎侯碑，志隧表阡，一字之价，辇金如山”[②]。韩愈撰写墓志，一种情况是私人请托，如其撰写《王用神道碑》，所得润笔为“其王用男所与臣马一匹，并鞍衔、白玉腰带一条”[③]。另一种情况是公务行为，但当事人也要付润笔：

奉敕撰平淮西碑文。伏缘圣恩，以碑本赐韩弘等。今韩弘寄绢五百匹与臣充人事物，未敢受领，谨录奏闻，伏听进旨。谨奏。

臣某言：今日品官第五文嵩至臣宅奉宣圣旨，令臣受领韩弘等所寄撰碑人事绢者。恩随事至，荣与幸并，惭忭怵惕，罔知所喻。[④]

因撰写墓志，韩愈获利甚多，甚至被学生盗取：“后（刘义）以争语不能下宾客，因持愈金数斤去，曰：‘此谀墓中人得耳，不若与刘君为寿。’愈不能止，归齐、鲁，不知所终。”[⑤]撰写墓志后接受润笔，在唐代已成为一种流俗，故白居易为好友元稹撰写墓志，元家也照常赠送丰厚的润笔：

予早与故元相国微之，定交于生死之间，冥心于因果之际。去年秋，微之将薨，以墓志文见托。既而元氏之老，状其臧获舆马绫帛洎银鞍玉带之物，价当六七十万，为谢文之贽，来致于予。予念平生分，文不当

---

① 〔后晋〕刘昫等：《旧唐书》卷一百九十中《李邕传》，中华书局1975年版，第5043页。

② 〔唐〕刘禹锡：《刘禹锡集》卷四十，中华书局1990年版，第604页。

③ 〔唐〕韩愈著，刘真伦、岳珍校注：《韩愈文集汇校笺注》卷二十八，中华书局2010年版，第2871页。

④ 〔唐〕韩愈著，刘真伦、岳珍校注：《韩愈文集汇校笺注》卷二十八，中华书局2010年版，第2889－2891页。

⑤ 〔宋〕欧阳修、宋祁：《新唐书》卷一百七十六《韩愈传》，中华书局1975年版，第5269页。

辞，贽不当纳。自秦抵洛，往返再三，讫不得已，［乃］回施兹寺。①

唐代翰林或知制诰撰写公文后接受当事人的润笔，似乎已成惯例，以至有向对方追讨润笔之事：

后为内翰，曾草司空李德诚麻，润毫久不至，为诗督之云：紫殿西头月欲斜，曾草临淮上相麻。润笔已曾经奏谢，更将章句问张华。②

唐代文人追逐润笔，甚至有主动上门要求撰写墓志者，“长安中，争为碑志，若市贾然，大官薨卒，造其门如市，至有喧竞构致，不由丧家”③。

到了宋代，润笔成为一种制度：“内外制凡草制除官，自给谏、待制以上，皆有润笔物。太宗时，立润笔钱数，降诏刻石于舍人院。每除官，则移文督之。在院官下至吏人、院驺，皆分沾。元丰中，改立官制，内外制皆有添给，罢润笔之物。”④ 虽然宋神宗“罢润笔之物”，但润笔浸淫日久，流俗难改，仍然有主动索取润笔的现象：“近时舍人院草制，有送润笔物稍后时者，必遣院子诣门催索，而当送者往往不送。相承既久，今索者、送者皆恬然不以为怪也。”⑤ 流俗所致，影响所及，请人撰写墓志，亦要付给大笔润笔费：

欧公作王文正墓碑，其子仲仪谏议送金酒盘盏十副，注子二把，作

---

①〔唐〕白居易著、顾学颉校点：《白居易集》卷六十八《修香山寺记》，中华书局1979年版，第1441－1442页。

②〔宋〕计有功：《唐诗纪事》卷六十八，上海古籍出版社2013年版，第1017－1018年。

③〔唐〕李肇：《唐国史补》，上海古籍出版社1979年版，第41页。

④〔宋〕沈括撰、胡道静校注：《新校正梦溪笔谈》卷二，中华书局香港分局1975年版，第34页。宋神宗取消润笔，但此制度在南宋初即恢复：“绍兴间，婉容刘氏进位贵妃，亦特命监察御史王纶草制。或云：时宰与王同里，欲其沾赐金，故临期特畀权内制。”（〔宋〕周煇：《清波杂志》卷一，载上海师范大学古籍整理研究所编《全宋笔记》第5编第9册，大象出版社2012年版，第17页）

⑤〔宋〕欧阳修等撰、韩谷等校点：《归田录（外五种）》卷一，上海古籍出版社2012年版，第15页。

> 润笔资。欧公辞不受，戏云："正欠捧者耳。"仲仪即遣人如京师，用千缗买二侍女并献。公纳器物而却侍女，答云："前言戏之耳。"盖仲仪初不知薛夫人严而不容故也。①

通过撰写墓志赚取润笔费用，不仅盛行于文人士大夫之间，还盛行于民间，"乡中最重润笔，每一志文成，则太平车中载以赠之"②。

到了宋代，金石学兴起，收集碑志拓片亦成为一时之风尚，这进一步促进了墓志的商品化。嘉祐二年（1057），欧阳修为杜䜣之父撰写墓志，修书给杜䜣说："刻石了，多乞数本，为人来求者多。"③ 因为有市场需求，墓志的拓片成为热销品。当时的文人笔记就记载了一件与欧阳修相关的墓志逸事：

> 欧公撰石曼卿墓表，苏子美书，邵竦篆额。山东诗僧秘演力干，屡督欧俾速撰，文方成，演以庚二两置食于相蓝南食殿耆讫，白欧公写名之日为具，召馆阁诸公观子美书。书毕，演大喜曰："吾死足矣。"饮散，欧、苏嘱演曰："镌讫，且未得打。"竟以词翰之妙，演不能却。欧公忽定力院见之，问寺僧曰："何得？"僧曰："半千买得。"④

唐宋以来，请人撰写墓志后支付润笔成为一种惯例，此后历代不绝。对丧家来说，可以借名家之笔让墓主人的事迹流传下去；对墓志撰写者来说，润笔成为收入的来源之一。润笔盛行，加上为尊者、长者讳的文化传统，使得墓主人的事迹不免有夸大或遮蔽之嫌，故后人有谀墓文一说。

---

①〔宋〕曾慥：《高斋漫录》，载上海师范大学古籍整理研究所编《全宋笔记》第4编第5册，大象出版社2008年版，第99页。

②〔宋〕王明清：《挥麈后录》卷六，载上海师范大学古籍整理研究所编《全宋笔记》第6编第1册，大象出版社2013年版，第165页。

③〔宋〕欧阳修著、李逸安点校：《欧阳修全集》卷七十《再与杜䜣论祁公墓志书》，中华书局2001年版，第1021页。

④〔宋〕文莹撰，郑世刚、杨立扬点校：《湘山野录》卷下，中华书局1984年版，第59页。

第四节　士风转变与墓志书写

中国历代王朝素以农业立国，重农抑商是历代朝廷的主导政策，重义轻利也是儒家重要的价值观，为了求取润笔而撰写谀墓文属“准商业行为”，已经冲击了传统社会的价值观，更有悖于儒家文人士大夫所秉持的风骨。舆论总希望文人能洁身自好，于墓志撰写上能做到重义轻利：

俛趣尚简洁，不以声利自污。在相位时，穆宗诏撰《故成德军节度使王士真神道碑》，对曰：“臣器褊狭，此不能强。王承宗先朝阻命，事无可观，如臣秉笔，不能溢美。或撰进之后，例行贶遗。臣若公然阻绝，则违陛下抚纳之宜，僶俛受之，则非微臣平生之志。臣不愿为之秉笔。”帝嘉而免之。①

贯之沈厚寡言，与人交，终岁无款曲，不为伪辞以悦人。为右丞时，内僧造门曰：“君且相。”贯之命左右引出，曰：“此妄人也。”居辅相，严身律下，以正议裁物，室居无所改易。裴均子持万缣请撰先铭，答曰：“吾宁饿死，岂能为是哉！”生平未尝通馈遗，故家无羡财。②

顾炎武拒绝为朋友亡故的母亲作传，并借此机会批判韩愈：“韩文公文起八代之衰，若但作《原道》、《原毁》、《争臣论》、《平淮西碑》、《张中丞传后序》诸篇，而一切铭状概为谢绝，则诚近代之泰山北斗矣。今犹未敢许也。此非仆之言，当日刘叉已讥之。”③

但在世俗层面，人们总希望墓志撰写者能扬善隐恶，为尊长讳，更

---

① 〔后晋〕刘昫等：《旧唐书》卷一百七十二《萧俛传》，中华书局 1975 年版，第 4478－4479 页。

② 〔宋〕欧阳修、宋祁：《新唐书》卷一百六十九《韦贯之传》，中华书局 1975 年版，第 5155 页。

③〔清〕顾炎武著、华忱之点校：《顾亭林诗文集》，中华书局 1983 年版，第 96 页。

希望借助撰写者的笔，将墓主人的事迹留存于世，所以愈加重视墓志撰写者的身份和地位：

故凡撰文书碑姓名俱不著，所列者如门生故吏，皆刻于碑阴，或别碑，汉碑中如此例者不一而足。自此以后，谀墓之文日起，至隋唐间乃大盛，则不重所葬之人，而重撰文之人矣。①

这样，社会对文人的道德评价就与墓志请托人的要求构成了一种外在的矛盾。有唐一代，新旧礼俗杂糅，是陈寅恪所认为的新旧道德转化的时期：

又唐代新兴之进士词科阶级异于山东之礼法旧门者，尤在其放浪不羁之风习。故唐之进士一科与倡伎文学有密切关系，孙棨《北里志》所载即是一证。又如韩偓以忠节著闻，其平生著述中香奁一集，淫艳之词亦大抵应进士举时所作。然则进士之科其中固多浮薄之士，李德裕、郑覃之言殊未可厚非，而数百年社会阶级之背景实与有关涉，抑又可知矣。②

再如，《故妓人清河张氏墓志》系丈夫为亡妻撰写的墓志，撰写者为当时的高官——两池榷盐使、太子右庶子、御史中丞李从质。

妓人清河张氏，世良家也。年二十归于我。色艳体闲，代无罕比。温柔淑愿，雅静沉妍。随余任官，咸通五年甲申岁十一月一日暴疾殁于解县榷盐使宅，享年五十一，悲哉！有男二人，女一人。长男庆之，早卒，终睦州参军。次男承庆，前宣州旌德县丞。咸通六年岁在乙酉四月二十日葬于东都河南县金谷乡，呜呼哀哉！③

---

① 〔清〕钱泳撰、张伟点校：《履园丛话》卷三，中华书局1979年版，第82页。

② 陈寅恪：《唐代政治史述论稿》，生活·读书·新知三联书店1956年版，第92页。（个别标点有改动）

③ 周绍良、赵超主编：《唐代墓志汇编续集》咸通〇二八《故妓人清河张氏墓志》，上海古籍出版社2001年版，第1055页。

据考证，李从质是唐代名相李德裕之兄李德修的儿子。[①] 坦然承认亡妻为妓女出身，为妓女撰写墓志，歌颂妓女的温柔、多才。这样的现象并不少见，如《有唐吴兴沈氏墓志铭并序》：

吴兴沈子柔，洛阳青楼之美丽也。居留府官籍，名冠于辈流间，为从事柱史源匡秀所瞩殊厚。子柔幼字小娇，凡洛阳风流贵人，博雅名士，每千金就聘，必问达辛勤，品流高卑，议不降志。居思恭里。实刘媪所生，有弟有姨，皆亲骨肉。善晓音律，妙攻弦歌，敏惠自天，孝慈成性。咸通寅年，年多疠疫，里社比屋，人无吉全。子柔一日晏寝香闺，扶衾见接，饫展欢密，倏然吁嗟曰：妾幸辱郎之顾厚矣，保郎之信坚矣。然也，妾自度所赋无几，甚疑旬朔与疠疫随波。虽问卜可禳，虑不能脱。余只谓抚讯多阙，怨兴是词。时属物景喧秾，栏花竞发，余因招同舍毕来醉欢。俄而未及浃旬，青衣告疾，雷犇电掣，火裂风摧，医救不施，奄忽长逝。呜呼！天植万物，物固有尤，况乎人之最灵，得不自知生死。所恨者贻情爱于后人，便销魂于触向，空虞陵谷，乃作铭云：丽如花而少如水，生何来而去何自？火燃我爱爱不销，刀断我情情不已。虽分生死，难坼因缘，刻书贞珉，吉安下泉。[②]

从上述墓志可以看出，一方面，唐代妇女地位颇高，社会舆论较为宽容；另一方面，士子并不以与妓女交往为耻，这在后世看来绝对有世风浇薄之嫌疑。宋代商品经济发达，通过撰写墓志求润笔亦很风行，“孙仲益每为人作墓碑，得润笔甚富，所以家益丰”[③]。更有不少底层的文人要靠撰写墓志谋生，“唐王仲舒为郎中，与马逢友善，每责逢曰：‘贫不可堪，何不寻碑志相救?’逢笑曰：‘适见人家走马呼医，可立待也。’”[④]

但是，以苏轼和司马光为代表的士大夫明确反对以谀墓文换取润笔，

---

① 刘蓬春：《唐人蓄妓对家庭观念的影响——〈故妓人清河张氏墓志〉考析》，载《四川师范大学学报（社会科学版）考析》2006 年第 6 期，第 119－124 页。

② 周绍良、赵超主编：《唐代墓志汇编续集》咸通〇六六《有唐吴兴沈氏墓志铭并序》，上海古籍出版社 2001 年版，第 1085 页。

③〔宋〕王明清：《挥麈后录》卷十一，载上海师范大学古籍整理研究所编《全宋笔记》第 6 编第 1 册，大象出版社 2013 年版，第 219 页。

④〔宋〕赵令畤：《侯鲭录》卷六，中华书局 2002 年版，第 152 页。

他们不但在口头上反对，更身体力行，不轻易为人撰写墓志。苏轼自言："轼于天下，未尝志墓。独铭五人，皆盛德故。"① 李廌为苏轼故人之子，苏门六学士之一，他希望苏轼能为其父撰写墓志，苏轼推辞道：

示谕，固识孝心深切。然某从来不独不书不作铭、志，但缘子孙欲追述祖考而作者，皆未尝措手也。近日与温公作行状书墓志者，独以公尝为先妣墓铭，不可不报耳。其他决不为，所辞者多矣，不可独应命。想必得罪左右，然公度某无他意，意尽于此矣。②

为求得对方的谅解，苏轼后来多次写信，陈述自己不为对方作墓志的缘由。苏轼憎恨世俗的谀墓行为，以为"此风不可长"，即使是皇帝的诏书，亦敢推辞不为：

右臣平生不为人撰行状、埋铭、墓碑，士大夫所共知。近日撰《司马光行状》，盖为光曾为亡母程氏撰埋铭。又为范镇撰墓志，盖为镇与先臣洵平生交契至深，不可不撰。及奉诏撰司马光、富弼等墓碑，不敢固辞，然终非本意。况臣老病废学，文辞鄙陋，不称人子所以欲显扬其亲之意。伏望圣慈别择能者，特许辞免。③

苏轼洁身自好，不为谀墓所累，司马光亦坚持此种态度：

凡刊琢金石，自非声名足以服天下，文章足以传后世，虽强颜为之，后人必随而弃之，乌能流永久乎？彼孝子孝孙，欲论撰其祖考之美，垂之无穷。而愚陋如光者，亦敢膺受以为己任，是羞污人之祖考，而没其德善功烈也，罪孰大焉？遂止不为。自是至今六七年，所辞拒者且数十家。④

---

① 〔宋〕苏轼撰、孔凡礼点校：《苏轼文集》卷六十三，中华书局1986年版，第1953页。

② 〔宋〕苏轼撰、孔凡礼点校：《苏轼文集》卷五十三，中华书局1986年版，第1579页。

③ 〔宋〕苏轼撰、孔凡礼点校：《苏轼文集》卷三十三，中华书局1986年版，第929页。

④ 〔宋〕司马光撰，李文泽、霞绍晖校点整理：《司马光集》卷六十二，四川大学出版社2010年版，第1283页。

顾以光不为人作碑志已十余年，所辞拒者甚多。往岁有孙令以书见属，欲令光撰其伯父之翰碑，光时复书，叙不可为之故颇详。是后又辞王乐道、曾子固等数家，皆以此书呈之。去年富公初薨，光往吊酹，其孤朝奉在草土中，号哭自掷，必欲使光作墓志。又遣人来，垂谕至于三四。光亦以所以语孙令者告之，竟辞不为。①

不轻易动笔，不为人谀墓，这显示了宋代士大夫珍惜声誉的一面；另一方面，宋代党争激烈，撰写墓志必然涉及对时人的评价，这使得士大夫们下笔时更为谨慎。

范景仁尝为司马文正作墓志，其中有曰："在昔熙宁，阳九数终。谓天不足畏，谓民不足从，谓祖宗不足法。乃裒顽鞠凶。"托东坡先生书之，公曰："二丈之文，轼不当辞。但恐一写之后，三家俱受祸耳。"卒不为之书。东坡可谓先见明矣。当时刊之，绍圣之间，治党求疵，其罪可胜道哉!②

虽然有神宗皇帝的诏命，但为了避免卷入党争，家人还是不希望韩维为富弼撰写墓志：

富韩公之薨也，讣闻，神宗对辅臣甚悼惜之，且曰："富某平生强项，今死矣，志其墓者亦必一强项之人也。卿等试揣之。"已而自曰："方今强项者，莫如韩维，必维为之矣。"时持国方知汝州，而其弟玉汝丞相以同知枢密院预奏事，具闻此语，汗流浃背。于是亟遣介走报持国于汝州，曰："虽其家以是相嘱，慎勿许之；不然，且获罪。"③

范仲淹和吕夷简交恶，欧阳修在为范仲淹撰写神道碑时，就再三考虑如

① 〔宋〕司马光撰，李文泽、霞绍晖校点整理：《司马光集》卷六十二，四川大学出版社 2010 年版，第 1297 页。

② 〔宋〕王明清：《挥麈后录》卷六，载上海师范大学古籍整理研究所编《全宋笔记》第 6 编第 1 册，大象出版社 2013 年版，第 165 页。

③ 〔宋〕徐度撰、尚成校点：《却扫编》卷上，上海古籍出版社 2012 年版，第 125 页。

何避开祸端：

昨日范公宅得书，以埋铭见托。哀苦中无心绪作文字，然范公之德之才，岂易称述？至于辨谗谤，判忠邪，上不损朝廷事体，下不避怨仇侧目，如此下笔，抑又艰哉！某平生孤拙，荷范公知奖最深，适此哀迷，别无展力，将此文字，是其职业，当勉力为之。更须诸公共力商榷，须要稳当。①

陈寅恪说过："华夏民族之文化，历数千载之演进，造极于赵宋之世。"② 由唐代到宋代，士风转变的一大体现就是文人士大夫对撰写墓志态度的转变。与唐代文人相比，宋代文人士大夫更看重士人风骨；相对于润笔，他们更爱惜自己的声誉。当然，激烈的党争也影响到了墓志的撰写。

第五节　墓志文体流变

一、墓志文体概说

一通完整的墓志往往包括志和铭两个部分。志，用以叙述墓主人的家世与生平，为散文；铭，用以颂扬墓主人的功德、业绩，为韵文。对墓志这种文体，明代的徐师曾有过细致的论述：

至论其题：则有曰墓志铭，有志、有铭者，是也。曰墓志铭并序，有志、有铭而又先有序者，是也。然云志铭而或有志无铭，或有铭无志者，则别体也。曰墓志，则有志而无铭。曰墓铭，则有铭而无志。然亦有单云志而却有铭，单云铭而却有志者，有题云志而却是铭，题云铭而

① 〔宋〕欧阳修著、李逸安点校：《欧阳修全集》卷一百四十五《与孙威敏公二通》，中华书局2001年版，第2362页。

② 陈寅恪：《陈寅恪集：金明馆丛稿二编》，生活·读书·新知三联书店2001年版，第277页。

却是志者，皆别体也。[①]

关于墓志结构的类型，徐师曾特别指出了一类：“曰墓志铭并序，有志、有铭而又先有序者，是也。”类似的提法还见于清代学者的相关论述中：

志者，识也。或立石墓上，或埋之圹中，古人皆曰志。为之铭者，所以识之之辞也。然恐人观之不详，故又为序。世或以石立墓上，曰碑曰表；埋，乃曰志。及分志、铭二之，独呼前序曰志者，皆失其义。[②]

笔者认为，明清学者的错误之处在于，他们想当然地把“墓志铭并序”中的“序”视为墓志中记叙墓主人家世和生平的部分，但又不能解释志与序的关系，故只能混为一谈。在这种错误理解的基础上，姚鼐甚至以为，志就是标示之意，也就是墓志本身的功能，而墓志中的铭文则是：“为之铭者，所以识之之辞也。”[③] 依据这种观点，墓志的起源就是韵文，作为散文的序则是后来兴起的。

验之于早期的墓志，就可以知道这种说法是错误的。例如，上文所列出的马姜墓志虽伴以韵文，但主体部分还是散文。最早的墓志不是韵文，而是散文，如“故左郎中邓里亭侯沛国丰张盛之墓。元初二年记”[④]。“墓志”的名称起源于东汉，以墓志为名存世的，当为永元四年(92) 九月十四日，“无任陈留高安髡钳朱敬墓志”[⑤]。至于“墓志序”的名称，则见于隋代的墓志，如1957年，中国社会科学院考古研究所在西安发现的李静训墓，墓志名称就是《隋左光禄大夫岐州刺史李公第四女石志铭并序》，这是目前能见到的较早的以序题名的墓志。序就是记叙，

---

① 〔明〕徐师曾著、罗根泽校点：《文体明辨序说》，人民文学出版社1962年版，第149页。（个别标点有改动）

② 〔清〕姚鼐著、王镇远选注：《姚鼐文选》，黄山书社1986年版，第259页。

③ 〔清〕姚鼐编、边仲仁标点：《古文辞类纂》，岳麓书社1988年版，“序”第3页。

④ 赵超：《汉魏南北朝墓志汇编》，天津古籍出版社2008年版，第1页。

⑤ 黄士斌：《汉魏洛阳城刑徒坟场调查记》，载《考古通讯》1958年第6期，第43页。

刘勰以为："夫属碑之体，资乎史才，其序则传，其文则铭。"① 由此可见，序就是志。序替代志，从而使志虚化，实在是文体流变的结果。

墓碑立在神道或者墓圹前，墓志则埋设在墓圹中。一般观点以为，墓碑起源早于墓志，但两者在文体上区别不大，如明代学者以为："文与志大略相似，而稍加详焉。"② "志铭藏于圹中，宜简。神道碑立于墓上，宜详。"③ 其实，唐人就认为，碑文与墓志没有什么差别：

今士大夫之葬，必志于墓，有勋庸道德之家，兼树碑于道。余才术贫虚，不能两致。今作新墓铭，辄刊二石，一置于泉扃，一表于道路，亦岘首汉川之义也，庶芳声之不泯焉。④

二、东汉到唐初的墓志：骈文的时代

早期的墓志，其作用主要在于"防陵谷迁改"，故文字简括，往往以寥寥数语概括墓主人之生平：记事以散文，述德以韵文。虽然是实用文体，但墓志的发展演变必然会受到每个时代文学思潮的影响。

魏晋南北朝时期，文坛盛行的文体就是骈文。骈文追求对仗工稳、隶事典雅，这种专注于形式的写作理念，到隋代发展到极致，"遂复遗理存异，寻虚逐微，竞一韵之奇，争一字之巧。连篇累牍，不出月露之形，积案盈箱，唯是风云之状"⑤。骈文繁缛的文辞必然会降低其表达能力，所以时人讥笑说："博士买驴，书券三纸，未有驴字。"⑥ 由南入北的文人

① 〔南朝·梁〕刘勰著、周振甫注：《文心雕龙注释》，人民文学出版社 1981 年版，第 128 页。

② 〔明〕徐师曾著、罗根泽校点：《文体明辨序说》，人民文学出版社 1962 年版，第 150 页。

③ 〔清〕黄宗羲：《金石要例》，载〔清〕朱记荣辑《金石全例（外一种）》第 1 册，北京图书馆出版社 2008 年版，第 427 页。

④ 〔唐〕范传正：《赠左拾遗翰林学士李公新墓碑》，载《全唐文》卷六百一十四，山西教育出版社 2002 年版，第 3663 页。

⑤ 〔唐〕魏徵、令狐德棻：《隋书》卷六十六《李谔列传》，中华书局 1973 年版，第 1544 页。

⑥ 王利器：《颜氏家训集解（增补本）》卷三《勉学》，中华书局 1993 年版，第 177 页。

庾信是撰写墓志的大手笔，“以碑版之文擅名一代”①，但受时代文风的影响，其所撰墓志在华丽的外表下，难以掩饰内容的空洞，如《周大将军闻嘉公柳遐墓志铭》曰：

君器宇祥正，风鉴弘敏，澡身浴德，游艺依仁，汝南令望，抚风长者。不言财利，王夷甫之为德；不谈人物，阮嗣宗之为人。从容乱离之机，保此令名；舒卷风云之际，无妨贵仕。张衡浑仪之后，即赋《归田》；杜预沉碑已来，遂停乡里。王仲宣有读书之楼，诸葛亮有弹琴之宅，实欲因此谢病，闲居终焉。鸣琴在膝，或对故人；宝剑自随，时过稚子。百年俄顷，呜呼哀哉！遂使君子之陵，止埋铜剑；贤臣之墓，惟铭石函。②

钱钟书批评曰：“信集中铭幽谀墓，居其太半；情文无自，应接未遑，造语谋篇，自相蹈袭。虽按其题，各人自具姓名，而观其文，通套莫分彼此。惟男之与女，扑朔迷离，文之与武，貂蝉兜牟，尚易辨别而已。斯如宋以后科举应酬文字所谓‘活套’，固六朝及初唐碑志通患。”③ 针对这种繁冗的文体，当时的学者就标榜说：“吾家世文章，甚为典正，不从流俗。”④ 革除骈文的弊端，成为时代发展的需要，北周朝廷下诏书曰：“自有晋之季，文章竞为浮华，遂成风俗。太祖欲革其弊，因魏帝祭庙，群臣毕至，乃命绰为大诰，奏行之。”⑤

冰冻三尺，非一日之寒。这种文风亦非在旦夕之间形成的，朱彝尊以为这种文风的源头在后汉：“尝怪六朝文士，为人作碑表志状，每于官阀之下，辄为对偶声律，引他人事比拟，令读者莫晓其生平。而斯碑序

---

① 钱基博著、曹毓英校订：《中国文学史》，华中师范大学出版社2011年版，第191页。

② 〔北周〕庾信撰、〔清〕倪璠注、许逸民校点：《庾子山集注》卷十五，中华书局1980年版，第997页。

③ 钱钟书：《管锥编》，中华书局1979年版，第1527页。

④ 王利器：《颜氏家训集解（增补本）》卷四《文章》，中华书局1993年版，第269页。

⑤ 〔唐〕令狐德棻等：《周书》卷二十三《苏绰传》，中华书局1971年版，第391页。

述，全用韵语，不意自汉已有作俑者。”① 考之东汉元嘉元年（151）的缪宇墓志，就会发现上述说法不无道理：

故彭城相行长史事吕长缪宇字叔异。岩岩缪君，礼性纯淑，信心坚明，□□□备。循京氏易经□□□恭俭礼让，恩惠□□，□□告□，远近敬芗。少秉里□□府召退辟□□执念闾巷□相□□□贤知命，复遇坐席，要舞黑绋。君以和平元年七月七日物故。元嘉元年三月廿日葬。②

受文风浸淫日久，要革除骈文的弊端并非易事，“周时虽暂用古体，而世之为文者骈丽自如，风会所开，聪明日启，争新斗巧，遂成世运，固非功令所能禁也”③。

从东汉末直至唐初，墓志的撰写深受骈文的影响。骈四俪六，讲求声韵，隶事用典，文字繁冗，志与铭文体混同，这就是墓志在这个时代的文体特征。

三、唐宋墓志的演变：纪传体时代

从后周直到隋代，朝廷屡下诏书：“开皇四年，普诏天下，公私文翰，并宜实录。其年九月，泗州刺史司马幼之文表华艳，付所司治罪。自是公卿大臣咸知正路，莫不钻仰坟集④，弃绝华绮，择先王之令典，行大道于兹世。”⑤ 不过让人颇感滑稽的是，这篇诏书本身也有着浓厚的骈文色彩。

韩愈发起的古文运动使得文体大变，“碑版行状之文，自蔡中郎以来，皆华而无实。唐梁肃、李华、独孤及权德舆辈，欲变而未能，至昌

① 〔清〕朱彝尊：《曝书亭集》卷四十七，商务印书馆 1935 年版，第 772 页。（其中标点为笔者所加）

② 赵超：《汉魏南北朝墓志汇编》，天津古籍出版社 2008 年版，第 1 页。

③ 〔清〕赵翼著、王树民校证：《廿二史劄记校证》，中华书局 1984 年版，第 330 页。

④ 坟集，当为坟索，即《三坟》《八索》。

⑤ 〔唐〕魏徵、令狐德棻：《隋书》卷六十六《李谔列传》，中华书局 1973 年版，第 1545 页。

黎而始一洗其习”[①]。古文运动的目的就是上溯秦汉的古文，摒弃华丽的骈文，“由齐梁以至隋唐诸家，文集传者颇多，然词皆骈偶，不为典要。惟韩愈始以史法作之，后之文士，率祖其体”[②]。体现在墓志上，“隋墓志上承六朝，下开唐宋，其形制文体，渐成定式”[③]，以韩愈为元稹夫人撰写的《监察御史元君妻京兆韦氏夫人墓志铭》为例：

夫人讳丛，字茂之，姓韦氏。其上七世祖父封龙门公，龙门之后，世率相继为显官。夫人曾祖父讳伯阳，自万年令为太原少尹副留守北都，卒赠秘书监。其大王父迢，以都官郎为岭南军司马，卒赠同州刺史。王考夏卿，以太子少保赠左仆射。仆射娶裴氏皋女，皋为给事中。皋父宰相耀卿。夫人于仆射为季女，爱之，选婿得今御史河南元稹。稹时始以选授校书秘书省中，其后遂以能直言策第一，拜左拾遗，果直言失官。又起为御史，举职无所顾。

夫人因前受教于贤父母，及得其良夫，又授教于先姑氏，率所事所言，皆从仪法。年二十七，以元和四年七月九日卒。卒三月，得其年之十月十三日葬咸阳，从先舅姑兆。铭曰：

诗歌硕人，爰叙宗亲。女子之事，有以荣身。夫人之先，累公累卿。于赫外祖，相我唐明。归逢其良，夫夫妇妇。独不与年，而卒以夭。实生五子，一女之存。铭于埋辞，以永于闻。[④]

“制从长庆辞高古，诗到元和体变新。”[⑤] 中唐之后，文风为之一变。在韩愈等文人士大夫的努力下，骈文逐渐式微，语言平实的散文开始登上文坛，墓志的文体也变得更贴近于史书中的纪传体。墓志中的铭文除了用来颂德，还成为志文内容的补充，如上文的“实生五子，一女之存”

① 〔清〕何焯著、崔高维点校：《义门读书记》卷四十九，中华书局1987年版，第974页。（其中标点为笔者所加）

② 〔清〕永瑢等：《四库全书总目》卷一百九十六，中华书局1965年版，第1792页。（其中标点为笔者所加）

③ 马衡：《马衡讲金石学》，凤凰出版社2010年版，第63页。

④〔唐〕韩愈著，刘真伦、岳珍校注：《韩愈文集汇校笺注》卷十四，中华书局2010年版，第1599－1600页。

⑤ 〔唐〕白居易：《馀思未尽加为六韵重寄微之》，载《全唐诗》卷四百四十六，中华书局1960年版，第5000页。

就补充说明了元稹的子嗣情况。此外，韩愈还对墓志结构进行了改造：以往的墓志先叙家族由来，再述墓主人生平；韩愈完全打破了这种写法，根据墓主人的实际情况，设定不同的叙述结构。元代金石学家潘昂霄就将韩愈撰写的墓志归纳为十七种括例。①

骈文的优点在于：语句整齐，朗朗上口，言简意赅，言少意多。骈文格式的墓志适合在面积有限的石材上刊刻，故墓志不会完全放弃用骈体格式创作。如《唐故陇西李公墓志铭并序》曰：“交友以道，久而益敬。义勇仁侧，必见于一贵一贱之间；孝慈弘爱，不移造次。公学穷至赜，识洞玄机，爰自六籍，旁及子史，莫不该综，皆探讨奥旨，采掇英华，得其意则冥然，遗其言象，思入天倪，独与道全，物我何有。故虽为文章蕴策术，不急于宦荣，徒乐曾点之懿情，原思之高节，在公之旨，钟鼎山林，其致一也。”② 这篇墓志作于乾符三年（876），这已是韩愈死后五十二年的事情了。该墓志虽然词旨浅近，但仍保留了骈文的格式特点。

宋代的古文运动继续沿着韩愈开辟的道路走下去，“北宋的墓志完全抛开骈体文的束缚。因此可以说，唐代后期的墓志慢慢地开始跳脱前期的骈文风格，演变为半韵文半散文的文体，至北宋中期以后，彻底转为散文风格”③。由骈文到散文，文体转变的原因是多方面的，依笔者之见，如下两个方面不能忽视：第一，文化的普及使得阅读与书写更为普遍，文体就必然会从庙堂下移到市井；第二，宋代是皇帝与士大夫共治天下，文人对文风的好尚，必然会影响朝廷的文体选择。司马光以自己不擅骈文为由，欲辞“翰林学士”职一事，能从侧面说明这一点。

神宗即位，擢为翰林学士，光力辞。帝曰：“古之君子，或学而不文，或文而不学，惟董仲舒、扬雄兼之。卿有文学，何辞为？”对曰：“臣不能为四六。”帝曰：“如两汉制诏可也；且卿能进士取高第，而云不

① 〔元〕潘昂霄：《金石例》卷六，载〔清〕朱记荣辑《金石全例（外一种）》第1册，北京图书馆出版社2008年版，第111页。

② 周绍良、赵超主编：《唐代墓志汇编续集》乾符〇〇七《唐故陇西李公墓志铭并序》，上海古籍出版社2001年版，第1123页。

③ 翁育瑄：《唐宋墓志的书写方式比较——从哀悼文学到传记文学》，宋代墓志史料的文本分析与实证运用（国际学术研讨会），2003年。

能四六，何邪？”竟不获辞。①

由于印刷术发达，墓志在撰写完成后得以广为传播。家人往往希望撰写者把墓主人的生平写得更为翔实。欧阳修为尹洙撰写墓志，文字高古简括，其家人不满，后来又让韩琦撰写，欧阳修曾感慨地说：“然予考古所谓贤人、君子、功臣、烈士之所以铭见于后世者，其言简而著。及后世衰，言者自疑于不信，始繁其文，而犹患于不章，又备其行事，惟恐不为世之信也。”②

唐代前期的墓志基本在千字以内，到了中晚期，墓志字数增多，例如，《大唐故开府邠国公梁公墓志铭》共计一千八百字左右，《唐故魏博节度使检校太尉兼中书令赠太师庐江何公墓志铭》共计三千三百字左右。梁公为宦官梁守谦，参与了唐穆宗和唐文宗的拥立政变；何公即何弘敬，是唐朝晚期藩镇割据时代的节度使。到了宋代，文字繁冗的墓志频繁出现，比如：2008 年，洛阳市第二文物工作队发掘了北宋中期宰相富弼夫妇及其家族墓地，发现墓志十四方，其中富弼墓志计六千五百九十五字③。2009 年，安阳市文物考古研究所对宋代韩琦家族墓地进行了考古发掘，得墓碑三块，其中韩琦墓碑是最大的一块，墓志文计八十一行，满行八十二个字，共六千余字④；在传世文献中，苏轼撰写的《张文定公墓志铭》共计七千二百余字，苏辙撰写的《亡兄子瞻端明墓志铭》则约七千三百字。

后来墓志的撰写，基本就是遵循宋人开辟的道路，再无大的变化。

---

① 〔元〕脱脱等：《宋史》卷三百三十六《司马光传》，中华书局 1977 年版，第 10762 页。

② 〔宋〕欧阳修著、李逸安点校：《欧阳修全集》卷二十四《内殿崇班薛君墓表》，中华书局 2001 年版，第 376 页。

③ 洛阳市第二文物工作队：《富弼家族墓地发掘简报》，载《中原文物》2008 年第 6 期，第 4－8 页。证之于韩维《富文忠公墓志铭并序》，两者相符合。（〔宋〕韩维：《南阳集》卷二十九，载《四库全书》第 1101 册，上海古籍出版社 1987 年版，第 744 页）

④ 安阳市文物考古研究所、河南省文物局南水北调文物保护办公室：《河南安阳市宋代韩琦家族墓地》，载《考古》2012 年第 6 期，第 48－49 页。

第六节 墓志与其他阴间文书的辨析

阴间文书除了墓志，还有告地书、镇墓文、买地券等。这几种阴间文书都有志墓的功能，但无论从文体特征还是从宗教思想来看，它们都与墓志有着较为显著的差异。

一、告地书

告地书起源于西汉初年，是官员模拟阳世的公文格式开给阴间的“介绍信”，目的是让死者把户籍迁入阴间。告地书不见于史册，基本出现在湖北、江苏等楚国故地的墓葬中。目前所见最早的告地书（前183）出土于荆州谢家桥一号墓。荆州高台十八号汉墓（前173）出土了一件较有代表性的告地书：

七年十月丙子朔、庚子，中乡起敢言之，新安大女燕自言；与大奴甲、乙［大］婢妨徙安都，谒告安都，受［名］数，书到，为报，敢言之。

十日庚子江陵龙氏丞敢移安都丞，亭（正面）户手（背面）。①

上述买地书显然是仿照政府文书，由阳世官员将死者的户籍移交给阴间官员，“这里是向地下官吏通报燕到来的文书，告地书即成为进入冥世的身份和报到证明”②。如果以今天的公文格式来衡量，这份告地书就是一种混搭式公文，这里面包含两个程序：首先，需要迁移户籍的大女燕向当地官员提出申请；其次，官员批准后以函件的形式向阴间官员开出迁移函。出土于长沙马王堆三号墓的汉文帝前元十二年（按：前168）的告地书是另一种情况，即由家人以信函的形式移交户籍给阴间官员，

---

① 黄盛璋：《江陵高台汉墓新出“告地策”、遣策与相关制度发复》，载《江汉考古》1994年第2期，第41页。

② 郗文倩：《汉代告地书及其文体渊源述论》，载《南都学坛（人文社会科学学报）》2011年第3期，第2页。

其中写道："十二年二月乙巳朔，戊辰，家丞奋移主臧（藏）郎中，移臧（藏）物一编，书到，先选（撰）具奉主臧（藏）君。"① 这份告地书省略掉的内容可以用墓葬中的遣册补足。一般观点认为，这些告地书均出现在楚国故地，这与历史上楚国巫风大盛有很大的关系，这些告地书也必然出自巫士之手。

有研究者就此以为，告地书是镇墓文、买地券的源头，但以笔者所见，在没有更多的考古发现作为佐证的情况下，如此下结论未免有些武断。首先，告地书所出土的地域只限于楚国故地，而后两者则见于中原一带，在地域上没有交叉，为什么前者会影响后者？其次，就目前告地书的数量来看，有文字的不超过十个，凭这么少的材料去下结论，可靠性有几分？

告地书标明了死者的姓名、籍贯等个人信息，故具有志墓的功能，在这点上，它与墓志有相似的地方；告地书蕴含着某种宗教思想，其制作目的并不是用于志墓。

二、镇墓文

镇墓文起源于东汉中期，是以丹墨书在陶瓶上的镇墓文字，其目的是为亡者除罪、为生人祈福。② 1957 年，考古工作者在西安市和平门外雁塔路东发现了几座古墓，其中四号墓内出土东汉初平四年（193）朱书灰陶瓶一件，在陶瓶的腹部及腹下部满书朱文：

初平四年十二月，己卯朔，十八日丙申。直危天帝使者，谨为王氏之家，后死黄母，当归旧阅。慈告丘丞、莫（墓）伯（柏）、地下二千石、蒿里君、莫（墓）黄、莫（墓）主、莫（墓）故夫人、决曹、尚书令、王氏冢中先人：无惊无恐，安隐（稳）如故。令后曾（增）财益口，千秋万岁，无有央咎。谨奉黄金千斤两，用填（镇）冢门。地下死籍削除，文他央咎，转要道中人，和以五石之精，安冢莫（墓），利子孙。故

---

① 湖南省博物馆、中国科学院考古研究所：《长沙马王堆二、三号汉墓发掘简报》，载《文物》1974 年第 7 期，第 43 页。（其中标点为笔者所加）

② 据黄景春调查，作为一种葬俗，镇墓文在全国很多地区依旧存在。（黄景春：《西北地区买地券、镇墓文使用现状调查与研究》，载《民俗研究》2006 年第 2 期，第 190－203 页）

以神瓶震（镇）郭门。如律令。[1]

这是一篇典型的镇墓文。从文体格式来看，开头即注明时间（这个时间可认定为下葬的时间），发出指令的是天神，接受命令的是地鬼，末尾模仿政府文书，以“如律令”作结；从内容来看，包括三方面内容——为生人祈福，杜绝死者纠缠生者，杜绝恶鬼欺凌死者。也就是说，镇墓文的目的在于庇护在阳世的生人。一些简单的镇墓文干脆略去了对死者的庇护，只为生者消灾祈福：

麟加八年闰月，甲辰朔六日乙酉，重执［姬］女训，身死。自注应之，今厌解。天注、地注、岁注、月注、日注、时注，生人前行，死人却步，生死道异，不得相［撞］。急急如律令。[2]

有学者以为，镇墓文源于买地券，因为它们的性质一样。[3] 笔者以为，两者虽然都关乎鬼神世界，但其背后的宗教思想明显不同。镇墓文的源头是战国以来的镇墓兽，镇墓兽的源头则是方相氏，“方相氏，掌蒙熊皮，黄金四目，玄衣朱裳，执戈扬盾，帅百隶而时难，以索室驱疫”[4]。方相氏驱鬼的习俗，一直保留到汉代：

先腊一日，大傩，谓之逐疫。其仪：选中黄门子弟年十岁以上，十二以下，百二十人为侲子。皆赤帻皂制，执大鼗。方相氏黄金四目，蒙熊皮，玄衣朱裳，执戈扬盾。十二兽有衣毛角。中黄门行之，冗从仆射将之，以逐恶鬼于禁中。[5]

---

① 唐金裕：《汉初平四年王氏朱书陶瓶》，载《文物》1980年第1期，第95页。（其中标点为笔者所加）

② 甘肃省敦煌县博物馆：《敦煌佛爷庙湾五凉时期墓葬发掘简报》，载《文物》1983年第10期，第58页。（其中标点为笔者所加）

③ 鲁西奇：《汉代买地券的实质、渊源与意义》，载《中国史研究》2006年第1期，第47－68页。

④ ［汉］郑玄注、［唐］贾公彦疏：《周礼注疏》卷三十七，上海古籍出版社2010年版，第1207页。

⑤ ［南朝·宋］范晔撰、［唐］李贤等注：《后汉书》志五《礼仪中》，中华书局1965年版，第3127页。

东汉之后，随着道教的兴起，符咒文化盛行，镇墓文就逐步替代了镇墓兽。镇墓文标注了下葬的时间、墓主的名字，故也有志墓的功能。

三、买地券

买地券起源于东汉，券文模拟阳世土地买卖契约，是埋葬于地下的丧葬明器，亦有墓莂、地券、地契等多种称谓。买地券成为正式名称大约在北宋崇宁年间："今人造墓，必用买地券，以梓木为之，朱书云'用钱九万九千九百九十九文，买到某地'云云，此村巫风俗如此，殊为可笑。"① 除了上述文献记载，很多出土文物也证明了这一点。② 在土地私有制的影响下，对富贵人家来说，墓地不是什么问题，而对一般平民来说，土地非常珍贵，所以买地券基本见于贫民的墓葬中：

> 今见传世东汉买地券之主人，除孙成券明言其为"左骏厩官大奴"之外，余皆称券主为"大男"或"大女"，其社会经济身份难以确考。然由"大男""大女"（即成年男女）之称谓观之，其社会地位不会太高，很可能即一般平民③。

存世最早的买地券是东汉永平十六年（73）的姚孝经买地券，"永平十六年四月廿二日，姚孝经买桥伟冢地约亩。出地有名者以券书从事"④。随着文体的逐渐成熟，买地券的内容愈发繁复：

> 建宁四年九月戊午朔廿八日乙酉，左骏厩官大奴孙成从雒阳男子张伯始卖所名有广德亭部罗佰田一町，贾钱万五千。钱即日毕。田东比张长卿，南比许仲异，西尽大道，北比张伯始。根生土著毛物皆属孙成。

---

① 〔宋〕周密撰、吴企明点校：《癸辛杂识》，中华书局1988年版，第277页。（个别标点有改动）

② 张传玺：《契约史买地券研究》第十二章，中华书局2008年版，第230－241页。

③ 鲁西奇：《汉代买地券的实质、渊源与意义》，载《中国史研究》2006年第1期，第67页。

④ 涂白奎：《〈姚孝经砖文〉性质简说》，载《华夏考古》2005年第1期，第88页。传世的西汉买地券均被证明为后人作伪。（鲁西奇：《汉代买地券的实质、渊源与意义》，载《中国史研究》2006年第1期，第47－68页）

田中若有尸死，男即当为奴，女即当为婢，皆当为孙成趍走给使。田东、西、南、北，以大石为界。时旁人樊永、张义、孙龙、异姓、樊元祖，皆知张约。沽酒各半。①

这则买地券格式上依照地契的模式，依次将交易时间、交易双方、标的、券价、担保人及礼酒交代清楚。但券中对田中死尸的诅咒让不少学者感到费解，有学者将此类现象解释为：

仔细研读上引诸买地券，则知"争地者"正是田中伏尸，以及我们在后世买地券中常见的"外姓他鬼"。买地券既由"亡者居室之执守"，那么，它应当是亡人与鬼神之间订立的契约，其买地人固然已经亡故，卖地人及见证人也都是早已亡故之人，亦即鬼魂，而不是生人，很可能就是指与亡人墓葬相邻的墓主。②

把"田中伏尸"解释为临近墓圹的墓主，难以自圆其说。事实上，东汉以来，随着人地矛盾日益突出，盗葬现象时有发生，风水观念的出现更对盗葬风气起到了推波助澜的作用。为避免被他人盗葬而立下咒语"男即当为奴，女即当为婢"（本书第七章对此有详细的论述），这明显受到了汉代道家符箓的影响。东汉时期的买地券，其交易双方是明确的，到了后世，交易一方就变为特定的鬼神：

某年月日具官封姓名，以某年月日殁。故龟筮叶从相地袭吉，宜于某州某县某乡某原安厝宅兆，谨用钱九万九千九百九十九贯文，兼五彩信币买地一段。东西若干步，南北若干步。东至青龙，西至白虎，南至朱雀，北至玄武，内方勾陈，分擘四域，丘丞墓伯封部界畔道路，将军齐整阡陌，千秋万岁，永无殃咎。若辄干犯呵禁者，将军亭长收付河伯，今以牲牢酒饭百味香新，共为信契，财地交相，分付工匠，修营安厝，已后永保休吉。知见人岁月，主保人今日直符，故气邪精不得忏吝，先

---

① 张传玺主编：《中国历代契约会编考释》，北京大学出版社1995年版，第48－49页。

② 鲁西奇：《汉代买地券的实质、渊源与意义》，载《中国史研究》2006年第1期，第55页。

有居者，永避万里。若违此约，地府主吏自当其祸，主人内外存亡，悉皆安吉，急急如五帝使者，如青律令。①

镇墓文和买地券没有渊源关系，有学者认为："镇墓文和买地券是性质不同的两种事物，买地券是东汉以来随葬的一种反映土地私有权及其观念的文书，象征着人死后继续对土地的占有。镇墓文则是为死人解适，为生人祈福，断绝死人与生人的解殃文辞。"②

由此看来，告地书、镇墓文、买地券这三种阴间文书都有一定的志墓功能，但笔者认为，志墓并非它们的目的所在，它们和单一用于志墓的墓志是不同的；从意识形态上看，上述三者虽都体现了巫鬼神道观，但墓志主要体现了显亲扬名的儒家孝道观，其精神实质大不一样。

第七节　墓志的文史价值

毋庸置疑，墓志在发展过程中受到过碑文的影响，一些研究者由此以为墓志来源于碑文。事实上，碑文和墓志的"母体"均为行状。行状类似于今天的自传，"状者，貌也。体貌本原，取其事实，先贤表谥，并有行状，状之大者也"③。行状最早的作用是作为确定谥号的依据，"太常博士掌谥，职事三品以上薨者，故吏录行状，申尚书省考功校勘，下太常博士拟议讫，申省，省司议定，然后闻奏"④。墓志出现之后，为其提供写作材料的必然是行状，宋代学者以为行状出现于南朝："自唐以来，未为墓志铭，必先有行状，盖南朝以来已有之。"⑤ 清代学者则以为行状出现在东汉末期：

---

① 〔北宋〕王洙等编撰，〔金〕毕履道、张谦校，金身佳整理：《地理新书校理》，湘潭大学出版社2012年版，第428－429页。（引文有改动）

② 吕志峰：《东汉镇墓文考述》，载《东南文化》2006年第6期，第73页。

③ 〔南朝·梁〕刘勰著、周振甫注：《文心雕龙注释》，人民文学出版社1981年版，第280页。

④ 〔唐〕封演撰、赵贞信校注：《封氏闻见记校注》卷四《定谥》，中华书局2005年版，第33页。

⑤ 〔宋〕吴曾：《能改斋漫录》卷二，中华书局1960年版，第22页。

按《梁书》，江淹为宋建太妃周氏行状，任昉、裴子野皆有行状。《南史》：袁昂临殁，敕诸子不得上行状。徐孝嗣为吴兴守，王俭赠以四言诗，人以比蔡子尼行状，《北史》：邢臧为甄琛行状，世称其工。而裴松之《三国志注》，引用先贤行状最多，则汉末已有之，并不自六朝始也。①

这种谨慎的观点建立在存世文献的基础上，但可以推测，谥号的出现伴随着行状文体的萌芽，行状的出现要比文献记载的早。对墓志撰写者来说，如果没有墓主亲属、故旧提供的行状，写幕志就无从下手：

盖具死者世系、名字、爵里、行治、寿年之详，或牒考功太常使议谥，或牒史馆请编录，或上作者乞墓志碑表之类皆用之。而其文多出于门生故吏亲旧之手，以谓非此辈不能知也。②

司马光在撰写墓志时就多次提到，墓志的材料来自行状。例如，在为苏轼的母亲撰写墓志时，司马光坦言："夫人之德，非异人所能知也，愿闻其略。"③ 苏轼和苏辙"奉其事状，拜以授光"④。范纯仁为富弼做行状，亦明确交代其撰写目的："某谨具公之家世、历官、行事，次为行状，将以求立言者铭于墓、纪于碑，及请谥于考功而书于国史，谨状。"⑤ 行状出于家人、故旧之手，而墓志又以行状为材料来源，所以"为尊者讳，为亲者讳，为贤者讳"就成为必然。

儒家的孝道观认为："夫孝者，善继人之志，善述人之事者也。"⑥ 慎

---

① 〔清〕赵翼：《陔余丛考》卷三十二《行状》，中华书局1963年版，第685－686页。（其中标点为笔者所加）

② 〔明〕徐师曾著、罗根泽校点：《文体明辨序说》，人民文学出版社1962年版，第148页。

③ 〔宋〕司马光撰，李文泽、霞绍晖校点整理：《司马光集》卷七十六，四川大学出版社2010年版，第1554页。

④ 〔宋〕司马光撰，李文泽、霞绍晖校点整理：《司马光集》卷七十六，四川大学出版社2010年版，第1554页。

⑤ 〔宋〕范纯仁：《范忠宣集》卷十七，载《四库全书》第1104册，上海古籍出版社1987年版，第715页。

⑥ 王云五、朱经农主编：《礼记·中庸》，商务印书馆1947年版，第183页。

终追远的孝道观必然会体现在墓志中：

为先祖者，莫不有美焉，莫不有恶焉，铭之义，称美而不称恶。此孝子孝孙之心也，唯贤者能之。铭者，论撰其先祖之有德善、功烈、勋劳、庆赏、声名，列于天下，而酌之祭器，自成其名焉，以祀其先祖者也。显扬先祖，所以崇孝也。①

因彰显孝道之故，墓志内容不免有夸大其词之嫌：

生时中庸之人耳，及其死也，碑文墓志，莫不穷天地之大德，尽生民之能事；为君共尧舜连衡，为臣与伊皋等迹。牧民之官，浮虎慕其清尘，执法之吏，埋轮谢其梗直。所谓生为盗跖，死为夷齐，妄言伤正，华辞损实。②

臣僚行状，于士大夫行事为详，而人多以其出于门生子弟之类，以为虚辞溢美，不足取信。虽然，其所泛称德行功业，不以为信可也；所载事迹，以同时之人考之，自不可诬，亦何可尽废云。③

虽然墓志有浮夸的一面，但很多墓志出自同时代知名文人之手，材料又来自家人和故旧提供的行状，所以墓志的史料价值不能忽视。有学者认为："一篇墓志文，就是一篇人物传记，在珍贵的史料价值之外，更有其独特的文学价值。"④ 更应该看到，一方面，古书在传抄过程中会出现谬误，"书三写，鱼成鲁，虚成虎"⑤；另一方面，很多史料，甚至一些重要的历史材料，没有被史书记载，而墓志能为学术研究提供翔实的材

① 〔清〕孙希旦撰，沈啸寰、王星贤点校：《礼记集解》卷四十七《祭统》，中华书局1989年版，第1250页。

② 〔北魏〕杨衒之著、杨勇校笺：《洛阳伽蓝记校笺》卷二，中华书局2006年版，第83页。

③ 〔宋〕王明清：《挥麈后录》卷一，载上海师范大学古籍整理研究所编《全宋笔记》第6编第1册，大象出版社2013年版，第89页。

④ 程章灿：《墓志文体起源新论》，载《学术研究》2005年第6期，第136页。

⑤ 王明：《抱朴子内篇校释（增订本）》卷十九《遐览》，中华书局1986年版，第335页。

料。结合出土文献，王国维提出了“二重证据法”：

吾辈生于今日，幸于纸上之材料外，更得地下之新材料。由此种材料，我辈固得据以补正纸上之材料，亦得证明古书之某部分全为实录，即百家不雅训之言亦不无表示一面之事实。①

墓志来源于行状，有比传世文献记载更为准确的一面；但是，受传统孝道观“隐恶扬善”之影响，墓志毕竟不能如史传般有褒有贬。“夫铭志之著于世，义近于史，而亦有与史异者。盖史之于善恶无所不书，而铭者，盖古之人有功德材行志义之美者，惧后世之不知，则必铭而见之。或纳于庙，或存于墓，一也。苟其人之恶，则于铭乎何有？此其所以与史异也。”② 所以，在把墓志作为文史材料使用的时候，要小心考辨，唯有如此，才能避免出现失误。

① 章义和、王东主编：《王国维全集》第 11 卷，浙江教育出版社、广东教育出版社 2010 年版，第 241－242 页。

② 〔宋〕曾巩撰，陈杏珍、晁继周点校：《曾巩集》卷十六，中华书局 1984 年版，第 253 页。

第六章　发冢考

发冢，就是掘墓。发冢为礼制所不容，受道德谴责，更受法律惩处；发冢与丧葬相伴随，一部丧葬史，也是一部发冢史。①

第一节　儒家文化主导下的厚葬

“古之葬者，厚衣之以薪，葬之中野，不封不树，丧期无数。”② 考之历史典籍，验于考古发现，就可以知道上述说法有所偏颇：在丧葬史上，薄葬是理想，厚葬是现实。

主导中国丧葬观的是以孔子为代表的儒家，但孔子在丧葬观上态度暧昧，有人以为孔子主张薄葬：“在先秦诸子中，孔子是最早主张薄葬的。虽然，他的孝道伦理思想在客观上为当时及后世的厚葬风气提供了理论依据，但在主观上，或者说在实际行动上，孔子却是一个薄葬论者。在孔子的丧葬观念中，他并不主张当时社会上盛行的崇尚物质的悼念观，而是主张崇尚精神性的悼念。”③ 但是笔者以为，这种说法值得商榷。

慎终追远、隆礼重丧，是儒家的一贯主张。孔子是理想主义者，明

---

① 对发冢之研究，较早的有周苏平的《中国古代丧葬习俗》（陕西人民出版社1990年版），影响较大的有王子今的《中国盗墓史》（九州出版社2011年版）；其余的研究成果多为法学研究者所写的硕士、博士学位论文（或单篇学术论文），大多从文献入手，截取一个朝代，从法制角度探讨发冢现象。从礼制角度探讨发冢现象的成果还不多。

② 苏勇点校：《易经》，北京大学出版社1989年版，第86页。

③ 徐吉军：《中国丧葬史》，武汉大学出版社2012年版，第107页。

知自己的主张不容于统治者，仍“知其不可而为之”[①]；孔子亦有现实主义的一面，如果孔子的主张缺乏实践性，就不可能成为后世王朝的主导思想。“礼，与其奢也，宁俭。丧，与其易也，宁戚。”[②] 孔子强调：在丧礼上，悲哀之情比繁文缛节更重要。孔子重视礼仪的形式，但更强调礼仪的内容。

孔子与学生子游有过一段对话：“子游问丧具。夫子曰：‘称家之有亡。’子游曰：‘有亡恶乎齐？’夫子曰：‘有，毋过礼。苟亡矣，敛首足形，还葬，县棺而封，人岂有非之者哉？’”[③] 孔子还说过别的类似的话：“啜菽饮水，尽其欢，斯之谓孝。敛首足形，还葬而无椁，称其财，斯之谓礼。”[④] 孔子在实践中也体现了这一思想：“颜渊死，颜路请子之车以为之椁。子曰：‘才不才，亦各言其子也。鲤也死，有棺而无椁。吾不徒行以为之椁。以吾从大夫之后，不可徒行也。’”[⑤] 在丧葬礼俗上，孔子的现实主义表现为：主张“称家之有亡”，丧礼必须依等级而行。从这里可以看出，孔子不反对依照等级而行的厚葬。也就是说，孔子是礼仪的维护者，而不是薄葬的主张者。孔子是厚葬的主张者，故在其生前及其身后，对他均有各种批判的声音：

景公上路寝，闻哭声。曰：“吾若闻哭声，何为者也？”梁丘据对曰：“鲁孔丘之徒鞠语者也。明于礼乐，审于服丧，其母死，葬埋甚厚，服丧三年，哭泣甚疾。”[⑥]

---

① 程树德撰，程俊英、蒋见元点校：《论语集释》卷三十《宪问下》，中华书局1990年版，第1029页。

② 程树德撰，程俊英、蒋见元点校：《论语集释》卷五《八佾上》，中华书局1990年版，第145页。

③ 〔清〕孙希旦撰，沈啸寰、王星贤点校：《礼记集解》卷九《檀弓上》，中华书局1989年版，第224页。

④ 〔清〕孙希旦撰，沈啸寰、王星贤点校：《礼记集解》卷十一《檀弓下》，中华书局1989年版，第278页。

⑤ 程树德撰，程俊英、蒋见元点校：《论语集释》卷二十二《先进上》，中华书局1990年版，第752－753页。

⑥ 吴则虞编著，吴受琚、俞震校补：《晏子春秋集释（增订本）》，国家图书馆出版社2011年版，第386页。

晏婴进曰："夫儒者滑稽而不可轨法；倨傲自顺，不可以为下；崇丧遂哀，破产厚葬，不可以为俗；游说乞贷，不可以为国。自大贤之息，周室既衰，礼乐缺有间。今孔子盛容饰，繁登降之礼，趋详之节，累世不能殚其学，当年不能究其礼。君欲用之以移齐俗，非所以先细民也。"①

墨者之葬也，冬日冬服，夏日夏服，桐棺三寸，服丧三月，世主以为俭而礼之。儒者破家而葬，服丧三年，大毁扶杖，世主以为孝而礼之。夫是墨子之俭，将非孔子之侈也；是孔子之孝，将非墨子之戾也。②

夫弦歌鼓舞以为乐，盘旋揖让以修礼，厚葬久丧以送死，孔子之所立也，而墨子非之。③

以孔子为代表的儒家坚持厚葬，一是和儒家的生死观有关，"人生始化曰魄，既生魄，阳曰魂。用物精多，则魂魄强，是以有精爽至于神明"④。二是受到儒家孝道观的影响，"事死如事生，事亡如事存：孝之至也"⑤。三是受到在此基础上产生的荣亲观的影响，"立身行道，扬名于后世，以显父母，孝之终也"⑥。

孟子发展了儒家的孝道观，更强调厚葬，"养生者不足以当大事，惟送死可以当大事"⑦。在回答学生的疑问时，孟子说："古者棺椁无度，中古棺七寸，椁称之，自天子达于庶人；非直为观美也，然后尽于人心。不得不可以为悦，无财不可以为悦，得之为有财，古之人皆用之，吾何为独不然？且比化者，无使土亲肤，于人心独无恔乎？吾闻之也：君子

---

①〔汉〕司马迁：《史记》卷四十七《孔子世家》，中华书局2013年版，第2304页。

②《韩非子》校注组编写、周勋初修订：《韩非子校注》，凤凰出版社2009年版，第569页。

③ 何宁：《淮南子集释》卷十三，中华书局1998年版，第939页。

④ 杨伯峻编著：《春秋左传注》，中华书局2009年版，第1292页。

⑤ 王云五、朱经农主编：《礼记·中庸》，商务印书馆1947年版，第183页。

⑥ 汪受宽：《孝经译注》，上海古籍出版社2004年版，第2页。

⑦〔清〕焦循撰、沈文倬点校：《孟子正义》卷十六，中华书局1987年版，第558页。

不以天下俭其亲。”[①] 孟子高扬孝亲的旗帜，批判墨家的薄葬：“吾闻夷子墨者，墨之治丧也，以薄为其道也。夷子思以易天下，岂以为非是而不贵也？然而夷子葬其亲厚，则是以所贱事亲也。”[②] 从这段话中也可以看出，即使是主张薄葬的墨家，在理论与实践方面也是相悖的。

孟子之后的大儒荀子虽然在人性善恶的问题上与孟子有分歧，但在厚葬方面，他们的观点是一致的，可以说，荀子弘扬、发展了儒家的厚葬观：

> 礼者，谨于治生死者也。生，人之始也；死，人之终也；终始俱善，人道毕矣；故君子敬始而慎终。终始如一，是君子之道，礼义之文也。夫厚其生而薄其死，是敬其有知而慢其无知也，是奸人之道而倍叛之心也。君子以倍叛之心接臧谷，犹且羞之，而况以事其所隆亲乎？故死之为道也，一而不可得再复也，臣之所以致重其君，子之所以致重其亲，于是尽矣！故事生不忠厚、不敬文，谓之野；送死不忠厚、不敬文，谓之瘠。君子贱野而羞瘠，故天子棺椁十重，诸侯五重，大夫三重，士再重，然后皆有衣衾多少、厚薄之数，皆有翣蒌文章之等以敬饰之，使生死终始若一，一足以为人愿，是先王之道，忠臣孝子之极也。[③]

“荀子是先秦诸子中最后一位大师，他不仅集了儒家的大成，而且可以说是集了百家的大成的。汉人所传的《诗》《书》《易》《礼》以及《春秋》的传授系统，无论直接或间接，差不多都和荀卿有关，虽不必都是事实，但也并不是全无可能。”[④] 所以，经荀子的提倡，厚葬逐渐成为主流丧葬形式。

与儒家并称为“显学”的墨家则主张薄葬：

---

① 〔清〕焦循撰、沈文倬点校：《孟子正义》卷九，中华书局1987年版，第281－285页。

② 〔清〕焦循撰、沈文倬点校：《孟子正义》卷十一，中华书局1987年版，第402页。

③ 〔战国〕荀况著、王天海校释：《荀子校释》卷十三，上海古籍出版社2016年版，第772－773页。

④ 郭沫若：《十批判书》，新文艺出版社1951年版，第217页。

子墨子制为葬埋之法曰：棺三寸，足以朽骨，衣三领，足以朽肉，掘地之深，下无菹漏，气无发泄于上，垄足以期其所，则止矣。哭往哭来，反从事乎衣食之财，佴乎祭祀，以致孝于亲。故曰：子墨子之法，不失死生之利者，此也。①

但墨家毕竟没有对后世产生很大的影响，“以墨翟为代表的墨家，在战国时期曾是与儒家并立的两大学派，当时视为‘显学’。但自秦汉以降，墨学地位日益式微。不仅同升为统治学派的儒学不可同日而语，即同老庄之学也不能相比”②。墨家被冷落，寂寂无闻于后世，所以，墨子的薄葬观念终不行于世。

诸子百家中，对后世影响较大的尚有道家。老庄坚持“一死生为虚诞，齐彭殇为妄作”的生死观，主张薄葬：

庄子将死，弟子欲厚葬之。庄子曰：“吾以天地为棺椁，以日月为连璧，星辰为珠玑，万物为赍送。吾葬具岂不备邪？何以加此？”③

对传统士人来说，老庄哲学是失意之时的“避风港”，儒家“达则兼济天下”的出世思想对士人影响更为深远；对统治者来说，除了西汉初期和魏晋时期，历代王朝基本以儒家思想为立国的根基。体现在丧葬史上，西汉早期和魏晋南北朝时期都曾主张薄葬，但在漫长的历史长河中，这毕竟是极为短暂的。考古发现也证实，商代就开始秉持厚葬观，商王妇好的墓葬就是一个代表：1976 年，在安阳殷墟发现的妇好墓，出土随葬物品一千九百二十八件，其中铜器四百六十多件，玉器七百五十多件，骨器五百六十多件，此外，还有石器、象牙制品、陶器以及六千八百多枚贝币。还有殉人十六名、殉狗六条。④ 这种厚葬往往挤占了活人的生存

① 吴毓江撰、孙启治点校：《墨子校注》卷六《节葬下》，中华书局 1993 年版，第 268 页。

② 吴毓江撰、孙启治点校：《墨子校注》，中华书局 1993 年版，“点校说明”第 1－2 页。

③ 杨柳桥：《庄子译诂》，上海古籍出版社 1991 年版，第 690－691 页。

④ 中国社会科学院考古研究所编辑：《殷墟妇好墓》，文物出版社 1980 年版，第 15、8、9 页。

资源，甚至威胁到了王朝的统治：

齐国好厚葬，布帛尽于衣衾，材木尽于棺椁。桓公患之，以告管仲曰："布帛尽则无以为蔽，材木尽则无以为守备，而人厚葬之不休，禁之奈何？"①

今生不能致其爱敬，死以奢侈相高；虽无哀戚之心，而厚葬重币者，则称以为孝，显名立于世，光荣著于俗。故黎民相慕效，至于发屋卖业。②

综上所述，秦汉以降，儒家思想成为社会的主流思想，体现在丧葬礼俗上，那就是厚葬；道家思想毕竟没有成为统治思想，所以在漫长的封建社会，薄葬是短暂的、非主流的，厚葬则是漫长的、占主导地位的。

第二节　发冢原因探析

一、"丰财厚葬"以启贪财之心

厚葬多财物，这往往成为发冢的重要原因。《庄子》一书记载了一则有关发冢的故事：

儒以《诗》、《礼》发冢。大儒胪传曰："东方作矣，事之何若？"小儒曰："未解裙襦，口中有珠。""诗固有之：'青青之麦，生于陵陂；生不布施，死何含珠为？'接其鬓，压其顪，而以金椎控其颐，徐别其颊，无伤口中珠！"③

---

① 《韩非子》校注组编写、周勋初修订：《韩非子校注·内储说上七术》，凤凰出版社2009年版，第261页。

② 王利器校注：《盐铁论校注（定本）》卷六《散不足》，中华书局1992年版，第354页。

③ 杨柳桥：《庄子译诂》，上海古籍出版社1991年版，第561页。

故事的着眼点并不在于发冢，而在于讽刺儒家满嘴仁义道德、虚伪的一面；但从另一个角度看问题，我们就会发现，在春秋战国时期，发冢已经存在。汉代的学者从理论上分析了厚葬与发冢的关系：

> 国弥大，家弥富，葬弥厚。含珠鳞施，夫玩好货宝，钟鼎壶滥，舆马衣被戈剑，不可胜其数。诸养生之具，无不从者。题凑之室，棺椁数袭，积石积炭以环其外。奸人闻之，传以相告。上虽以严威重罪禁之，犹不可止。且死者弥久，生者弥疏，生者弥疏则守者弥怠，守者弥怠而葬器如故，其势固不安矣。①

所以，《吕氏春秋》的作者慨叹："自古及今，未有不亡之国也。无不亡之国者，是无不抇之墓也。以耳目所闻见，齐、荆、燕尝亡矣，宋、中山已亡矣，赵、魏、韩皆亡矣，其皆故国矣。自此以上者，亡国不可胜数，是故大墓无不抇也。而世皆争为之，岂不悲哉！"② 发冢以求富，在汉代成为一种社会风气，"其在闾巷少年，攻剽椎埋，劫人作奸，掘冢铸币，任侠并兼，借交报仇，篡逐幽隐，不避法禁，走死地如骛者，其实皆为财用耳"③。贫困无疑促进了发冢事件的发生，"赵、中山地薄人众，犹有沙邱纣淫地余民，民俗懁急，仰机利而食。丈夫相聚游戏，悲歌慷慨，起则相随椎剽，休则掘冢作巧奸冶，多美物，为倡优"④。司马迁对发冢的态度："掘冢，奸事也，而田叔以起。"⑤ 班固在《汉书》中评价司马迁"述货殖则崇势利而羞贱贫"⑥，深中肯綮。发冢给后来者以警示，从先秦开始，倡导薄葬的理论多建立在发冢之上：

---

① 许维遹：《吕氏春秋集释》卷十，中华书局2009年版，第222－223页。

② 许维遹：《吕氏春秋集释》卷十，中华书局2009年版，第225页。

③〔汉〕司马迁：《史记》卷一百二十九《货殖列传》，中华书局2013年版，第3941页。

④〔汉〕司马迁：《史记》卷一百二十九《货殖列传》，中华书局2013年版，第3932页。

⑤〔汉〕司马迁：《史记》卷一百二十九《货殖列传》，中华书局2013年版，第3953页。

⑥〔汉〕班固：《汉书》卷六十二《司马迁传》，中华书局1962年版，第2738页。

今有人于此，为石铭置之垄上，曰："此其中之物，具珠玉玩好财物宝器甚多，不可不扣，扣之必大富，世世乘车食肉。"人必相与笑之，以为大惑。世之厚葬也，有似于此。①

夫葬者，藏也；藏也者，欲人之不得见也。而大为棺椁，备赠存物，无异于埋金路隅而书表于上也。虽甚愚之人，必将笑之。丰财厚葬以启奸心，或剖破棺椁，或牵曳形骸，或剥臂捋金环，或扪肠求珠玉。焚如之形，不痛于是？自古及今，未有不死之人，又无不发之墓也。②

其实，发冢者并不一定是游手好闲之辈。汉景帝曾孙、广川王刘去喜好发冢，"好聚亡赖少年，游猎毕弋无度，国内冢藏，一皆发掘"③。南朝陈宣帝次子陈叔陵最大的爱好就是发冢，"又好游冢墓间，遇有茔表主名可知者，辄令左右发掘，取其石志古器，并骸骨肘胫，持为玩弄，藏之库中"④。

发冢所获受到社会追捧后愈加刺激发冢行为，宋代兴起的金石学就是一个极好的例子：

政和间，朝廷求访三代鼎彝器。程唐为陕西提点茶马，李朝孺为陕西转运，遣人于凤翔府，破商比干墓，得铜盘，径二尺余，中有款识一十六字，又得玉片四十三枚，其长三寸许，上圆而锐，下阔而方，厚半指许，玉色明莹。以盘献之于朝，玉乃留秦州军资库。道君皇帝曰："前代忠贤之墓，安得发掘！"乃罢朝孺，退出其盘。圣德高明，有始此者。不然，丘冢之厄，不止此矣。⑤

通过发冢获取古物，与儒家倡导的礼制相悖，更与皇帝倡导的以孝治国

① 许维遹：《吕氏春秋集释》卷十，中华书局2009年版，第225页。

② 〔唐〕房玄龄等：《晋书》卷五十一《皇甫谧列传》，中华书局1974年版，第1417页。

③ 〔汉〕刘歆等撰、王根林校点：《西京杂记（外五种）》卷六，上海古籍出版社2012年版，第42页。

④ 〔唐〕姚思廉：《陈书》卷三十六《始兴王叔陵列传》，中华书局1972年版，第494页。

⑤ 〔宋〕张邦基撰、孔凡礼点校：《墨庄漫录》卷七，中华书局2002年版，第195－196页。

的理念相冲突，所以，宋徽宗赵佶忸怩作态，“乃罢朝孺，退出其盘”，但“上有所好，下必效也”，发冢终不能制止：

太上皇帝即位，宪章古始，眇然追唐虞之思，因大宗尚。及大观初，乃效公麟之《考古》，作《宣和殿博古图》。凡所藏者，为大小礼器，则已五百有几。世既知其所以贵爱，故有得一器，其直为钱数十万，后动至百万不翅者。于是天下冢墓，破伐殆尽矣。独政和间为最盛，尚方所贮至六千余数，百器遂尽。①

我们更应该看到，发冢更多发生于战乱时期：一方面，战争破坏了社会秩序，武人变得肆无忌惮；另一方面，战争往往伴随着经济凋敝，发冢就成为筹集军饷的一条捷径：

初平元年二月，乃徙天子都长安。焚烧洛阳宫室，悉发掘陵墓，取宝物。②

卓自屯留毕圭苑中，悉烧宫庙官府居家，二百里内无复孑遗。又使吕布发诸帝陵，及公卿已下冢墓，收其珍宝。③

二、“恩怨情仇”以启愤慨之心

孔子说：“以直报怨，以德报德。”④ 宋代学者朱熹对这个理念加以发挥：“故君子之治人也，即以其人之道，还治其人之身。”⑤ 发冢鞭尸以泄私愤，载于史册，流传于民间，春秋时期吴国的伍子胥给后世留下了争议：

① 〔宋〕蔡絛撰，冯惠民、沈锡麟点校：《铁围山丛谈》卷四，中华书局 1983 年版，第 79－80 页。

② 〔晋〕陈寿撰、〔宋〕裴松之注、陈乃乾校点：《三国志》卷六《董卓传》，中华书局 1959 年版，第 176 页。

③ 〔南朝·宋〕范晔撰、〔唐〕李贤等注：《后汉书》卷七十二《董卓传》，中华书局 1965 年版，第 2327－2328 页。

④ 程树德撰，程俊英、蒋见元点校：《论语集释》卷三十《宪问下》，中华书局 1990 年版，第 1017 页。

⑤ 〔宋〕朱熹集注、陈戍国标点：《四书集注》，岳麓书社 2004 年版，第 28 页。

始伍员与申包胥为交，员之亡也，谓包胥曰："我必覆楚。"包胥曰："我必存之。"及吴兵入郢，伍子胥求昭王。既不得，乃掘楚平王墓，出其尸，鞭之三百，然后已。①

对这段记载的真实性，清代学者顾炎武颇为怀疑。②其实在伍子胥之前，就有类似的事件发生："齐懿公之为公子也，与邴歜之父争田，弗胜。及即位，乃掘而刖之，而使歜仆。纳阎职之妻，而使职骖乘。"③伍子胥去世后不到二十年，亦有类似的事件发生：

文子欲纳之。懿子曰："君愎而虐，少待之，必毒于民，乃睦于子矣。"师侵外州，大获。出御之，大败。掘褚师定子之墓，焚之于平庄之上。④

战国时期，齐国田单使用反间计，促使燕国士兵发掘齐国的坟墓：

单又纵反间曰："吾惧燕人掘吾城外冢墓，僇先人，可为寒心。"燕军尽掘垄墓，烧死人。即墨人从城上望见，皆涕泣，俱欲出战，怒自十倍。⑤

发冢以泄愤，当自春秋开始，到了楚汉相争的时候，刘邦就毫不犹豫地把这顶"帽子"送给了项羽："怀王约入秦无暴掠，项羽烧秦宫室，

① 〔汉〕司马迁：《史记》卷六十六《伍子胥列传》，中华书局 2013 年版，第 2633 页。

② 伍子胥鞭尸一说，几乎是公论，但清代学者顾炎武不认同。在《子胥鞭平王之尸辨》一文中，顾氏对此考辨甚为细致：第一，溯源辨流，对历史上的发冢毁尸做了梳理；第二，提出春秋之前无发冢戮尸之事；第三，从忠孝节义的角度分析，以为伍子胥鞭尸之说是司马迁的夸大之词。（〔清〕顾炎武著、华忱之点校：《顾亭林诗文集》，中华书局 1983 年版，第 128 页）笔者认为：司马迁心怀侠气，自己又惨遭横祸，故在记叙伍子胥事迹时，有快意恩仇之笔；顾氏是明代遗民，心怀忠君之心，时刻想恢复故国，故质疑伍子胥。

③ 杨伯峻编著：《春秋左传注》，中华书局 2009 年版，第 629－630 页。

④ 杨伯峻编著：《春秋左传注》，中华书局 2009 年版，第 1728 页。

⑤ 〔汉〕司马迁：《史记》卷八十二《田单列传》，中华书局 2013 年版，第 2961 页。

掘始皇帝冢，私收其财物，罪四。”①

隋朝将军王颁的父亲被陈武帝陈霸先杀死，隋灭陈后，王颁发掘陈武帝的坟墓以复仇：

> 及陈灭，颁密召父时士卒，得千余人，对之涕泣。其间壮士或问颁曰：“郎君来破陈国，灭其社稷，仇耻已雪，而悲哀不止者，将为霸先早死，不得手刃之邪？请发其丘垄，斫榇焚骨，亦可申孝心矣。”颁顿颡陈谢，额尽流血，答之曰：“其为帝王，坟茔甚大，恐一宵发掘，不及其尸，更至明朝，事乃彰露，若之何？”诸人请具锹锸，一旦皆萃。于是夜发其陵，剖棺，见陈武帝须并不落，其本皆出自骨中。颁遂焚骨取灰，投水而饮之。②

王颁发冢、焚烧尸体，按照隋唐刑律的规定，当受绞刑，但此事最后竟然不了了之，甚至连隋高祖都为之开脱：“朕以义平陈，王颁所为，亦孝义之道也，朕何忍罪之！”③ 故舍而不问。唐代史官撰写《隋书》，将王颁列入“孝义”传，评价亦很高。帝王为其背书，固然是出于对战争年代笼络人心的需要，但换个角度看，这样的发冢复仇是建立在儒家伦理的基础之上的。《礼记》记载：“子夏问于孔子曰：‘居父母之仇，如之何？’夫子曰：‘寝苫枕干，不仕，弗与共天下也。遇诸市朝，不反兵而斗。’”④ 从伦理道德层面看，这符合儒家的孝道观。笔者以为，对残暴的统治者来说，一时之怒就可以灭人三族，更不要说发冢掘尸了，倒未必有个人恩怨，这是专制制度下的必然结果，比如唐代的女皇帝武则天就有过此类暴行：

---

① 〔汉〕司马迁：《史记》卷八《高祖本纪》，中华书局2013年版，第471页。此记载不见于《史记·项羽本纪》，也不见于其他史书。考古也证实秦始皇的陵墓未被发掘，可见这只是刘邦的一面之词。

② 〔唐〕魏徵、令狐德棻：《隋书》卷七十二《王颁列传》，中华书局1973年版，第1666页。

③ 〔唐〕魏徵、令狐德棻：《隋书》卷七十二《王颁列传》，中华书局1973年版，第1666页。

④〔清〕孙希旦撰，沈啸寰、王星贤点校：《礼记集解》卷八《檀弓上》，中华书局1989年版，第200页。

处俊孙象贤，垂拱中为太子通事舍人，坐事伏诛，临刑言多不顺。则天大怒，令斩讫仍支解其体，发其父母坟墓，焚爇尸体，处俊亦坐斫棺毁柩。①

在一些发冢事件中，当事人为了减轻舆论压力，给为求财而发冢的行为披上复仇的外衣，比如晚清军阀孙殿英发掘西太后陵墓之事：

西太后口中所含大珠一颗，亦放白光。玉枕长尺余，放绿光。其他珠宝，堆积棺中无算；大者由官长取去，小者各兵士阴纳衣袋中。众意犹未足，复移动西太后尸体，左右转侧，悉取布满棺底之珠宝以去。于是司令长官下令，卸去龙袍，将贴身珠宝，搜索一空。乃曰：不必伤其尸体。棺中珠宝尽，再索墓中各处殉葬之物。棺底掀转，现一石洞，中储珍宝亦尽取之。搜毕，由孙殿英分配，兵士皆有所得。贵重大件，用大车装走。②

孙殿英盗掘东陵，其目的就是赤裸裸地洗劫钱财，却自我辩解是为报家仇国恨。他巧妙地以革命的宏大叙事遮掩劫财的真相——在复仇与劫财中找到了交汇点：

孙谈得兴高采烈，又将东陵盗墓的事，全不隐讳地向我谈出。他说："满清杀了我孙家祖宗三代，不得不报仇革命。孙中山先生有同盟会，国民党，革满清的命。冯焕章有枪杆子逼宫。我的枪杆没有几支，只好崩皇陵，革死人的命。报纸上骂我，说我盗墓。吴稚晖在北京报纸上写了几篇文章，捕风捉影，把风潮闹得很大。不管盗墓不盗墓，我是对得起祖宗的，对得起大汉同胞的。"③

---

① 〔后晋〕刘昫等：《旧唐书》卷八十四《郝处俊传》，中华书局1975年版，第2801页。

② 〔清〕刘禺生：《世载堂杂忆》，中华书局1960年版，第231－232页。

③ 中国人民政治协商会议全国委员会文史和学习委员会编：《文史资料选辑》第64辑，中国文史出版社2011年版，第245页。

三、“曼妙形容”以启淫邪之心

奸尸是一种变态心理支配下的变态行为，在古今中外的典籍中多有记载，性学家、心理学家对此也多有研究，比如英国的霭理士就认为：“不过我们若就医学方面加以检查，可以发见（现）这种例子大都患着高度的精神病态，或者是很低能的；他们的智力往往很薄弱，感觉很迟钝，并且往往是嗅觉有缺陷的。……这些病态或低能的男子原是寻常女子所不屑于接受的，所以他们不得不乞灵于尸体。”①

在中国古代，奸尸往往是发冢之果。最早载入史册的奸尸事件发生在赤眉军发吕后坟墓之后：

> 至阳城、番须中，逢大雪，坑谷皆满，士多冻死，乃复还，发掘诸陵，取其宝货，遂污辱吕后尸。凡贼所发，有玉匣殓者率皆如生，故赤眉得多行淫秽。②

类似的记载也见于述东汉事：

> 《列异传》曰：汉桓帝冯夫人病亡。灵帝时，有贼盗发冢，七十余年，颜色如故，但小冷；共奸通之，至斗争相杀。窦太后家被诛，欲以冯夫人配食，下邳陈公达议：以贵人虽是先（帝）所幸，尸体秽污，不宜配至尊，乃以窦太后配食。③

战乱时期，为了钱财掘墓发冢者多，但笔者认为奸古尸之事与生活常识、人性不符，故思忖上述两则材料是以讹传讹，是为了突出那些起

---

① ［英］霭理士著、潘光旦译注：《性心理学》，商务印书馆1997年版，第265页。

② 〔南朝·宋〕范晔撰、〔唐〕李贤等注：《后汉书》卷十一《刘盆子传》，中华书局1965年版，第483－484页。

③ 〔唐〕欧阳询撰、汪绍楹校：《艺文类聚》卷三十五“《列异传》曰”条，上海古籍出版社1999年版，第617－618页。（其中标点为笔者所加）此事又被记载于司马光笔下：“且冯贵人冢尝被发掘，骸骨暴露，与贼并尸，魂灵污染，且无功于国，何宜上配至尊！”（〔宋〕司马光编著、〔元〕胡三省音注：《资治通鉴》卷五十七《汉纪四十九》，中华书局1956年版，第1829页）

义军的残暴，故将一些不实的罪名加诸其身。另外，也有可能是对“污辱”一词的误解，如唐代的发冢故事：

开元初，华妃有宠，生庆王琮，薨葬长安。至二十八年，有盗欲发妃冢，遂于茔外百余步，伪筑大坟，若将葬者。乃于其内潜通地道，直达冢中。剖棺，妃面如生，四肢皆可屈伸。盗等恣行凌辱，仍截腕取金钏，兼去其舌，恐通梦也。侧立其尸，而于阴中置烛，悉取藏内珍宝，不可胜数，皆徙置伪冢。①

所以，笔者推测，所谓的污辱尸体，大约是“侧立其尸，而于阴中置烛”之类的行为。但是，之所以产生这样的歧义，奸尸现象的存在是其源头，有因奸尸而发冢之案例：

嘉熙间，近属有宰宜兴者，县斋之前，红梅一树，极美丽华粲，交阴半亩。花时，命客饮其下。一夕，酒散月明，独步花影，忽见红裳女子，轻妙绰约，瞥然过前，蹑之数十步而隐。自此恍然若有所遇，或酣歌唔言，或痴坐竟日，其家忧之。有老卒颇知其事，乘间白曰：“昔闻某知县之女有殊色，及笄，未适而殂。其家远在湖湘，因稿葬于此，树梅以识之。畴昔之夜所见者，岂此乎?”遂命发之，其棺正蟠络老梅根下，两樯微蚀，一窍如钱，若蛇鼠出入者。启而视之，颜貌如玉。妆饰衣衾，略不少损，真国色也。赵见之，为之惘然心醉。舁至密室，加以茵藉，而四体亦和柔，非寻常僵尸之比，于是每夕与之接焉。②

常州王三，积恶讼棍也。太守董怡曾到任，首名访拿，王三躲避。其弟名仔者，武进生员，正在娶亲，新人入门，而差役拘王三不得，遂拘其弟往，管押班房。王三知家属已去，则官事稍松，乃夜入弟室，冒充新郎，与弟妇成亲。次日，差役带其弟上堂，太守见是柔弱书生，悯其无辜，且知其正值新婚，作速遣还。宽限一月，访拿王三。其弟入室，慰劳其妻，

---

① 〔宋〕李昉等：《太平广记》卷三百三十《华妃》，中华书局 1961 年版，第 2619 页。（其中标点为笔者所加）

② 〔宋〕周密撰、张茂鹏点校：《齐东野语》卷十八，中华书局 1983 年版，第 327 页。

妻方知此是新郎，昨所共寝者，非也，羞忿缢死。其岳家要来吵闹，而赧于发扬，且明知非新郎之罪，乃曰："我家所赔赠衣饰，须尽入棺中，我才罢休。"新郎舅姑哀痛不已，一一从命。王三闻之，又动欲念，伺其攒殡之处，往发掘之。开棺，妇色如生，乃剥其下衣，又与淫污。[①]

自古至今的中国法律对污辱尸体都做了严厉的处罚规定，从《唐律疏议》到《大清律例》均规定，发冢奸尸者处以绞刑。《中华人民共和国刑法》（2020 年修正版）第三百零二条规定：盗窃、侮辱、故意毁坏尸体、尸骨、骨灰的，处三年以下有期徒刑、拘役或者管制。发冢奸尸违反社会道德，也是法律严惩的恶行。

四、"厌胜制敌"以启盗发之心

厌胜意为"厌而胜之"，即通过法术制胜所厌恶之人或物，是原始巫术的一种。厌胜起源甚早，秦汉以来，巫风大炽，谶纬之说盛行，附会之言多有，《史记·高祖本纪》记载："秦始皇帝常曰'东南有天子气'，于是因东游以厌之。"[②]"厌胜"一词最早见于东汉，"后于掖庭门邀遮得贵人书，云'病思生菟，令家求之'，因诬言欲作蛊道祝诅，以菟为厌胜之术，日夜毁谮，贵人母子遂渐见疏"[③]。魏晋之后，风水之说盛行，破坏他人之墓圹成为厌胜之术，甚至连南朝宋明帝也不免此累：

武进县彭山，旧茔在焉。其山岗阜相属数百里，上有五色云气，有龙出焉。宋明帝恶之，遣相墓工高灵文占视，灵文先与世祖善，还，诡答云："不过方伯。"退谓世祖曰："贵不可言。"帝意不已，遣人于墓左右校猎，以大铁钉长五六尺钉墓四维，以为厌胜。[④]

---

① 〔清〕袁枚编撰，申孟、甘林点校：《子不语》卷十七，上海古籍出版社 2012 年版，第 219 页。

② 〔汉〕司马迁：《史记》卷八《高祖本纪》，中华书局 1959 年版，第 348 页。

③ 〔南朝·宋〕范晔撰，〔唐〕李贤等注：《后汉书》卷五十五《清河孝王庆传》，中华书局 1965 年版，第 1799 页。

④ 〔南朝·梁〕萧子显：《南齐书》卷十八《祥瑞志》，中华书局 1972 年版，第 352 页。

将发冢与厌胜相联系的，有元世祖时的西夏藏传佛教僧人杨琏真加。该僧在江南发掘了六个南宋皇陵，“初，琏真加重赂桑哥，擅发宋诸陵，取其宝玉，凡发冢一百有一所，戕人命四，攘盗诈掠诸赃为钞十一万六千二百锭，田二万三千亩，金银、珠玉、宝器称是。省台诸臣乞正典刑以示天下，帝犹贷之死，而给还其人口、土田”[①]。要注意的是，杨琏真加发冢，事前贿赂宰相桑哥，取得其支持；事后，“省台诸臣乞正典刑以示天下”。也就是说，即使在普遍采取密葬的蒙古人看来，发冢也是不被允许的。“诸管军官、奥鲁官及盐运司、打捕鹰坊军匠、各投下管领诸色人等，但犯强窃盗贼、伪造宝钞、略卖人口、发冢放火、犯奸及诸死罪，并从有司归问。”[②] 元朝统治者之所以同意杨琏真加发冢，一个重要的政治原因就是厌胜：

> 先是，至元间，西僧嗣古妙高欲毁宋会稽诸陵。夏人杨辇真珈为江南总摄，悉掘徽宗以下诸陵，攫取金宝，裒帝后遗骨，瘗于杭之故宫，筑浮屠其上，名曰镇南，以示厌胜，又截理宗颅骨为饮器。[③]

为了达到厌胜的目的，杨琏真加甚至“截理宗颅骨为饮器”。有学者以为：“截颅骨为饮器事，源生于远古风习。”[④] 杨琏真加是藏传佛教僧人，将头颅作为饮器非汉族之旧俗，乃是受到西藏佛教密宗派的影响：

> 所谓嘎巴拉，就是人的头盖骨；所谓巴苏大，就是掏出的人内脏；所谓冈萋，就是用人胫骨做的号……所谓曼荼罗，就是一团像彩虹一样

---

① 〔明〕宋濂：《元史》卷十七《世祖十四》，中华书局1976年版，第362页。

② 〔明〕宋濂：《元史》卷一百二《刑法志一》，中华书局1976年版，第2619－2620页。（《元史》卷一百四《刑法志三》“大恶”条、“盗贼”条对发冢的惩处有明确规定）

③ 〔清〕张廷玉等：《明史》卷二百八十五《危素传》，中华书局1974年版，第7315页。

④ 王子今：《中国盗墓史》，九州出版社2011年版，第159页。作者所持理由是：“《战国策·赵策一》：‘三晋分知氏，赵襄子最怨知伯，而将其头以为饮器。’《淮南子·齐俗》：‘胡人弹骨，越人契臂，中国歃血也，所由各异，其于信，一也。’汉代学者高诱解释说：‘胡人之盟约，置酒人头骨中，饮以相诅。’”（王子今：《中国盗墓史》，九州出版社2011年版，第159－160页）后面又多引用史书，兹不赘述。

的颜色；所谓金刚舞士，就是戴有骷髅花冠的人。这不是什么教法，是从印度进入吐蕃的罪恶。①

由明代皇帝组织的两起厌胜事件值得关注。其一是明熹宗朱由校挖掘后金陵墓，行厌胜之术，希望能压制清朝的崛起，“惟金朝房山二陵，当我师克取辽阳，故明惑形家之说，谓我朝发祥渤海，气脉相关。天启元年，罢金陵祭祀。二年，拆毁山陵，劚断地脉。三年，又建关庙于其地，为厌胜之术”②。其二是明代官员汪乔年奉崇祯皇帝之命发掘李自成的祖坟，“初，乔年之抚陕西也，奉诏发自成先冢”③。明朝末年政治腐败，国力衰退，面对不稳定的政权，统治者只能乞灵于民间厌胜之术。

文化人类学学者弗雷泽以为，厌胜是交感巫术中的顺势巫术，这种巫术曾在世界很多民族中流行：

时代不同，但相似律的应用却有着惊人的相似，其中最常见的就是许多人企图通过破坏或者毁灭敌人的偶像，伤害或者消灭敌人。他们认为，偶像受到创伤，本人也会受到伤害；敌人的偶像毁灭，敌人也会死亡。④

厌胜不但流行于汉族建立的王朝中，也流行于有藏族宗教背景的蒙古族建立的王朝中，上述因厌胜而发冢的案例与弗雷泽的理论更加契合。

---

① 卡卓益西措吉：《莲花遗教》（藏文版），四川民族出版社1987年版，第460－461页。

② 〔清〕于敏中等编纂：《日下旧闻考》卷一百三十二，北京古籍出版社1985年版，第2122页。

③ 〔清〕张廷玉等：《明史》卷二百六十二《汪乔年传》，中华书局1974年版，第6782页。

④ ［英］詹姆斯·乔治·弗雷泽著、赵昍译：《金枝》，陕西师范大学出版总社有限公司2010年版，第18页。

第三节　预防发冢的措施

一、固冢

为了避免被发冢，将尸体深埋或者将坟墓加固，自然是最简单的选择了。作为帝王，陪葬品更多，更容易被盗贼觊觎，被发冢的概率更大。所以，为避免发冢，历代帝王都要在厚葬的基础上加固坟墓，秦始皇就是如此：

始皇初即位，穿治郦山，及并天下，天下徒送诣七十余万人，穿三泉，下铜而致椁，宫观百官奇器珍怪徙臧满之。令匠作机弩矢，有所穿近者，辄射之。以水银为百川江河大海，机相灌输，上具天文，下具地理。以人鱼膏为烛，度不灭者久之。二世曰："先帝后宫非有子者，出焉不宜。"皆令从死，死者甚众。葬既已下，或言工匠为机，臧皆知之，臧重即泄。大事毕，已臧，闭中羡，下外羡门，尽闭工匠臧者，无复出者。树草木以象山。①

为了避免发冢，始皇帝的墓圹修建采取了严格的防盗措施：第一，"穿三泉，下铜而致椁"，使一般盗墓者难以发掘；第二，"令匠作机弩矢，有所穿近者，辄射之"，用武器加强防护；第三，"尽闭工匠臧者，无复出者"，杀死所有建墓圹的匠人，防止消息外泄；第四，"树草木以象山"，做好遮护措施。考古发现已经证明，秦始皇的地宫依然完好，可见当年的防盗措施是起了作用的。值得注意的是，考古工作者在秦始皇墓葬中发现了水银——水银可防腐，其蒸气亦可做毒气使用。用水银防盗的做法始于春秋时期：

① 〔汉〕司马迁：《史记》卷六《秦始皇本纪》，中华书局2013年版，第333页。

齐桓公墓在临淄县南二十一里牛山上，一名鼎足山，一名牛首堈。一所二坟。晋永嘉末，人发之，初得版，次得水银池，有气不得入，经数日乃牵犬入，中得舍蚕数十薄，珠襦、玉匣、缯彩、军器不可胜数。又以人殉葬，骸骨狼藉也。①

此外，为避免被发冢，在墓圹中设立暗器机关也是常用的方法：

《水经》言：越王勾践都琅琊，欲移允常冢，冢中风生，飞沙射人，人不得近，遂止。按《汉旧仪》，将作营陵地，内方石，外沙演，户交横莫耶，设伏弩、伏火、弓矢与沙，盖古制有其机也。②

为防盗，秦始皇的墓圹使用铜水浇筑。随着铁器的普及，春秋以来亦有用铁水浇筑的：

哀王冢，以铁灌其上，穿凿三日乃开。有黄气如雾，触人鼻目，皆辛苦不可入。以兵守之，七日乃歇。初至一户，无扃钥。石床方四尺，床上有石几，左右各三石人立侍，皆武冠带剑。复入一户，石扉有关钥，叩开，见棺柩，黑光照人，刀斫不入，烧锯截之，乃漆杂兕革为棺，厚数寸，累积十余重，力不能开，乃止。③

唐人笔下的发冢故事与汉人的记载亦多相似之处：

某作端公庄客二三年矣，久为盗，近开一古冢，冢西去庄十里，极高大，入松林二百步方至墓。墓侧有碑，断倒草中，字磨灭不可读。初，旁掘数十丈，遇一石门，固以铁汁，累日羊粪沃之方开。开时箭出如雨，射杀数人，众惧欲出，某审无他，必机关耳。乃令投石其中，每投箭辄

① 〔唐〕李泰等著、贺次君辑校：《括地志辑校》卷三，中华书局1980年版，第140－141页。

② 〔唐〕段成式撰、曹中孚校点：《酉阳杂俎》前集卷十三，上海古籍出版社2012年版，第74页。

③ 〔汉〕刘歆等撰、王根林校点：《西京杂记（外五种）》卷六，上海古籍出版社2012年版，第42－43页。

出，投十余石，箭不复发，因列炬而入。至开第二重门，有木人数十，张目运剑，又伤数人，众以棒击之，兵仗悉落。四壁各画兵卫之像。南壁有大漆棺，悬以铁索，其下金玉珠玑堆积。众惧，未即掠之。棺两角忽飒飒风起，有沙迸扑人面。须臾，风甚，沙出如注，遂没至膝，众惊恐走，比出，门已塞矣。一人复为沙埋死，乃同酹地谢之，誓不发冢。①

时代不同，发冢故事却相似，笔者由此猜测：历代的防盗技术是相似的；防盗措施从来就不是单一的；防护体系是全方位、立体式的；文人在创作笔记小说时是互相参考的。

二、密葬

密葬就是秘密下葬，不让外人知晓，其目的是避免被发冢。②有研究者以为，密葬起源甚早："据说先古陵墓不封不树，不在地面设置突出的标识，其主要出发点之一，就是防止盗掘。"③普遍认为，文明的发育需要经历一个过程：任何民俗的产生，都基于一定的社会生活；任何礼制的发展，都是一个由简到繁的过程。丧制由墓而不坟到建立陵寝制度，证明了"不封不树"只是礼制未备，而与防盗无关。

密葬当源于北方鲜卑族。最早的密葬是后赵皇帝石勒母亲之葬，《晋书》记载："勒母王氏死，潜窆山谷，莫详其所。既而备九命之礼，虚葬于襄国城南。"④石勒本人死后亦如此下葬，"以咸和七年死，时年六十，在位十五年。夜瘗山谷，莫知其所，备文物虚葬，号高平陵"⑤。石勒是

---

① 〔唐〕段成式撰、曹中孚校点：《酉阳杂俎》前集卷十三，上海古籍出版社2012年版，第74页。

② 密葬亦有其他称谓："潜埋虚葬，简称虚葬，一曰伪葬，是十六国北朝时期在封建上层统治者中间流行的一种虚葬形式：墓主的尸体潜埋它所，同时备礼仪文物虚葬之。"（曹永年：《说"潜埋虚葬"》，载中华书局编辑部编《文史》第31辑，中华书局1988年版，第79页）本人认为，密葬比上述称谓更能涵盖、揭橥这种墓葬方式的要义。

③ 王子今：《中国盗墓史》，九州出版社2011年版，第326页。

④ 〔唐〕房玄龄等：《晋书》卷一百四《石勒载纪上》，中华书局1974年版，第2720页。

⑤ 〔唐〕房玄龄等：《晋书》卷一百五《石勒载纪下》，中华书局1974年版，第2751－2752页。

羯族人，而羯族是鲜卑族别支。南燕鲜卑族皇帝慕容德亦为密葬，“其月死，即义熙元年也，时年七十。乃夜为十余棺，分出四门，潜葬山谷，竟不知其尸之所在”。[①] 鲜卑族拓跋氏建立的北魏政权亦主张密葬，《宋书》中记载：“死则潜埋，无坟垄处所，至于葬送，皆虚设棺柩，立冢椁，生时车马器用皆烧之以送亡者。”[②] 密葬这种风俗一直影响到有鲜卑血统的蒙古族：

> 元朝官里，用梡木二片，凿空其中，类人形大小合为棺，置遗体其中；加髹漆毕，则以黄金为圈，三圈定，送至其直北园寝之地深埋之。则用万马蹴平，俟草青方解严，则已漫同平坡，无复考志遗迹。[③]

密葬一度流行于北方部分少数民族中，随着与汉族的融合，鲜卑族的葬式逐步被汉化，“高祖乃诏有司营建寿陵于方山，又起永固石室，将终为清庙焉。太和五年起作，八年而成，刊石立碑，颂太后功德”[④]。

曹操死后“设七十二疑冢”，这是传播最广泛的一次“密葬”。其实，考察历史文献就可以知道，这种说法是经不起推敲的。在《三国志》的记载中，曹操的葬地是很明确的：“谥曰武王。二月丁卯，葬高陵。”[⑤] 到了唐代，唐太宗曾亲自到墓地祭奠曹操，“（贞观十九年二月）癸亥，上

① 〔唐〕房玄龄等：《晋书》卷一百二十七《慕容德载纪》，中华书局1974年版，第3172页。

② 〔南朝·梁〕沈约：《宋书》卷九十五《索虏传》，中华书局1974年版，第2322页。

③ 〔明〕叶子奇：《草木子》卷三下，中华书局1959年版，第60页。（其中标点为笔者所加）

④ 〔北齐〕魏收：《魏书》卷十三，中华书局1974年版，第329页。

⑤ 〔晋〕陈寿撰、〔宋〕裴松之注、陈乃乾校点：《三国志》卷一《武帝纪第一》，中华书局1959年版，第53页。此外，《晋书》记载：“及魏武薨于洛阳，朝野危惧。帝纲纪丧事，内外肃然。乃奉梓宫还邺。”（〔唐〕房玄龄等：《晋书》卷一《宣帝纪》，中华书局1974年版，第3页）《三国志》记载：“遂奉梓宫还邺。”（〔晋〕陈寿撰、〔宋〕裴松之注、陈乃乾校点：《三国志》卷十五《贾逵传》，中华书局1959年版，第481页）也就是说，司马懿和贾逵均护送曹操灵柩到邺，这可以与魏武帝本纪互证。

至邺，自为文祭魏太祖”[①]。宋代皇帝颁发的诏书也明确说：“魏太祖葬于邺。”[②] 也就是说，唐宋两代，曹操坟墓在邺地的说法是很明确的。

曹操设疑冢一说起源于南宋，史料中多有记载：“漳河上有七十二冢，相传云曹操疑冢也。”[③] 笔者考之史料，疑冢说产生的原因大致如下：首先，随着北方疆土沦陷，宋室南迁，南宋统治者以三国时期的蜀汉政权自况，贬低、丑化曹魏政权就成为必然。其次，宋代说唱艺术流行，曹操形象被民间文艺丑化，“途巷中小儿薄劣，其家所厌苦，辄与钱，令聚坐，听说古话。至说三国事，闻刘玄德败，颦蹙有出涕者；闻曹操败，即喜唱快。以是知君子小人之泽，百世不斩”[④]。最后，据陈琳《为袁绍檄豫州》记载，曹操有过发冢的历史：“又梁孝王，先帝母昆，坟陵尊显，桑梓松柏，犹宜肃恭。而操帅将吏士，亲临发掘，破棺裸尸，掠取金宝，至令圣朝流涕，士民伤怀。操又特置发丘中郎将、摸金校尉，所过隳突，无骸不露。”[⑤] 近年来的考古发现证明曹操的墓葬与历史记载相符，曹操设疑冢之说也得以澄清。[⑥] 疑冢说已被证伪，但类似的做法仍然存在，比如，曹操之子曹丕的“寿陵因山为体，无为封树，无立寝殿，造园邑，通神道”[⑦]；东晋桓温死后，“葬姑熟之青山，平坟不为封域，于墓傍开隧立碑，故谬其处，令后代不知所在”[⑧]。尤其是乱世中的统治者，

---

① 〔宋〕司马光编著、〔元〕胡三省音注：《资治通鉴》卷一百九十七《唐纪十三》，中华书局1956年版，第6217页。

② 《宋大诏令集》卷一百五十六，中华书局1962年版，第585页。

③ 〔宋〕罗大经撰、王瑞来点校：《鹤林玉露》丙编卷三，中华书局1983年版，第281页。后世笔记对比多有记载，如〔元〕陶宗仪《南村辍耕录》卷二十、〔明〕王士性《广志绎》卷三、〔清〕蒲松龄《聊斋志异》卷十三、〔清〕厉鹗《宋诗纪事》卷五十一。清代笔记记述尚多，在此不一一列举。

④ 〔宋〕苏轼撰、赵学智校注：《东坡志林》，三秦出版社2003年版，第19页。

⑤ 〔梁〕萧统编、〔唐〕李善注：《文选》卷四十四，中华书局1977年版，第617页。（其中标点为笔者所加）此事又见于《曹操别传》：“操别入砀，发梁孝王冢，破棺收金宝数万斤，天子闻之哀泣。”[〔唐〕欧阳询撰、汪绍楹校：《艺文类聚》卷八十三，上海古籍出版社1999年版，第1423页（其中标点为笔者所加）]

⑥ 刘庆柱：《曹操高陵的考古发现与研究》，载《中原文物》2010年第4期，第8－12、55页。

⑦ 〔晋〕陈寿撰、〔宋〕裴松之注、陈乃乾校点：《三国志》卷二《文帝纪第二》，中华书局1959年版，第81页。

⑧ 〔宋〕李昉等：《太平御览》卷五百五十六，中华书局1960年版，第2514页。

他们更惧怕被发冢，所以往往选择密葬的方式。这很难说与少数民族的葬俗有关，笔者认为，在葬式的选择上，他们应该是“心同理同”。

选择密葬的另一原因是避开仇家：“瑝、琇既死，士庶痛之，为作哀诔，榜于衢路。市人敛钱于死处造义井。并葬于北邙，恐为万顷家人所发，作疑冢数所于其所。”①

宋代文人笔记浩如烟海，很多文人作意好奇，对密葬亦多渲染之笔：

> 淳熙间，庐陵有恶少子曰晏先，以杀人减等流岭南。行有日，逢其党二人于市，晏目之曰：“盍免我乎?”二人不应而去。行数日，送徒者节其饮食，有害之之意。一夕，止旅舍，二人者忽来，为酒馔飨晏及送徒者，尽夕歌呼，至晓偕行。过荒林间，二人以白金一笏掷于地，抽刃言曰：“晏，吾兄弟也，汝能释使逃，请以此金为谢，不然，不能俱生矣!”送徒者欣然破械纵去，为疑冢道傍而反。②

从上述故事也可以看出，曹操之七十二疑冢说起源于宋代，是有其社会文化基础的。

密葬始终是一种边缘化的丧葬方式，或者说，它是流行于部分少数民族贵族中的葬俗，有学者认为：“慕容氏诸燕和拓跋氏北魏的虚葬，只是在进入阶级社会以后，在某种特殊的情况下，方才流行于上层君主和王室，它不是鲜卑民族的风习。”③ 所以，有研究者认为：“或许受到魏晋政权薄葬主义的启发，十六国时期，大多数胡人统治者实行‘潜埋虚葬’的丧葬制度，不起高坟大陵。”④ 但笔者认为，这种说法是经不起推敲的。

在丧葬史上，密葬始终是丧葬礼俗的支流，其原因大概有三个：第一，密葬与汉文化的孝亲、显亲、荣亲的观念相悖。第二，《礼记》曰：

---

① 〔唐〕刘肃撰，许德楠、李鼎霞点校：《大唐新语》卷五，中华书局 1984 年版，第 81－82 页。本条又被收入《旧唐书》卷一百八十八、《新唐书》卷一百九十五。

② 〔宋〕罗大经撰、王瑞来点校：《鹤林玉露》乙编卷六，中华书局 1983 年版，第 223 页。

③ 曹永年：《说“潜埋虚葬”》，载中华书局编辑部编《文史》第 31 辑，中华书局 1988 年版，第 82 页。

④ 范兆飞：《北魏鲜卑丧葬习俗考论》，载《学术月刊》2013 年 9 期，第 134 页。

“丧祭之礼废，则臣子之恩薄，而倍死、忘生者众矣。”[①] 密葬必会损害祭礼，与主流思想相悖。第三，墓葬往往会改变山川形势，古代中原地区往往人口稠密，在这种情况下实行密葬是不现实的。部分少数民族之所以能实行密葬，很重要的一点就是在生死观上，他们没有儒家的孝道观。此外，“天苍苍，野茫茫”的地理环境、广袤的土地与稀少的人口，都是实行密葬的客观有利条件。

三、守冢

守冢出现在春秋时期。孔子下葬后，弟子们为其守墓：

孔子葬鲁城北泗上，弟子皆服三年。三年心丧毕，相诀而去，则哭，各复尽哀；或复留。唯子赣庐于冢上，凡六年，然后去。[②]

这样的守冢更多地是表现一种礼仪：孝子贤孙们事亡如存，唯恐坟墓中的至亲会孤独，所以要在坟墓上搭建草庐守冢。

汉以孝治天下，汉高祖曾下令：

夏五月丙午，诏曰：“人之至亲，莫亲于父子，故父有天下传归于子，子有天下尊归于父，此人道之极也。前日天下大乱，兵革并起，万民苦殃，朕亲被坚执锐，自帅士卒，犯危难，平暴乱，立诸侯，偃兵息民，天下大安，此皆太公之教训也。诸王、通侯、将军、群卿、大夫已尊朕为皇帝，而太公未有号。今上尊太公曰太上皇。”[③]

自汉惠帝始，汉代皇帝的谥号均加一“孝”字。汉文帝立《孝经》博士，从意识形态上加大弘扬孝道的力度，“故汉制使天下诵《孝经》，选吏举

---

① 〔清〕孙希旦撰，沈啸寰、王星贤点校：《礼记集解》卷四十八《经解》，中华书局1989年版，第1257页。

② 〔汉〕司马迁：《史记》卷四十七《孔子世家》，中华书局2013年版，第2342页。

③ 〔汉〕班固：《汉书》卷一下《高帝纪下》，中华书局2005年版，第46页。

孝廉。夫丧亲自尽，孝之终也”[①]。这种对孝的倡导使守冢成为汉代的一种礼俗，史书对此多有记载：

汝南王琳字巨尉，年十余，丧父母，遭大乱，百姓奔逃，唯琳兄弟独守冢庐。[②]

贤四子：长子方山为高寝令，早终；次子弘，至东海太守；次子舜，留鲁守坟墓；少子玄成，复以明经历位至丞相。[③]

时张婕妤已卒，宪王有外祖母，舅张博兄弟三人岁至淮阳见亲，辄受王赐。后王上书：请徙外家张氏于国。博上书：愿留守坟墓，独不徙。[④]

刘敞曾祖节侯买，以长沙定王子封于零道之舂陵乡，为舂陵侯。敞父仁嗣侯，于时见户四百七十六，以舂陵地势下湿，有山林毒气，难以久处，上书愿减户徙南阳，留男子昌守坟墓，元帝许之。[⑤]

姚氏世为农，无为学者。家不甚富，有田数十顷，聚族百余人。子孙躬事农桑，仅给衣食，历三百余年无异辞者。经唐末、五代，兵戈乱离，而子孙保守坟墓，骨肉不相离散，求之天下，未或有焉。[⑥]

上述民间守冢有如下特点：是自发的；是为了尽孝；受到主流社会的肯

---

① 〔南朝·宋〕范晔撰、〔唐〕李贤等注：《后汉书》卷六十二《荀爽传》，中华书局1965年版，第2051页。

② 〔东汉〕刘珍等撰、吴树平校注：《东观汉记校注》卷十五《王琳》，中华书局2008年版，第663页。

③ 〔汉〕班固：《汉书》卷七十三《韦贤传》，中华书局2005年版，第2325页。

④ 〔汉〕班固：《汉书》卷八十《宣元六王传》，中华书局2005年版，第2469页。（引文有改动）

⑤ 〔东汉〕刘珍等撰、吴树平校注：《东观汉记校注》卷七《城阳恭王祉》，中华书局2008年版，第232页。

⑥ 〔元〕脱脱等：《宋史》卷四百五十六《孝义》，中华书局1977年版，第13403页。

定。另一种守冢是官方所为：

十二月，高祖曰："秦始皇帝、楚隐王陈涉、魏安釐王、齐缗王、赵悼襄王皆绝无后，予守冢各十家，秦皇帝二十家，魏公子无忌五家。"①

上追思贺恩，欲封其冢为恩德侯，置守冢二百家。贺有一子蚤死，无子，子安世小男彭祖。彭祖又小与上同席研书，指欲封之，先赐爵关内侯。故安世深辞贺封，又求损守冢户数，稍减至三十户。②

发三河卒穿复土，起冢祠堂，置园邑三百家，长丞奉守如旧法。③

至成帝时，为光置守冢百家，吏卒奉祠焉。④

综合上述材料，笔者得出这样的结论：有汉两代，但凡朝廷重臣，朝廷都会派遣人员为其守冢。对皇帝陵寝的看护，就更为严密了。据《汉官仪》记载，有五千人为汉武帝守陵。

对帝王坟墓的看护要求往往都会形成严密的制度，比如，宋代乾德四年（966）十月癸酉颁布的《前代帝王置守陵户祭享禁樵采诏》将对历代帝王坟墓的看护分为四等：一等，"各置守陵五户，每岁春秋二时，委所在长吏，各设一祭"；二等，"各置守陵三户，每岁一享"；三等，"各置守陵两户，每三年一祭"；四等，"常禁樵采，应已上帝王寝庙，委逐处长吏及本县令佐，常切检校"。⑤ 由此看来，皇家陵园不但有人看守，而且有官员定时巡查。一旦有发冢事件发生，巡查者要承担责任。

这种官方的守冢制度由来已久，湖北云梦睡虎地十一号墓出土的竹简《法律答问》记载："可（何）谓'甸人'？'甸人'守孝公，献

---

① 〔汉〕司马迁：《史记》卷八《高祖本纪》，中华书局2013年版，第487页。

② 〔汉〕班固：《汉书》卷五十九《张安世传》，中华书局2005年版，第2010页。

③ 〔汉〕班固：《汉书》卷六十八《霍光传》，中华书局2005年版，第2220页。

④ 〔汉〕班固：《汉书》卷六十八《霍光传》，中华书局2005年版，第2226页。

⑤ 《宋大诏令集》卷一百五十六，中华书局1962年版，第585－586页。

（献）公冢者殹（也）。”[①] 1974 年，考古工作者在河北灵寿发现了战国时期的刻石，这块河光石上刻有如下文字：“监罟尤臣公乘得守丘，其臼（旧）将曼敢谒后叔（俶）贤者。”有研究者解读其中的意思：“任监罟之职的有罪之臣公乘得看守着陵墓，他的旧部将曼敬告于后来的贤者。”[②]

综上所考，基于历史文献和出土文物，笔者认为：守冢成为制度不会晚于战国时期。

四、咒语

咒语是语言禁忌，与原始巫术有着紧密的关系。咒语是人和鬼神达成的一种契约，希望借助魔力，对违反契约者予以制裁。以诅咒而盟誓的情况，历史上多有记载。弗洛伊德认为，禁忌包含两重含义：一方面，它是“崇高的”“神圣的”；另一方面，它是“神秘的”“危险的”“禁止的”“不洁的”。[③] 见于史册之咒语，属于后者的更为常见。

中国古代典籍《尚书》中就有对咒语的记录：“民否则厥心违怨，否则厥口诅祝。”[④] 孔颖达疏：“‘诅祝’，谓告神明令加殃咎也。以言告神谓之‘祝’，请神加殃谓之‘诅’。”[⑤] 东汉学者做了进一步的解释：“诅，阻也，使人行事阻限于言也。”叶德炯曰：“《周礼》：‘诅，祝。’郑注：‘诅，谓祝之使沮败也。’”[⑥]

鲁隐公十一年（前 712），郑国的颍考叔被同袍公孙子都暗杀，为消除流言蜚语，平复这起事件，“郑伯使卒出豭，行出犬、鸡，以诅射颍考叔者”[⑦]。僖公二十八年（前 632），王子虎盟诸侯于王庭，要言曰：“皆

---

① 杨宽、吴浩坤主编：《战国会要》卷二十四，上海古籍出版社 2005 年版，第 232 页。

② 李学勤：《东周与秦代文明》，上海人民出版社 2007 年版，第 60 页。

③ ［奥］西格蒙德·弗洛伊德著、文良文化译：《图腾与禁忌》，中央编译出版社 2009 年版，第 22 页。

④ ［汉］孔安国传、［唐］孔颖达疏：《尚书正义》，北京大学出版社 2000 年版，第 515 页。

⑤ ［汉］孔安国传、［唐］孔颖达疏：《尚书正义》，北京大学出版社 2000 年版，第 516 页。

⑥ ［汉］刘熙撰、［清］毕沅疏证、王先谦补：《释名疏证补》，中华书局 2008 年版，第 132 页。

⑦ 杨伯峻编著：《春秋左传注》，中华书局 2009 年版，第 76 页。

奖王室，无相害也！有渝此盟，明神殛之，俾队其师，无克祚国，及而玄孙，无有老幼。"① 成公十二年（前579），晋、楚两国盟于宋西门之外，曰："凡晋、楚无相加戎，好恶同之，同恤菑危，备救凶患。若有害楚，则晋伐之；在晋，楚亦如之。交贽往来，道路无壅；谋其不协，而讨不庭。有渝此盟，明神殛之，俾队其师，无克胙国。"② 类似的诅盟在《左传》中有很多。后来，咒语就成为杜绝发冢的一种措施。

有些人发冢的目的是盗葬，盗葬就是将他人的墓地占为已有。这是一种奇特的丧葬习俗，考其来源，一方面是人地矛盾突出，葬地成为一种稀缺资源，另一方面是风水之说影响了人们对葬地的选择。风水的观念起源甚早，最早见于典籍记载的是在西汉：

> 昭王七年，樗里子卒，葬于渭南章台之东。曰："后百岁，是当有天子之宫夹我墓。"樗里子疾室在于昭王庙西渭南阴乡樗里，故俗谓之樗里子。至汉兴，长乐宫在其东，未央宫在其西，武库正直其墓。③

魏晋之后，风水之说在理论上得以系统完成。晋代的风水学家曰："葬者，乘生气也。……《经》曰：气乘风则散，界水则止。古人聚之使不散，行之使有止，故谓之风水。"④ 风水成为流俗，在这种情况下，为死者争夺墓圹的情况愈演愈烈："晋世王公贵人，多葬梅岭，及彭卒，叔陵启求于梅岭葬之，乃发故太傅谢安旧墓，弃去安柩，以葬其母。"⑤ 再加上佛道观念的流行，咒语就成为制止发冢盗葬的必然选择。一种咒语是将惩罚施加于死者身上：

> 建宁四年九月戊午朔廿八日乙酉，左骏厩官大奴孙成从雒阳男子张伯始卖所名有广德亭部罗佰田一町，贾钱万五千。钱即日毕。田东比张

① 杨伯峻编著：《春秋左传注》，中华书局2009年版，第466－467页。

② 杨伯峻编著：《春秋左传注》，中华书局2009年版，第856页。

③ 〔汉〕司马迁：《史记》卷七十一《樗里子甘茂列传》，中华书局2013年版，第2792－2793页。

④ 〔晋〕郭璞著、程子和点校：《图解葬书》，华龄出版社2010年版，第158－167页。

⑤ 〔唐〕姚思廉：《陈书》卷三十六《始兴王叔陵列传》，中华书局1972年版，第494－495页。

长卿，南比许仲异，西尽大道，北比张伯始。根生土著毛物皆属孙成。田中若有尸死，男即当为奴，女即当为婢，皆当为孙成趋走给使。田东、西、南、北，以大石为界。时旁人樊永、张义、孙龙、异姓、樊元祖，皆知张约。沽酒各半。①

中平五年三月壬午朔七日戊午，雒阳大女房桃枝，从同县大女赵敬买广德亭部罗西造步兵道东冢下余地一亩，直钱三千，钱即毕。田中有伏尸，男为奴，女为婢。田东、西、南比旧□，北比樊汉昌。时旁人樊汉昌、王阿顺皆知券约，沽各半。钱千无五十。②

这种格式化的买地券对盗葬的处罚是惩罚地下之尸："男为奴，女为婢。"另一种咒语是将惩罚施加于生者身上："诸敢发我丘者，令绝毋户后。疾设不详者，使绝毋户后。"③ 大意是：凡敢发冢者，断子绝孙；在无意中发冢者，同样断子绝孙。北周宣帝皇后杨丽华的外甥女—— 九岁少女李静训墓中也有类似的咒语：1957 年，考古研究所西安研究室在西安玉祥门外发掘了葬于隋炀帝大业四年（608）的贵族少女李静训之墓，墓中之棺的"棺盖正中刻宝瓶，两端有鸱尾，并浮雕出筒瓦和莲花纹瓦当，在一筒瓦面上刻有'开者即死'四字"④。

弗雷泽认为："禁忌在很多场合是有益的。考虑到社会的状况、法律的缺少和民风的剽悍，它可以相当不错地代替一个独裁政府的职能，并且使社会尽可能地接近有组织。"⑤ 在法律效力不及的时候，禁忌弥补了法律的不足。

---

① 张传玺主编：《中国历代契约会编考释》，北京大学出版社 1995 年版，第 48 –49 页。

② 罗振玉：《贞松堂集古遗文》卷十五，北京图书馆出版社 2003 年版，第 346 –362 页。

③ 中国考古学会编：《中国考古学年鉴 1996》，文物出版社 1998 年版，第 466 页。（其中标点为笔者所加）

④ 唐金裕：《西安西郊隋李静训墓发掘简报》，载《考古》1959 年第 9 期，第 472 页。

⑤ ［英］J. G. 弗雷泽著，阎云祥、龚小夏译：《魔鬼的律师——为迷信辩护》，东方出版社 1988 年版，第 20 页。

第四节　礼禁未然，法惩已然

从礼制角度看，发冢有违社会公德；从法制角度看，发冢触犯了王朝法律。对于发冢，历代王朝采取的预防和控制措施基本上是礼法并重：礼禁未然，法惩已然。

战国以来，儒家基本形成了如下的神鬼观念。人死为鬼，“大凡生于天地之间者皆曰命，其万物死皆曰折，人死曰鬼，此五代之所不变也”①。人死后，魂离于体，“骨肉归复于土，命也！若魂气则无不之也，无不之也”②。魂魄分离，“魂气归于天，形魄归于地”③。

人鬼殊途，灵魂不灭，先祖会时刻关注着子孙后代。为了求得祖先的庇护，子孙就要慎终追远，“生事之以礼，死葬之以礼，祭之以礼”④。具体到丧葬礼仪上，就必然是隆礼厚葬。

再从孝道观来看，儒家礼教由孝及忠，忠孝一体。“君子之事亲孝，故忠可移于君；事兄悌，故顺可移于长；居家理，故治可移于官。是以行成于内，而名立于后世矣！”⑤ 由孝顺而至忠诚，这样的孝道观无疑有利于维护社会秩序，宗法制的社会结构必然要倡导孝子贤孙，“事亲孝故忠可移于君，是以求忠臣必于孝子之门”⑥。

在儒家的倡导下，养生送死、隆礼重丧就成为皇权社会的主流思想。这样，维护先祖坟茔，对子孙来说是道义上的要求；保护坟茔不被挖掘，

① 〔清〕孙希旦撰，沈啸寰、王星贤点校：《礼记集解》卷四十五《祭法》，中华书局1989年版，第1197页。

② 〔清〕孙希旦撰，沈啸寰、王星贤点校：《礼记集解》卷十一《檀弓下》，中华书局1989年版，第294页。

③ 〔清〕孙希旦撰，沈啸寰、王星贤点校：《礼记集解》卷二十六《郊特牲》，中华书局1989年版，第714页。

④ 程树德撰，程俊英、蒋见元点校：《论语集释》卷三《为政上》，中华书局1990年版，第81页。

⑤ 汪受宽：《孝经译注》，上海古籍出版社2004年版，第68页。

⑥ 〔南朝·宋〕范晔撰、〔唐〕李贤等注：《后汉书》卷二十六《韦彪传》，中华书局1965年版，第918页。

就上升为统治者的法律要求。比如，西汉文帝时期，汉朝与南越王赵佗修复关系的一个重要措施就是修护好其先祖的坟墓：

及孝文帝元年，初镇抚天下，使告诸侯四夷从代来即位意，喻盛德焉。乃为佗亲冢在真定，置守邑，岁时奉祀。召其从昆弟，尊官厚赐宠之。诏丞相陈平等举可使南越者，平言好畤陆贾，先帝时习使南越。乃召贾以为太中大夫，往使，因让佗自立为帝，曾无一介之使报者。陆贾至南越，王甚恐，为书谢，称曰："蛮夷大长老夫臣佗，前日高后隔异南越，窃疑长沙王谗臣，又遥闻高后尽诛佗宗族，掘烧先人冢，以故自弃，犯长沙边境。"①

"己所不欲，勿施于人"，儒家以推己及人的思想维护世道人心，从而倡导"老吾老以及人之老，幼吾幼以及人之幼"。对于发冢等不法行为，统治者从礼乐制度入手，通过教化来预防：

《华阳国志》曰：王长文，元康初，试守江源令，县收得盗马贼及发冢贼，长文引前诱慰，时遇腊晦，皆遣归家，狱先有系囚，亦遣之，谓曰："教化不厚，使汝等如此，长文过也，蜡节庆祚，归就汝上下，善相欢乐，过节来还，当为汝思他理。"群吏惶懅争请，不许，寻有赦令，无不感恩，所宥人誓不为恶，曰："不敢负王君也。"②

唐代诗人杜荀鹤在《题觉禅和》一诗中写道："耕地诫侵连冢土。伐薪教护带巢枝。"③ 由此可见，保护坟墓已成为一种普遍的道德约束。

在皇权社会，制止发冢的另一手段就是制定严酷的法律。《淮南子》记载，天下县官法曰："发墓者诛，窃盗者刑。"④ 汉律亡佚于隋代，关于

① 〔汉〕司马迁：《史记》卷一百一十三《南越列传》，中华书局2013年版，第3572页。

② 〔唐〕欧阳询等编纂、汪绍楹校：《艺文类聚》卷五，上海古籍出版社1999年版，第94页。(其中标点为笔者所加)

③ 〔唐〕杜荀鹤：《题觉禅和》，载《全唐诗》卷六百九十二，中华书局1960年版，第7955页。

④ 何宁：《淮南子集释》卷十三，中华书局1998年版，第976－977页。

对发冢的惩处，史书尚有一鳞半爪之记载：“有宦者赵忠丧父，归葬安平，僭为玙璠、玉匣、偶人。穆闻之，下郡案验。吏畏其严明，遂发墓剖棺，陈尸出之，而收其家属。帝闻大怒，征穆诣廷尉，输作左校。”① 从上述记载可以看出，汉律对发冢亦有所规定。《唐律疏议》是现存最古老、最完备的一部法典，其中规定的对发冢的惩罚成为后来王朝刑罚的蓝本：

诸发冢者，加役流；已开棺椁者，绞；发而未彻者，徒三年。其冢先穿及未殡，而盗尸柩者，徒二年半；盗衣服者，减一等；器物、砖、版者，以凡盗论。问曰：“发冢者，加役流”，律既不言尊卑、贵贱，未知发子孙冢，得罪同凡人否？答曰：五刑之属，条有三千，犯状既多，故通比附。然尊卑贵贱，等数不同，刑名轻重，粲然有别。尊长发卑幼之坟，不可重于杀罪；若发尊长之冢，据法止同凡人。律云“发冢者，加役流”，在于凡人，便减杀罪一等；若发卑幼之冢，须减本杀一等而科之，已开棺椁者绞，即同已杀之坐；发而未彻者徒三年，计凡人之罪减死二等，卑幼之色亦于本杀上减二等而科；若盗尸柩者，依减三等之例。其于尊长者，并同凡人。②

从上述材料中可以看出，对发冢最严重的惩处是绞刑。“然尊卑贵贱，等数不同，刑名轻重，粲然有别。尊长发卑幼之坟，不可重于杀罪；若发尊长之冢，据法止同凡人。”也就是说，在对发冢的处罚上，尊长发子孙坟墓者，罪减一等，这就体现了“尊尊”的原则。

追溯刑法之源流，秦严刑峻法，未及三世，这给后来者以教训。汉代之后，在刑法制定上“援礼入法”，儒家礼仪实现了对法律的指导：

礼法互补，以礼为主导，以法为准绳；以礼为内涵，以法为外貌；以礼移民心于隐微，以法彰善恶于明显；以礼夸张恤民的仁政，以法渲染治世的公平；以礼行法减少推行法律的阻力，以法明礼使礼具有凛人

---

① 〔南朝·宋〕范晔撰、〔唐〕李贤等注：《后汉书》卷四十三《朱穆传》，中华书局1965年版，第1470页。

② 刘俊文点校：《唐律疏议》卷十九，法律出版社1999年版，第383－384页。（引文有改动）

的权威；以礼入法，使法律道德化，法由止恶而兼劝善；以法附礼使道德法律化，出礼而入于刑。[1]

从理论源头上看，体现儒家思想的《礼记·王制》说得很明白："凡听五刑之讼，必原父子之亲，立君臣之义，以权之。"[2] 东汉的法学家进一步阐释说："礼之所去，刑之所取，失礼则入刑，相为表里者也。"[3] 中国历史上第一部儒家化的法典西晋的《泰始律》就规定："峻礼教之防，准五服以制罪。"[4] 唐朝的统治者将这个道理说得非常明白：

乃立八议，以广亲亲，以明贤贤，以笃宾旧，以劝功勤。其一曰议亲，二曰议故，三曰议贤，四曰议能，五曰议功，六曰议贵，七曰议勤，八曰议宾。八者犯死罪，所司先奏请议，得以减、赎论。[5]

也就是说，在司法实践中，除了比照律条，还要考虑案件当事人的社会地位，以及与案件相关人的关系。具体案例具体操作，其中很重要的一条就是"议亲"，也就是将宗法制的社会关系引入判决中，这样的理念体现在具体的司法实践中：

苏寀给事为大理寺详断官时，民有父卒母嫁者，闻母死已葬，乃盗其柩而祔之，法当死。寀独曰："子盗母柩，纳于父墓，岂与发冢取财者比？"请之得减死。[6]

---

① 张晋藩：《中国法律的传统与近代转型》，法律出版社 1997 年版，第 34 页。

② 〔清〕孙希旦撰，沈啸寰、王星贤点校：《礼记集解》卷十四《王制》，中华书局 1989 年版，第 371 页。

③ 〔南朝·宋〕范晔撰、〔唐〕李贤等注：《后汉书》卷四十六《陈宠传》，中华书局 1965 年版，第 1554 页。

④ 〔唐〕房玄龄等：《晋书》卷三十《刑法志》，中华书局 1974 年版，第 927 页。

⑤ 〔唐〕李林甫等撰、陈仲夫点校：《唐六典》卷六，中华书局 1992 年版，第 186－187 页。

⑥ 〔宋〕郑克著、杨奉琨校释：《折狱龟鉴校释》卷四，复旦大学出版社 1988 年版，第 218 页。

上述案例发生在宋代，考虑到《宋刑统》基本照搬《唐律疏议》，按照条例规定，上述发冢者应该被处以绞刑，但在司法实践中，考虑到诉讼当事人之间的伦理亲情关系，以及“执法原情”的理念，再考虑发冢的动机是为了让父母合葬，这体现了孝的伦理道德，所以判无罪，这就是“援礼入法”的表现。

《大清律例》一仍《大明律》，与元代之前的律例相比，对发冢的处罚规定得更为细致：“凡发掘坟冢见棺椁者，杖一百、流三千里。已开棺椁见尸者，绞。发而未至棺椁者，杖一百、徒三年。”① 乾隆二十四年（1759）发生了一起有关发冢的案中案：

苏抚咨潘士翔掘取陈介年家孩尸焚烧一案。缘陈介年之子端观生未一月，旋即身死。陈介年用白布红纸稻捆缚，赴公坟之旁掩埋。潘士翔因索诈董浦氏钱文犯案，经州杖责，该犯回家，棒疮疼痛，记忆旧买不全医书内有调治棒疮药方，需用孩尸骨同红花赤芍等药修合。因知陈介年家有死孩，埋于公坟之侧，遂往掘取该尸，正在烧化，即被陈介年闻臭往看撞获。潘士翔检视该尸，止烧去草布等项，尸身尚未烧毁，报验审明，将潘士翔比照江西符文澜挖掘符禹甸之父棺尸身拟军之案，照发掘年久穿陷之冢，开棺见尸一次为首例，拟军。但该犯发掘孩尸，计图炼药，幸未毁化，情罪较重，应否改发巴里坤种地，听候部议等因。查符文澜因符禹甸将父棺迁埋伊祖坟山，理阻不允，初欲挖去其棺，不容埋葬，不意符禹甸之父尸本无棺，以致误见尸身，自与有意开棺见尸者不同，是以援引比拟。今陈介年已死幼孩端观系用草布包裹，已掩埋成冢，是草布即属棺木，乃潘士翔欲图炼药，刨尸烧骨，核其初意，势必见尸既已发掘，复用火烧毁所包草布，实与开棺见尸者无异，且致孩尸被烧筋缩，其情尤与开棺仅见尸身者更惨，与符文澜争地掘棺，无心见尸之情事不同，应令另行妥拟去后，旋据遵驳，改依发冢开棺见尸律拟绞监候。②

---

① 田涛、郑秦点校：《大清律例》卷二十五《发冢》，法律出版社 1999 年版，第 408 页。

② 〔清〕祝庆祺等编：《刑案汇览三编》，北京古籍出版社 2004 年版，第 731 页。

从上述案例对发冢的处理中，我们可以看出明清的法律有案例法的特征。潘士翔因为敲诈勒索罪被处以杖刑后，疼痛难忍，想用死去婴儿的骨头入药，发冢但并未烧毁尸体，被孩子的父亲陈介年告发。判案官员援引江西人符文澜发冢的案例，予以治罪。但朝廷核查之后认为：符文澜发冢是无意为之，所以仅仅处以流放；潘士翔发冢乃有意为之，虽然没有毁尸，但也不能减轻处罚，最后判为绞监候（死缓）。

封建王朝对发冢的刑法裁判在依照法律规定的基础上，一方面要遵循“亲亲”与“尊尊”的原则，另一方面要考虑犯罪动机。也就是说，严格刑罚的背后，亦有对人情的考量，“道德的温情与刑罚的残酷被极好地统一起来了，中国古代的核心道德观念是以血缘为基础的人伦道德，刑罚的残酷被包围在道德的温情当中”①。

---

① 任喜荣：《伦理刑法及其终结》，吉林人民出版社2005年版，第113页。

附录　再论“生活就是民俗”

第一节　民间生活是民俗的源头活水

《说文解字》对“民”字的注释是“众萌也。从古文之象”①。郭沫若《甲骨文字研究》认为“民”字“作一左目形而有刃物以刺之”，“周人初以敌囚为民时，乃盲其左目以为奴征”。② 梁启超在《太古及三代载记》中云：“百姓贵族也，民则异族或贱者也。”③《说文解字》对“俗”字的注释是“习也”，段玉裁注解曰：“《周礼·大宰》：‘礼俗以驭其民。’注云：‘礼俗，昏姻丧纪旧所行也。’《大司徒》：‘以俗教安。’……注：‘俗谓常所行与所恶也。’《汉（书）·地理志》曰：‘凡民函五常之性，其刚柔缓急，音声不同，系水土之风气，故谓之风；好恶取舍，动静无常，随君上之情欲，谓之俗。’”④ 民俗以民众生活为基础，民众生活也就必然成为民俗的源头活水。

钟敬文主编的《民俗学概论》认为：“民俗文化是在一定的政治、经济、社会和文化基础上形成的，只要经济基础不变，即便是社会发生了

---

① 〔汉〕许慎撰、〔清〕段玉裁注、许惟贤整理：《说文解字注》，凤凰出版社2007年版，第1090页。

② 郭沫若：《甲骨文字研究》，科学出版社1962年版，第66、67页。

③ 梁启超：《太古及三代载记》，载梁启超《中国上古史》，商务印书馆2016年版，第88页。

④ 〔汉〕许慎撰、〔清〕段玉裁注、许惟贤整理：《说文解字注》，凤凰出版社2007年版，第659－660页。

巨大变革，民俗文化仍然具有稳定性。”“比起民族文化中的上层文化来，民俗文化同样具有相对稳定性特征，特别是在社会不甚发达的时代。但是，这种文化在扩布演进过程中，也会出现变形（乃至变质）及消亡的情况。”① 民俗有一定的稳定性，但当社会生活发生变动时，民俗也会发生嬗变，所以我们在民俗研究中，不仅要关注民俗的继承性，更要关注民俗的变异性。

王国维提出：“凡一代有一代之文学：楚之骚，汉之赋，六代之骈语，唐之诗，宋之词，元之曲，皆所谓一代之文学，而后世莫能继焉者也。”② 从汉赋中能看到楚辞的影子，宋词中有唐诗的余韵，元曲和宋词“藕断丝连”，明清小说也有诗词的意境。但应该看到，文学体裁随时代的发展而逐渐发生嬗变。在民俗的自然发展与演变中也有此类现象，那就是“一代有一代之民俗”：旧的民俗渐行渐远，新的民俗不断出现，因为一代人有一代人的生活方式，而建立在这种生活方式及基础之上的民俗也必然会发生代际嬗变。

鲁迅讲过：“因为中国古时天神，地祇，人，鬼，往往殽杂，则原始的信仰存于传说者，日出不穷，于是旧者僵死，后人无从而知。如神荼，郁垒，为古之大神，传说上是手执一种苇索，以缚虎，且御凶魅的，所以古代将他们当作门神。但到后来又将门神改为秦琼，尉迟敬德，并引说种种事实，以为佐证，于是后人单知道秦琼和尉迟敬德为门神，而不复知神荼，郁垒，更不消说造作他们的故事了。”③ 旧民俗不断蜕变，直至死亡，新民俗层累地形成，这就是民俗源于民间生活的极好证明。

不同的时代孕育了不同的社会风气，不同的社会风气孕育不同的社会心理，这就必然促进不同习俗的产生。民国去今不过百十年，但今天的士风与民国时期已大为不同。学者王书奴在《中国娼妓史》中坦言：“我在少年时代，曾经一度浪漫生活。十年旧梦，依约扬州。此中黑幕，

---

① 钟敬文主编：《民俗学概论》，上海文艺出版社 1998 年版，第 17 页。

② 王国维撰、马美信疏证：《宋元戏曲史疏证》，复旦大学出版社 2004 年版，“自序”第 1 页。

③ 鲁迅：《鲁迅全集》第 9 卷《中国小说的历史的变迁》，人民文学出版社 2005 年版，第 314 页。

十得八九。"① 故一代有一代之社会心理，一代必然有一代之风俗。

民俗源于生活，民俗就是生活。研究民俗时，无论对象是遗留在古籍中的民俗还是存在于生活中的民俗，研究者都要观照民俗存在的时代背景，观照那个时代的物质、精神生活，这样才可以避免研究出现偏差。

第二节　风俗的"雅陋"之辨决定于时代变迁

《礼记·曲礼》云："入竟而问禁，入国而问俗，入门而问讳。"郑玄注曰："俗，谓所常行与所恶也。"② 民俗是民众的生活习惯，必然包括公序良俗，也必然包含陋俗；但雅俗与陋俗之标准，因时代变迁而发生变异。

今古不同，标准不一，不同时代有不同的价值观念与道德标准。在研究中倘若以今天之道德观念去衡量古人，那就会"下笔千言，失之千里"。

纳妾的历史比较悠久。"纳妾之俗，始于商代。殷墟出土的甲骨文中已有'妾'字。及到周代纳妾已成为上层社会贵族的常俗，《周易·鼎第五十》云：'得妾以其子，无咎。'"③

在封建社会，纳妾非但不是陋俗，而且是得到社会认可的正当做法。皇帝坐拥三宫六院是受到法律保证的，市井小民纳妾也是礼俗允许的。《红楼梦》第四十六回"尴尬人难免尴尬事，鸳鸯女誓绝鸳鸯偶"中，老色鬼贾赦看上了老太太的丫鬟鸳鸯，贾赦的老婆邢夫人不但赞同，而且亲自出面给鸳鸯做工作，许诺她说："你跟了我们去，你知道我的性子又好，又不是那不容人的人。老爷待你们又好。过一年半载，生下个一男半女，你就和我并肩了。"④ 在贾赦看来，鸳鸯一定会喜欢上自己；在邢

---

① 王书奴编著：《中国娼妓史》，三联书店上海分店1988年版，"自序"第1页。

② 〔清〕孙希旦撰，沈啸寰、王星贤点校：《礼记集解》卷四《曲礼上》，中华书局1989年版，第91页。

③ 徐杰舜主编：《汉族风俗史》第1卷，学林出版社2004年版，第259页。

④ 〔清〕曹雪芹、高鹗：《红楼梦》，人民文学出版社1982年版，第634页。

夫人看来，给自己年老的丈夫纳妾，也是合情合理的事情。如果没有鸳鸯的反抗、贾母的拒绝，鸳鸯嫁给贾赦做妾，就是意料之中的事。

为丈夫纳丫鬟为妾的妻子让今人纳罕，为丈夫纳妓女为妾的妻子就不免让今人震惊了。清朝的沈复在自传体笔记中就有这样的记载：“芸曰：‘今日得见美而韵者矣。顷已约憨园，明日过我，当为子图之。’余骇曰：‘此非金屋不能贮，穷措大岂敢生此妄想哉！况我两人伉俪正笃，何必外求？’芸笑曰：‘我自爱之，子姑待之。’……后憨为有力者夺去，不果。芸竟以之死。”① 沈复的妻子为其谋划娶妓女为妾，最终失败，竟然因此而死去，这在今天看来是很骇人的。

如果说《红楼梦》尚是小说家言，那么，作为自传体笔记的《浮生六记》或可证明在封建社会纳妾并不被视为陋俗。

在男权社会中，纳妾不仅是男子满足个人情欲的要求，更是繁衍后代的需要。“不孝有三，无后为大”，传宗接代就是最大的“孝”。多子多福的传统观念使得男子在妻子没有生育子嗣的情况下纳妾，即使妻子生育了子嗣，为了壮大家族的势力，倘若财力允许，男子也同样会纳妾。

陈寅恪曾说过：“凡著中国古代哲学史者，其对于古人之学说，应具了解之同情，方可下笔。盖古人著书立说，皆有所为而发。故其所处之环境，所受之背景，非完全明了，则其学说不易评论，而古代哲学家去今数千年，其时代之真相，极难推知……所谓真了解者，必神游冥想，与立说之古人，处于同一境界，而对于其持论所以不得不如是之苦心孤诣，表一种之同情，始能批评其学说之是非得失，而无隔阂肤廓之论。否则数千年前之陈言旧说，与今日之情势迥殊，何一不可以可笑可怪目之乎？”②

杨奎松认为：“我们今天生活的时代、语境，连同思维方式全都变了。如果我们不能让自己回到特定的历史环境和历史语境的背景中去，就无法合理看待和理解我们所要研究的历史现象。”③

---

① 〔清〕沈复著、林语堂译：《浮生六记》（汉英对照绘图本），外语教学与研究出版社1999年版，第76－78页。

② 陈寅恪：《陈寅恪集：金明馆丛稿二编》，生活·读书·新知三联书店2001年版，第279页。

③ 张明扬、丁雄飞：《杨奎松谈中国革命与苏共》，载《东方早报》2012年2月12日。

今日之陋俗或许就是昨日之雅俗，我们应在民俗产生、存在的历史背景下关注、研究民俗，而不是以今日的生活为基础，以今日的思想为视角，否则就会“下笔千言，失之千里”。

第三节　生产生活方式决定民俗的兴衰

经济基础决定上层建筑，有什么样的生产生活方式，就必然有与其相匹配的生活民俗。“我国传统的岁时节日，主要是农业文明的伴生物。”① 中国因气候多变，自然灾害频发，凶岁饥年居多，所以作为岁时节日的春节必然以“庆贺、祈求丰年”为主要内容。

春节与农耕社会有着千丝万缕的关系，农耕社会是其存在的基础。比如，农历腊月二十三送灶神，接灶送灶仪式需要在乡村的火灶前举行；正月初五送“无穷土”，就需要从自家炕席下面取尘土，寓意来年摆脱贫困；正月初七送火神，人们要在自家院子里点燃一堆篝火，把火神送出家门，寓意新的一年平平安安。

民俗受生产方式制约，同时深受民众生活方式的影响。

> 殷以上而婚不隔同姓。周制，则不娶宗族。《礼记》曰：“娶妻不娶同姓，以厚其别也。故买妾不知其姓，则卜之。”许慎《五经异义》：“诸侯娶同姓。今《春秋公羊说》：‘鲁昭公娶于吴，为同姓也，谓之吴孟子。’《春秋左氏说》：‘孟子，非小君也，不成其丧，不当讥。’又按《易》曰：‘同人于宗，吝。’言同姓相娶，吝道也。即犯诛绝之罪，言五属之内禽兽行，乃当绝。”②

上古时代，同姓即为同一血缘关系之氏族，姓是用来别婚姻的。在殷代，汉族还有同宗联姻的现象；到了周代之后，这种行为就变成民间的禁忌。其原因是随着生活方式的转变，人们已经认识到了同宗联姻给繁衍后代

① 钟敬文主编：《民俗学概论》，上海文艺出版社1998年版，第131页。

② 〔唐〕杜佑撰、王文锦等点校：《通典》卷六十《同姓婚议》，中华书局1988年版，第1700页。

带来的问题：“男女同姓，其生不蕃”①，“蕃”即子孙昌盛之意；“同姓不婚，恶不殖也”②。之后，这种同姓婚嫁的禁忌就成为一种民俗，“不娶同姓者，重人伦，防淫泆，耻与禽兽同也”③。

民俗的稳定性决定了新民俗的形成不是一蹴而就的，旧民俗与新习俗往往是并行不悖的。

梁启超是晚清时倡导新习俗的健将。他反对女人缠足和男人纳妾，与志同道合者发起了戒缠足会，曾撰写《戒缠足会叙》，并起草《试办不缠足会简明章程》，还与谭嗣同创立了“一夫一妻会”，但梁启超没有坚守自己的倡导，娶妻又纳妾。“王夫人虽然对梁家贡献极大，但在很长一段时间里，她一直隐身幕后，甚至名字亦不见于各种梁启超传记、年谱中。1984年，上海人民出版社首次在大陆出版半个世纪前编纂的《梁任公先生年谱长编初稿》修订本。细读这部易名为《梁启超年谱长编》的大书，可以发现在梁氏的家书中，常会提到一位‘王姑娘’，后又改称‘王姨’。当李夫人不在身边的时候，她显然承担了照顾梁启超起居的责任，而且为梁氏生儿育女。但通读全书，编者丁文江与赵丰田却始终未对王氏的身份有任何说明。”④

以梁启超的言行论之，他不免有言行不一、首鼠两端之嫌。愚以为，旧习俗没有消失、新民俗尚未普及之时，即使是新民俗的倡导者，也往往会落入窠臼。

---

①　杨伯峻编著：《春秋左传注》，中华书局2009年版，第408页。

②〔战国〕左丘明著、〔三国·吴〕韦昭注、胡文波校点：《国语》卷十《晋语》，上海古籍出版社2015年版，第232页。

③〔清〕陈立撰、吴则虞点校：《白虎通疏证》卷十《嫁娶》，中华书局1994年版，第477页。

④　夏晓虹：《梁启超墓园的故事》，载夏晓虹《阅读梁启超》，生活·读书·新知三联书店2006年版，第71－72页。

第四节　官方在新民俗发育中的作用

民俗起源于民间，植根于民间，所以民俗的生命力就在于民众的认可。无论是陋俗的剔除还是良俗的培育，都要从改变其产生根基的民众心理入手。没有民众心理的认同，任何强制的移风易俗最终都是徒然。

缠足是陋俗，即使是在缠足盛行的清朝，废止缠足的呼吁也很强烈，比如清朝学者钱泳就认为："天下事贵自然，不贵造作，人之情行其易，不行其难。惟裹足则反是，并无益于民生，实有关于世教。且稽之三代，考之经史，无有一言美之者，而举世之人皆沿习成风，家家裹足，似足不小，不可以为人，不可以为妇女者，真所谓戕贼人以为仁义，亦惑之甚矣！"① 清朝统治者也采取了一系列取缔缠足的措施，"本朝崇德三年七月，奉谕旨有效他国裹足者，重治其罪。顺治二年禁裹足。康熙三年又禁裹足。七年七月，礼部题为恭请酌复旧章，以昭政典事。都察院左都御史王熙疏内开顺治十八年以前民间之女未禁裹足，康熙三年遵奉上谕，下议政王、贝勒、大臣、九卿科道官员会议，元年以后所生之女，禁止裹足。其禁止之法，该部议覆，等因。于本年正月内臣部题定，元年以后所生之女，若有违法裹足者，其父有官者交吏兵二部议处，兵民则交付刑部责四十板，流徙，十家长不行稽察，枷一个月，责四十板，该管督抚以下文职官员有疏忽失于觉察者，听吏兵二部议处在案"②。

废除缠足之事以失败告终，钱泳将其归咎于规定太过严厉，造成民间诬告盛行，牵连无辜。在笔者看来，清朝统治者虽然看到了缠足的弊端，并采取了暴力手段禁止缠足，但没有从改变民众心理认同入手，所以事倍功半；发展到极致，清朝成为历代王朝中缠足现象最突出的王朝，贵族被同化，在皇宫中也出现了满族妇女缠足的现象。

民国时改换历法的失败又是一例。"1914 年 1 月……传统农历新年岁

---

① 〔清〕钱泳撰、张伟点校：《履园丛话》丛话二十三《杂记上》，中华书局 1979 年版，第 630 页。

② 〔清〕钱泳撰、张伟点校：《履园丛话》丛话二十三《杂记上》，中华书局 1979 年版，第 630 页。

首被官方正式易名为‘春节’，传统的‘元旦’‘新年’名称被安置在公历1月1日这一天。但一般百姓并不理会公历元旦，仍将农历正月初一称为新年，并按传统方式庆贺。民国政府十分不满这种二元历法的状况，试图全部统一使用公历。一直到1930年，仍然是‘二元并行’，于是政府重申：放假及各种礼仪娱乐，如贺年、团拜、祀祖、贴春联等活动一律移置国历新年前后举行。为了强化这一规定，春节期间政府派警察到关门停业的商店，强迫其开门营业，并将元宝茶及供祀的果品捣毁，有的还处以罚金，一时间闹得人心惶惶。但这种做法仍然成效不大，人们照旧过自己的春节，当局无可奈何。1934年年初，国民政府决定停止强制废历行为，民间名正言顺过起农历春节。”①

政府可以倡导新民俗，但若没有民众的认同，任何民俗都没有生命力。

康保成先生认为，“早在先秦时期，著名的‘三礼’（《周礼》《仪礼》《礼记》）就是官方意识形态的产物。这些儒家经典对我国民俗的影响之大，如何估计都不会过高”②，笔者对此极为赞同。中国人虽然没有宗教信仰，却不缺宗教情怀，弥补宗教情怀这个空白的往往就是传统民俗。

此外，礼俗的制定者或执行者往往成为其最大的破坏者，所以所谓的移风易俗就成了泡影。

《周礼·地官司徒·媒氏》云：“禁迁葬者与嫁殇者。”郑玄注曰：“迁葬，谓生时非夫妇，死既葬，迁之使相从也。”③ 也就是说，冥婚是不合封建礼俗的行为。据赵翼考订，“《周礼·地官》有嫁殇之禁。注谓生时非夫妇，死而葬相从者。曹操幼子仓舒卒，掾邴原有女蚤亡，操欲求与仓舒合葬。原辞曰：‘嫁殇，非礼也。’然终聘甄氏亡女与合葬。魏明帝幼女淑卒，取甄后从孙黄与之合葬，追封黄为列侯，为之置后袭爵。陈群谏曰：‘八岁下殇，礼所不备。’《北史·穆崇传》：崇元孙平城早卒，

---

① 李郁：《元旦与春节的来历：农历元旦被官方易名为“春节”》，载《法治周末》2010年12月30日。

② 康保成：《生活就是民俗——关于民俗文化与都市发展的若干思考》，载《民俗研究》2012年第1期，第25页。（个别标点有改动）

③〔清〕孙诒让撰，王文锦、陈玉霞点校：《周礼正义》卷二十六，中华书局1987年版，第1050页。

孝文时始平公主薨于宫，追赠平城驸马都尉，与公主冥婚。《旧唐书·懿德太子重润传》：中宗为聘国子监丞裴粹亡女，为冥婚合葬。《萧至忠传》：韦庶人为亡弟洵与至忠亡女为冥婚合葬，及韦氏败，至忠发墓，持其女柩归。《建宁王琰传》：代宗立，追念琰死非其罪，乃追谥为承天皇帝，以兴信公主亡女张为恭顺皇后，冥配焉"①。

以上均为正史记载，三国的曹操，北魏的孝文帝，唐朝的唐中宗、唐代宗等统治者都违反了《周礼》禁止冥婚的规定，所以冥婚在民间禁绝更是难上加难。时至今日，民间还有冥婚的陋俗。所以说，"礼崩乐坏"往往始于统治者，上行下效，陋俗就难以剔除。

"上所化曰风，下所习曰俗。"儒家历来认为，人文化成，政府有责。荀子云："乐者，圣人之所乐也，而可以善民心，其感人深，其移风易俗，故先王导之以礼乐而民和睦。"② 司马迁认为："乐者，所以移风易俗也。自《雅》《颂》声兴，则已好《郑》《卫》之音，《郑》《卫》之音所从来久矣。人情之所感，远俗则怀。"③ 儒家认为要促进公序良俗的生成，应该以乐教人，也就是从安顿人心入手。这样的观点对今人依然有借鉴作用：对政府来说，以文育人有利于以和风细雨的方式形成公序良俗。

综上所述，民俗植根于民间，随着社会的发展而演变，一代有一代之风俗。公序良俗对社会的和谐有着推动作用，政府要从安顿人心入手，让民众摒弃陋俗，倡导公序良俗，推动社会和谐发展。

---

① 〔清〕赵翼：《陔余丛考》卷三十一《冥婚》，中华书局 1963 年版，第 649－650 页。（其中标点为笔者所加）

② 〔清〕王先谦撰，沈啸寰、王星贤点校：《荀子集解》卷十四《乐论》，中华书局 1988 年版，第 381 页。

③ 〔汉〕司马迁：《史记》卷一百三十《太史公自序》，中华书局 1959 年版，第 3305 页。

参考文献

一、中国古代文献

（一）经书

［1］郑玄，贾公彦．周礼注疏［M］．上海：上海古籍出版社，2010.
［2］孙诒让．周礼正义［M］．北京：中华书局，1987.
［3］汪受宽．孝经译注［M］．上海：上海古籍出版社，2004.
［4］孙希旦．礼记集解［M］．北京：中华书局，1989.
［5］朱彬．礼记训纂［M］．北京：中华书局，1996.
［6］杨伯峻．春秋左传注［M］．北京：中华书局，2009.
［7］程树德．论语集释［M］．北京：中华书局，1990.
［8］徐乾学．读礼通考［M］．上海：上海古籍出版社，2003.
［9］惠士奇．礼说［M］//阮元．皇清经解．广东学海堂刻本．
［10］刘熙，毕沅，王先谦．释名疏证补［M］．北京：中华书局，2008.

（二）史书

［1］司马迁．史记［M］．北京：中华书局，2013.
［2］班固．汉书［M］．北京：中华书局，2005.
［3］范晔．后汉书［M］．北京：中华书局，1965.
［4］陈寿．三国志［M］．北京：中华书局，1959.
［5］房玄龄，等．晋书［M］．北京：中华书局，1974.
［6］沈约．宋书［M］．北京：中华书局，1974.
［7］萧子显．南齐书［M］．北京：中华书局，1972.

[8] 姚思廉．陈书［M］．北京：中华书局，1972.
[9] 魏收．魏书［M］．北京：中华书局，1974.
[10] 李百药．北齐书［M］．北京：中华书局，1972.
[11] 令狐德棻，等．周书［M］．北京：中华书局，1971.
[12] 李延寿．北史［M］．北京：中华书局，1974.
[13] 刘昫，等．旧唐书［M］．北京：中华书局，1975.
[14] 魏徵，令狐德棻．隋书［M］．北京：中华书局，1973.
[15] 欧阳修，宋祁．新唐书［M］．北京：中华书局，1975.
[16] 欧阳修．新五代史［M］．北京：中华书局，1974.
[17] 脱脱，等．宋史［M］．北京：中华书局，1977.
[18] 宋濂．元史［M］．北京：中华书局，1976.
[19] 张廷玉，等．明史［M］．北京：中华书局，1974.
[20] 赵尔巽，等．清史稿［M］．北京：中华书局，1976.
[21] 杨朝明，宋立林．孔子家语通解［M］．济南：齐鲁书社，2009.
[22] 吴则虞．晏子春秋集释［M］．增订本．北京：国家图书馆出版社，2011.
[23] 杨宽，吴浩坤．战国会要［M］．上海：上海古籍出版社，2005.
[24] 刘歆，等．西京杂记（外五种）［M］．上海：上海古籍出版社，2012.
[25] 刘向．说苑校证［M］．向宗鲁，校证．北京：中华书局，1987.
[26] 刘珍，等．东观汉记校注［M］．吴树平，校注．北京：中华书局，2008.
[27] 司马光．资治通鉴［M］．北京：中华书局，1956.
[28] 张华，等．博物志（外七种）［M］．上海：上海古籍出版社，2012.
[29] 崔豹．古今注［M］．沈阳：辽宁教育出版社，1998.
[30] 干宝．新辑搜神记［M］．北京：中华书局，2007.
[31] 郭璞．图解葬书［M］．北京：华龄出版社，2010.
[32] 余嘉锡．世说新语笺疏［M］．北京：中华书局，1983.
[33] 杨衒之，著．杨勇，校笺．洛阳伽蓝记［M］．北京：中华书局，2006.

[34] 杜佑．通典［M］. 中华书局，1988.

[35] 徐坚，等．初学记［M］. 北京：中华书局，1962.

[36] 刘俊文．唐律疏议［M］. 北京：法律出版社，1999.

[37] 李泰，等，著．贺次君，辑校．括地志辑校［M］. 北京：中华书局，1980.

[38] 欧阳询，等．艺文类聚［M］. 2 版．上海：上海古籍出版社，1999.

[39] 李林甫，等．唐六典［M］. 北京：中华书局，1992.

[40] 许嵩．建康实录［M］. 北京：中华书局，1986.

[41] 周绍良．唐代墓志汇编［M］. 上海：上海古籍出版社，1992.

[42] 周绍良，赵超．唐代墓志汇编续集［M］. 上海：上海古籍出版社，2001.

[43] 封演，撰．赵贞信，校注．封氏闻见记校注［M］. 北京：中华书局，2005.

[44] 马总．意林［M］. 扬州：江苏广陵古籍刻印社，1983.

[45] 刘肃．大唐新语［M］. 北京：中华书局，1984.

[46] 段成式．酉阳杂俎［M］. 上海：上海古籍出版社，2012.

[47] 李肇．唐国史补［M］. 上海：上海古籍出版社，1979.

[48] 李心传．建炎以来系年要录［M］. 北京：中华书局，2013.

[49] 李昉，等．太平御览［M］. 北京：中华书局，1960.

[50] 李昉，等．太平广记［M］. 北京：中华书局，1961.

[51] 司马光．司马氏书仪［M］. 上海：商务印书馆，1936.

[52] 计有功．唐诗纪事［M］. 上海：上海古籍出版社，2013.

[53] 郑克，撰．杨奉琨，校释．折狱龟鉴校释［M］. 上海：复旦大学出版社，1988.

[54] 王称．东都事略［M］. 济南：齐鲁书社，2000.

[55] 王溥，撰．牛继清，校证．唐会要校证［M］. 西安：三秦出版社，2012.

[56] 宋大诏令集［M］. 北京：中华书局，1962.

[57] 孙光宪．北梦琐言［M］. 北京：中华书局，2002.

[58] 戴埴．鼠璞［M］. 左氏百川学海本．

[59] 周去非，著．杨武泉，校注．岭外代答校注［M］. 北京：中华

书局，1999.
［60］罗大经．鹤林玉露［M］．北京：中华书局，1983.
［61］苏轼．东坡志林［M］．西安：三秦出版社，2003.
［62］庄绰．鸡肋编［M］．北京：中华书局，1983.
［63］志磐，撰．释道法，校注．佛祖统纪校注［M］．上海：上海古籍出版社，2012.
［64］姚宽．西溪丛语［M］．北京：中华书局，1993.
［65］洪迈．夷坚志［M］．北京：中华书局，1981.
［66］孟元老，撰．邓之诚，注．东京梦华录注［M］．北京：中华书局，1982.
［67］王辟之．渑水燕谈录［M］．上海：上海古籍出版社，2012.
［68］陶谷．清异录［M］．上海：上海古籍出版社，2012.
［69］黄休复．茅亭客话［M］．上海：上海古籍出版社，2012.
［70］叶寘．爱日斋丛抄［M］．北京：中华书局，2010.
［71］周密．齐东野语［M］．北京：中华书局，1983.
［72］张邦基．墨庄漫录［M］．北京：中华书局，2002.
［73］蔡絛．铁围山丛谈［M］．北京：中华书局，1983.
［74］洪迈．容斋随笔［M］．北京：中华书局，2005.
［75］沈括，撰．胡道静，校注．新校正梦溪笔谈［M］．香港：中华书局香港分局，1975.
［76］欧阳修，等．归田录（外五种）［M］．上海：上海古籍出版社，2012.
［77］曾慥．高斋漫录［M］//上海师范大学古籍整理研究所．全宋笔记：第 4 编第 5 册．郑州：大象出版社，2008.
［78］王明清．挥麈后录［M］// 上海师范大学古籍整理研究所．全宋笔记：第 6 编第 1 册．郑州：大象出版社，2013.
［79］文莹．湘山野录［M］．北京：中华书局，1984.
［80］赵令畤．侯鲭录［M］．北京：中华书局，2002.
［81］周密．癸辛杂识［M］．北京：中华书局，1988.
［82］吴曾．能改斋漫录［M］．北京：中华书局，1960.
［83］徐度．却扫编［M］．上海：上海古籍出版社，2012.
［84］袁褧．枫窗小牍［M］．上海：上海古籍出版社，2012.

［85］戴侗．六书故［M］．北京：中华书局，2012.

［86］陆容．菽园杂记［M］．上海：上海古籍出版社，2012.

［87］元典章［M］．陈高华，张帆，刘晓，等，点校．北京：中华书局；天津：天津古籍出版社，2011.

［88］柯劭忞，等．新元史［M］．长春：吉林人民出版社，2005.

［89］黄时鉴．元代法律资料辑存［M］．杭州：浙江古籍出版社，1988.

［90］谢应芳．辨惑编［M］．北京：中华书局，1985.

［91］孔齐．至正直记［M］．上海：上海古籍出版社，1987.

［92］王锜．寓圃杂记［M］．北京：中华书局，1984.

［93］顾起元．客座赘语［M］．北京：中华书局，1987.

［94］张瀚．松窗梦语［M］．北京：中华书局，1985.

［95］叶权．贤博编［M］．北京：中华书局，1987.

［96］胡应麟．少室山房笔丛［M］．北京：中华书局，1958.

［97］田汝成．炎徼纪闻［M］．民国嘉业堂本．

［98］陆楫，等．古今说海［M］．成都：巴蜀书社，1988.

［99］陆容．菽园杂记［M］．北京：中华书局，1985.

［100］叶子奇．草木子［M］．北京：中华书局，1959.

［101］李国祥，杨昶．明实录类纂：经济史料卷［M］．武汉：武汉出版社，1993.

［102］申时行，等．明会典［M］．万历朝重修本．北京：中华书局，1989.

［103］大明律［M］．怀效锋，点校．北京：法律出版社，1999.

［104］梁绍壬．两般秋雨盦随笔［M］．上海：上海古籍出版社，1982.

［105］翟灏．通俗编［M］．北京：商务印书馆，1958.

［106］汪汲．事物原会［M］．扬州：江苏广陵古籍刻印社，1989.

［107］昭梿．啸亭续录［M］．北京：中华书局，1980.

［108］赵翼．陔余丛考［M］．北京：中华书局，1963.

［109］于敏中，等．日下旧闻考［M］．北京：北京古籍出版社，1985.

［110］刘禺生．世载堂杂忆［M］．北京：中华书局，1960.

［111］袁枚．子不语［M］．上海：上海古籍出版社，2012.

[112] 顾炎武，著．黄汝成，集释．日知录集释（全校本）[M]．上海：上海古籍出版社，2006.

[113] 钱泳．履园丛话 [M]．北京：中华书局，1979.

[114] 何焯．义门读书记 [M]．北京：中华书局，1987.

[115] 朱彝尊．曝书亭集 [M]．上海：商务印书馆，1935.

[116] 潘昂霄．金石例 [M] //朱记荣．金石全例（外一种）：第1册．北京：北京图书馆出版社，2008.

[117] 徐师曾．文体明辨序说 [M]．北京：人民文学出版社，1962.

[118] 赵翼著．王树民，校证．廿二史劄记校证 [M]．北京：中华书局，1984.

[119] 黄宗羲．金石要例 [M] //朱记荣．金石全例（外一种）：第1册．北京：北京图书馆出版社，2008.

[120] 祝庆祺，等．刑案汇览三编 [M]．北京：北京古籍出版社，2004.

[121] 大清律例 [M]．田涛，郑秦，点校．北京：法律出版社，1999.

[122] 徐珂．清稗类钞 [M]．北京：中华书局，2010.

[123] 永瑢，等．四库全书总目 [M]．北京：中华书局，1965.

[124] 沈之奇，撰．怀效锋，李俊，点校．大清律辑注 [M]．北京：法律出版社，2000.

（三）子书

[1] 荀况，著．王天海，校释．荀子校释 [M]．修订本．上海：上海古籍出版社，2016.

[2]《韩非子》校注组．韩非子校注 [M]．修订本．南京：凤凰出版社，2009.

[3] 吴毓江．墨子校注 [M]．北京：中华书局，1993.

[4] 许维遹．吕氏春秋集释 [M]．北京：中华书局，2009.

[5] 杨伯峻．列子集释 [M]．北京：中华书局，1979.

[6] 杨柳桥．庄子译诂 [M]．上海：上海古籍出版社，1991.

[7] 桑弘羊，撰．王利器，校注．盐铁论校注（定本）[M]．北京：中华书局，1992.

［8］黎靖德．朱子语类［M］．北京：中华书局，1986.

［9］何宁．淮南子集释［M］．北京：中华书局，1998.

［10］王利器．颜氏家训集解（增补本）［M］．北京：中华书局，1993.

（四）诗文集

［1］逯钦立．先秦汉魏晋南北朝诗［M］．北京：中华书局，1983.

［2］郭茂倩．乐府诗集［M］．北京：中华书局，1979.

［3］萧统．文选［M］．北京：中华书局，1977.

［4］曹植，著．赵幼文，校注．曹植集校注［M］．北京：人民文学出版社，1984.

［5］嵇康，著．戴明扬，校注．嵇康集校注［M］．北京：中华书局，2014.

［6］刘勰，著．周振甫，注．文心雕龙注释［M］．北京：人民文学出版社，1981.

［7］庾信，撰．倪璠，注．许逸民，校点．庾子山集注［M］．北京：中华书局，1980.

［8］白居易．白居易集［M］．北京：中华书局，1979.

［9］刘禹锡．刘禹锡集［M］．北京：中华书局，1990.

［10］韩愈，著．刘真伦，岳珍，校注．韩愈文集汇校笺注［M］．北京：中华书局，2010.

［11］王珪．华阳集［M］．上海：商务印书馆，1935.

［12］欧阳修，著．洪本健，校笺．欧阳修诗文集校笺［M］．上海：上海古籍出版社，2009.

［13］欧阳修．欧阳修全集［M］．北京：中华书局，2001.

［14］王洙，等，编撰．毕履道，张谦，校．金身佳，整理．地理新书校理［M］．湘潭：湘潭大学出版社，2012.

［15］司马光．司马光集［M］．成都：四川大学出版社，2010.

［16］范纯仁．范忠宣集［M］//四库全书：第1104册．上海：上海古籍出版社，1987.

［17］苏轼．苏轼文集［M］．北京：中华书局，1986.

［18］曾巩．曾巩集［M］．北京：中华书局，1984.

［19］黄溍．金华黄先生文集［M］．四库全书本．

［20］顾炎武．顾亭林诗文集［M］．北京：中华书局，1983.

［21］姚鼐．姚鼐文选［M］．合肥：黄山书社，1986.

［22］章义和，王东．王国维全集：第11卷［M］．杭州：浙江教育出版社，2010.

［23］姜宸英．湛园集［M］//四库全书本．

［24］刘毓崧．通义堂文集［M］．刘承幹求恕斋刻本，1918.

二、近人学术著作

［1］《安阳鹤壁钱币发现与研究》编委会．安阳鹤壁钱币发现与研究［M］．北京：中华书局，2003.

［2］陈东原．中国妇女生活史［M］．北京：商务印书馆，1998.

［3］陈鹏．中国婚姻史稿［M］．北京：中华书局，2005.

［4］陈垣．陈垣学术论文集：第1集［M］．北京：中华书局，1980.

［5］岑仲勉．隋唐史［M］．北京：中华书局，1982.

［6］陈寅恪．隋唐制度渊源略论稿［M］．北京：中华书局，1963.

［7］陈寅恪．陈寅恪集：金明馆丛稿二编［M］．生活·读书·新知三联书店，2001.

［8］高国藩．敦煌民俗学［M］．上海：上海文艺出版社，1989.

［9］顾颉刚．古史辨：第1册［M］．台北：蓝灯文化事业公司，1992.

［10］葛兆光．中国思想史［M］．上海：复旦大学出版社，2009.

［11］郭沫若．十批判书［M］．上海：新文艺出版社，1951.

［12］胡厚宣，胡振宇．殷商史［M］．上海：上海人民出版社，2003.

［13］高洪兴．黄石民俗学论集［M］．上海：上海文艺出版社，1999.

［14］华人德．中国书法全集：三国两晋南北朝墓志［M］．北京：荣宝斋出版社，1995.

［15］卡卓益西措吉．莲花遗教［M］．藏文版．成都：四川民族出版社，1987.

［16］康有为，著．崔尔平，注．广艺舟双楫注［M］．上海：上海书

画出版社，1981.
［17］刘晓明．中国符咒文化研究［M］．北京：中央编译出版社，2014.
［18］李学勤．东周与秦代文明［M］．上海：上海人民出版社，2007.
［19］罗振玉．贞松堂集古遗文［M］．北京：北京图书馆出版社，2003.
［20］鲁迅．中国小说史略［M］．北京：人民文学出版社，1952.
［21］林富士．中国中古时期的宗教与医疗［M］．北京：中华书局，2012.
［22］赖永海．佛学与儒学［M］．杭州：浙江人民出版社，1992.
［23］梁思成．中国建筑史［M］．北京：生活·读书·新知三联书店，2011.
［24］赖非．中国书法全集：北朝摩崖刻经［M］．北京：荣宝斋出版社，2000.
［25］李泽厚．美的历程［M］．北京：生活·读书·新知三联书店，2009.
［26］毛远明．汉魏六朝碑刻校注：第1册［M］．北京：线装书局，2008.
［27］马衡．马衡讲金石学［M］．南京：凤凰出版社，2010.
［28］任喜荣．伦理刑法及其终结［M］．长春：吉林人民出版社，2005.
［29］孙昌武．中国佛教文化史［M］．北京：中华书局，2010.
［30］四川省文物考古研究院，德阳市文物考古研究所，什邡市博物馆．什邡城关战国秦汉墓地［M］．北京：文物出版社，2006.
［31］圣严法师．正信的佛教［M］．西安：陕西师范大学出版社，2008.
［32］彭林．《周礼》主体思想与成书年代研究［M］．增订版．北京：中国人民大学出版社，2009.
［33］彭信威．中国货币史［M］．上海：上海人民出版社，2007.
［34］钱穆．灵魂与心［M］．桂林：广西师范大学出版社，2004.
［35］钱穆．中国经济史［M］．北京：北京联合出版公司，2014.

［36］钟敬文．民俗学概论［M］．上海：上海文艺出版社，1998.
［37］钱钟书．管锥编［M］．北京：中华书局，1979.
［38］汤可可．中国钱币文化［M］．天津：天津人民出版社，2004.
［39］吴承学．中国古代文体形态研究［M］．广州：中山大学出版社，2000.
［40］王子今．中国盗墓史［M］．2版．北京：九州出版社，2011.
［41］王仲殊．汉代考古学概说［M］．北京：中华书局，1984.
［42］徐吉军．中国丧葬史［M］．武汉：武汉大学出版社，2012.
［43］新文丰出版公司编辑部．石刻史料新编［M］．台北：新文丰出版公司，1982.
［44］萧涤非．汉魏六朝乐府文学史［M］．北京：人民文学出版社，1984.
［45］杨宽．中国古代陵寝制度史［M］．上海：上海人民出版社，2008.
［46］余英时．东汉生死观［M］．台北：联经出版事业股份有限公司，2008.
［47］余英时．论天人之际：中国古代思想起源试探［M］．台北：联经出版事业股份有限公司，2014.
［48］阴法鲁，许树安，刘玉才．中国古代文化史［M］．插图本．北京：北京大学出版社，2008.
［49］杨树达．汉代婚丧礼俗考［M］．上海：上海古籍出版社，2009.
［50］赵诚．甲骨文与商代文化［M］．沈阳：辽宁人民出版社，2000.
［51］周一良，赵和平．唐五代书仪研究［M］．北京：中国社会科学出版社，1995.
［52］张传玺．中国历代契约粹编［M］．北京：北京大学出版社，2014.
［53］张传玺．中国历代契约会编考释［M］．北京：北京大学出版社，1995.
［54］张晋藩．中国法律的传统与近代转型［M］．北京：法律出版社，1997.

[55] 赵超．汉魏南北朝墓志汇编［M］．天津：天津古籍出版社，2008.

[56] 赵超．古代墓志通论［M］．上海：上海古籍出版社，2006.

[57] 中国社会科学院考古研究所．殷墟妇好墓［M］．北京：文物出版社，1980.

[58] 中国人民政治协商会议全国委员会文史和学习委员会．文史资料选辑：第64辑［M］．北京：中国文史出版社，2011.

[59] 中国考古学会．中国考古学年鉴1996［M］．北京：文物出版社，1998.

[60] 中国戏曲志编辑委员会，《中国戏曲志·陕西卷》编辑委员会．中国戏曲志：陕西卷［M］．北京：中国ISBN中心，1995.

[61] 中国大百科全书总编辑委员会．中国大百科全书：考古学［M］．北京：中国大百科全书出版社，2002.

三、期刊（学位）论文

[1] 黄士斌．汉魏洛阳城刑徒坟场调查记［J］．考古通讯，1958（6）：40－44.

[2] 唐金裕．西安西郊隋李静训墓发掘简报［J］．考古，1959（9）：471－472，506－507.

[3] 甘肃博物馆．甘肃武威磨嘴子汉墓发掘［J］．考古，1960（9）.

[4] 姚孝遂．吉林大学所藏甲骨选释［J］．吉林大学社会科学学报，1963（4）：79－87.

[5] 湖南省博物馆，中国科学院考古研究所．长沙马王堆二、三号汉墓发掘简报［J］．文物，1974（7）：39－48，63，95－111.

[6] 新疆维吾尔自治区博物馆，西北大学历史系考古专业．1973年吐鲁番阿斯塔那古墓群发掘简报［J］．文物，1975（7）：8－26，95－100.

[7] 随县擂鼓墩一号墓考古发掘队．湖北随县曾侯乙墓发掘简报［J］．文物，1979（7）：1－24，98－105.

[8] 唐金裕．汉初平四年王氏朱书陶瓶［J］．文物，1980（1）：95，105.

[9] 吴荣曾．镇墓文中所见到的东汉道巫关系［J］．文物，1981

(3)：56－63.

［10］始皇陵秦俑坑考古发掘队．秦始皇陵西侧赵背户村秦刑徒墓［J］．文物，1982（3）：1－11.

［11］甘肃省敦煌县博物馆．敦煌佛爷庙湾五凉时期墓葬发掘简报［J］．文物，1983（10）：51－60.

［12］丁凌华．中国古代守丧之制述论［J］．史林，1990（1）：1－7.

［13］江西省文物考古研究所，德安县博物馆．江西德安南宋周氏墓清理简报［J］．文物，1990（9）：1－13，97－101.

［14］熊基权．墓志起源新说［J］．文物春秋，1994（1）：67－72.

［15］黄盛璋．江陵高台汉墓新出"告地策"、遣策与相关制度发复［J］．江汉考古，1994（2）：41－44，26.

［16］朱伟峰，钱公麟．湖北阳新县半壁山一号战国墓［J］．考古，1994（6）：525－531，537，577.

［17］宋镇豪．商代婚姻的运作礼规［J］．历史研究，1994（6）：41－58.

［18］林梅村．从考古发现看火祆教在中国的初传［J］．西域研究，1996（4）：54－60.

［19］洛阳市文物工作队．洛阳李屯东汉元嘉二年墓发掘简报［J］．考古与文物，1997（2）：1－7.

［20］华人德．中国石刻文献的种类及其演变［J］．中国图书馆学报，1999（1）：73－77，94.

［21］赵立春．响堂山石窟的编号说明及内容简录［J］．文物春秋，2000（5）：62－68.

［22］姚平．论唐代的冥婚及其形成的原因［J］．学术月刊，2003（7）：68－74.

［23］翁育瑄．唐宋墓志的书写方式比较：从哀悼文学到传记文学［C］//宋代墓志史料的文本分析与实证运用（国际学术研讨会）．台北：东吴大学，2003.

［24］曹永年．说"潜埋虚葬"［M］//中华书局编辑部．文史：第31辑．北京：中华书局，1988：79－86.

［25］李小红．巫觋与宋代社会［D］．杭州：浙江大学，2004.

［26］涂白奎．《姚孝经砖文》性质简说［J］．华夏考古，2005

(1)：87－88.

［27］赵睿才，杨广才．“纸钱”考略［J］．民俗研究，2005（1）：115－129.

［28］郑萍．村落视野中的大传统与小传统［J］．读书，2005（7）：11－19.

［29］程章灿．墓志文体起源新论［J］．学术研究，2005（6）：136－140.

［30］黄景春．论我国冥婚的历史、现状及根源：兼与姚平教授商榷唐代冥婚问题［J］．民间文化论坛，2005（5）：97－103.

［31］黄景春．西北地区买地券、镇墓文使用现状调查与研究［J］．民俗研究，2006（2）：190－203.

［32］鲁西奇．汉代买地券的实质、渊源与意义［J］．中国史研究，2006（1）：47－68.

［33］杨朝霞．冥婚形式及原因探析［J］．西北农林科技大学学报（社会科学版），2006（2）：112－116.

［34］陆锡兴．吐鲁番古墓纸明器研究［J］．西域研究，2006（3）：50－55.

［35］吕志峰．东汉镇墓文考述［J］．东南文化，2006（6）：73－77.

［36］王兆鹏．宋代的“润笔”与宋代文学的商品化［J］．学术月刊，2006（9）：95－98.

［37］郑捷．魏晋南北朝简牍文字研究［D］．上海：华东师范大学，2007.

［38］陆锡兴．元明以来纸钱的研究［J］．南方文物，2008（1）：81－86.

［39］洛阳市第二文物工作队．富弼家族墓地发掘简报［J］．中原文物，2008（6）：4－8，119，9－16，118，120.

［40］刘庆柱．曹操高陵的考古发现与研究［J］．中原文物，2010（4）：8－12，55.

［41］钟振振．说宋代笔记（上）［J］．文史知识，2010（6）：145－157.

［42］方北辰．曹操墓认定的礼制性误判［J］．成都大学学报（社会科学版），2010（6）：31－42.

[43] 郗文倩．汉代告地书及其文体渊源述论［J］．南都学坛（人文社会科学学报），2011（3）：1－5.

[44] 俞江．道统与法统在中国历史中的体现［J］．文化纵横，2011（4）：86－91.

[45] 安阳市文物考古研究所，河南省文物局南水北调文物保护办公室．河南安阳市宋代韩琦家族墓地［J］．考古，2012（6）：41－53，114，111－113.

[46] 夏金华．纸钱源流考［J］．史林，2013（1）：69－76.

[47] 顾春军．再论"生活就是民俗"［J］．民族艺术，2013（1）：105－107，96.

[48] 孟国栋．墓志的起源与墓志文体的成立［J］．浙江大学学报（人文社会科学版），2013（5）：138－149.

[49] 范兆飞．北魏鲜卑丧葬习俗考论［J］．学术月刊，2013（9）：129－137.

四、国外文献

[1] 一海知义．《文选》挽歌诗考［M］//南京大学古典文献研究所．古典文献研究：第14辑．俞士玲，译．南京：凤凰出版社，2011.

[2] 芮德菲尔德．农民社会与文化：人类学对文明的一种诠释［M］．王莹，译．北京：中国社会科学出版社，2013.

[3] 詹姆斯·乔治，弗雷泽．金枝［M］．赵昍，译．西安：陕西师范大学出版总社有限公司，2010.

[4] J. G. 弗雷泽．魔鬼的律师：为迷信辩护［M］．阎云祥，龚小夏，译．北京：东方出版社，1988.

[5] 鲁惟一．中国古代典籍导读［M］．李学勤，等，译．沈阳：辽宁教育出版社，1997.

[6] 霭理士．性心理学［M］．潘光旦，译注．北京：商务印书馆，1997.

[7] 弗洛伊德．图腾与禁忌［M］．文良文化，译．北京：中央编译出版社，2009.

[8] 马可波罗行纪［M］．沙海昂，注．冯承钧，译．北京：中华书局，2004.

跋

2010年9月，我考入南京师范大学攻读博士学位，导师是徐克谦先生。我读的专业名称是“中国文学与文化”，属于古代文学研究中开辟的新领域。

我在南京师范大学读书一年，按照规定修满学分。不给博士研究生开课，是南京师范大学文学院古代文学专业的传统，但是博士研究生可以去旁听导师们给本科生及硕士研究生开设的课程。徐老师给本科生开设了通识类课程“先秦诸子研究”，我基本都听下来了。当时我还和师兄晁胜杰给徐老师做了一个学期的助教，每周利用晚上的时间组织本科生进行一次讨论。此外，我还听过王青老师的课程，这些都拓宽了我的学术视野。

一个学年结束后，我回到工作单位继续上班，边上班，边学习。第三个学期论文开题，我将“先秦丧葬之礼研究”作为毕业论文的选题。之所以选择这个题目，是因为自己土生土长于河北省宣化县的一个小村庄，作为一名“70后”，我在村里度过了童年和少年时光。乡村封闭，生活单调，那些轰轰烈烈的婚丧嫁娶礼俗给我留下了深刻的印象。我想通过学术研究去解决自己童年的困惑——这种困惑由来已久。

选题定了之后，我开始研读先秦丧葬礼俗的基本文献。越是研读，我越觉困惑，因为这些材料浩如烟海、饾饤琐碎。仿佛不辨道路的孩童走入了迷宫，我找不到出口，彷徨无依。紧接着开题，因为不知道怎么去架构论文，我就胡乱写了一通，结果可想而知。开题答辩时，面对评委的提问，我张皇失措，干脆说：没有准备好，就是来走程序的。记得陆林教授评价说：你还老实，我看你的东西，就是“獭祭”，回去好好理理吧。

之后的两年，我基本就像是在梦游中度过的。我不知道怎么起笔写论文，更不知道如何去面对这个“烫手山芋”。为了解脱，我除了在本校担课，还在北京理工大学珠海学院兼课，业余时间给报纸写评论，整天忙忙碌碌。何以解忧？唯有逃避。

2013 年 6 月，毕业典礼如期到来。毕业论文没写一个字，我不好意思去面对大家。因为要腾空宿舍，所以就委托同学把我的东西搬到下届同学的宿舍中。三年就这样过去了。

同年 9 月，我从老家张家口探亲回到珠海，新学期开始了。那是一个忧伤的夏夜，我发狠对自己说：要动笔写论文了。我暗下决心：用两三个月的时间写一个章节，一年完成毕业论文。

决心定了，心也静了下来：写论文，可以写成递进式，也可以写成并列式。学术论文一般以递进式为主，围绕一个题目，以前人的研究为基础，步步深入。这个就像电视连续剧，随着主人公命运的转变，情节跌宕起伏。我选择后一种写作模式：每章一个小主题，各章之间没有必然的联系，但均围绕丧葬之礼展开。这就像电视系列剧一样，独立成篇，互不干涉，但主题统一。

开篇选择“冥婚”为主题。我对这个专题关注已久，因为我给学生讲吴组缃的散文《菉竹山房》时就曾涉及这个礼俗，当时还查看了一些资料，学生也认为我讲得有趣。加之此种礼俗曾盛行于家乡，考镜源流，辨章民俗，未尝不是一件有意义的事情。我开始梳理史料，把历史文献中有关冥婚的材料过了一遍，又把前贤和时人的研究成果看了一遍，遂有豁然开朗之感。

两个月后，一篇以《“冥婚”流变考论》为题目的论文写就，全文近一万八千字。我把它发给徐老师，徐老师的回复是：“写得非常好，完全可以发表。看得出来是花了功夫看资料并用心写的。”

得到如此评价，我非常高兴，这证明自己的学术写作是成功的。这篇论文投给《中原文物》二十多天后，我就接到了编辑部张锴生主任的电话。我们聊了近一个小时，张主任很看好这篇论文，承诺在本年度尽快刊发：不积压稿子，不需要版面费，有稿酬。

同时，徐老师和我开始合作翻译这篇论文，合作很愉快：每天邮件往来，探讨文献出处及相关问题。这篇论文的英文版最后发表在国外重要学术期刊《宗教与意识形态研究》（*Journal for the Study of Religions and Ideologies*），能有这个成果，徐老师功不可没。

我白天给学生上课，夜晚赶写论文。之后的论文写作如有天助，平均每两个月选一个主题，写一个章节，字数基本在两万字上下。十个月过去了，论文初稿基本完成了。逐章发给徐老师，都能得到他的鼓励与肯定，这是我学术研究道路上非常愉快的一段时光。

2014 年 12 月，我把各章合并起来，使之成为一篇大论文，题目是《古代丧葬之礼考论》，并送交教育部盲审，三个评委分别打出了 A、A、B 的成绩，之后顺利通过答辩，我终于拿到了博士学位。

需要特别指出的是，本论文初始限定为先秦丧葬礼俗研究，但随着材料阅读之深入，我发现如果单单限制在先秦阶段，必然会受到材料的限制，写作也必将裹足不前。最后我进行了拓展，在写作上以通史的方式去溯源探流，将研究的下限指向晚清。

书中探讨的几种丧俗，前代学者、时贤均有不少研究成果问世。前人研究成果丰硕，意味着有坚实的研究基础可供借鉴，但“太阳底下没有新鲜事”，当一个选题被人反复研究，推陈出新就面临着更多的困难。在撰写每个小课题的时候，我都要反复揣摩材料，玩味前人所持论点，希望自己能把研究课题向前推进一小步——这一直是我追求的目标，也是我写作的动力所在。所以，当众多科研成果指向冥婚盛行于宋代时，我则以为，因为火葬盛行，冥婚在宋代处于一种消歇的状态。近年来，随着思考的深入，我又以为，这种丧俗应该盛行于辽金统治的北方地区。如果发现有新材料，那么这个课题还可以继续推进。对其他议题，我内心同样纠结。学术研究是众人堆薪的事业，需要一代代学者的努力，如此才能不断向前推进。

一生中做好一件事情是非常不容易的。我半路出家研究学问，底子薄，才气也一般，但是有幸遇到了徐克谦这样宽容的老师。他给我机会，适当鼓励我，甚至不惜花费自己的时间，为学生翻译文章。难能可贵。我也遇到了一些“伯乐”编辑，使所有章节先后发表在《民族艺术》《中原文物》《文化遗产》《民俗研究》《民族艺术研究》《古籍研究》《宗教与意识形态研究》等重要学术刊物上。

在读博期间，家人给予了我很大的支持；工作单位的三任领导方守金院长、熊俊超书记、赵国宏院长也都给予我很大的支持，或报销往返路费，或予以精神上的鼓励；在考博路上，我得到了江苏师范大学陈洪教授、南京师范大学王青教授等学者的鼓励。这些是我一直非常难以忘怀的。

本次出版，增加了我毕业后写的论文：和当今学者就“魂人”说商榷的一篇文章。这也是我博士毕业后的一些思考。毕业论文是自己成长道路上的见证，为了纪念这种成长历程，其他章节均不做修订，一仍其旧。

本书能够顺利出版，也要感谢珠海社会科学界联合会给予的资金支持，更要感谢珠海市社会科学界联合会陈利峰主任等领导的关心。为了落实出版事宜，陈主任一遍遍和我电话沟通，帮助我解决遇到的一个个难题，让我尤为感怀。

顾春军

2020 年 9 月 23 日于淇澳岛